BAEDEKER
SMART

ITALIEN

Perfekte Tage
in Bella Italia

Verlag Karl Baedeker – www.baedeker.com

Inhalt

Kapiteleinteilung: siehe vordere Umschlaginnenseite

TOP 10

Nicht verpassen! Unsere Hitliste hilft Ihnen, von der absoluten Nummer eins bis zur Nummer zehn, die wichtigsten Reiseziele einzuplanen.

1 VENEDIG ➤ 110
Einmal im Leben, vielleicht im Maskentreiben des Karnevals, sollte man die morbide Schönheit der Kirchen und Palazzi gesehen haben, die sich im Wasser brückenüberwölbter Kanäle spiegeln (Abb. links).

2 ROM – PETERSDOM ➤ 50
Die gewaltigste Kirche des Erdkreises an einem riesigen, von Kolonnaden gesäumten Platz: Nabel der christlichen Glaubenswelt!

3 ROM – VATIKANISCHE MUSEEN ➤ 52
Kunst, so weit das Auge reicht, im größten Museumskomplex der Erde – von antiken Skulpturen bis zu hinreißenden Gemälden und, als Höhepunkt, Michelangelos Sixtinischer Kapelle.

4 FLORENZ ➤ 134
Ein wahres Museum der Renaissance, das einen schier überwältigt mit prächtigen Bauten und herrlichen Kunstwerken – sowie dem Charme der Gässchen des Oltrarno.

5 SORRENTO & AMALFITANA ➤ 160
Italiens spektakulärste Küste, mit idyllischen Dörfchen auf schroffen Felsen über tiefblauem Meer.

6 VERONA ➤ 117
Ob *Aida* oder *Nabucco* – allemal ein Erlebnis in den Mauern des monumentalen antiken Theaters: Kaum anderswo genießt man so authentisch das Geburtsland der Oper.

7 SIENA ➤ 141
Einer der anmutigsten mittelalterlichen Plätze Europas ist die Piazza del Campo in Siena, überragt vom Turm des Palazzo Pubblico und im Sommer Austragungsort des Palio.

8 LAGO DI COMO ➤ 84
In seinen sanften Fluten spiegeln sich bewaldete Hügel und elegante Villen – manche davon zum Glück Hotels, wo man sich auf höchstem Niveau verwöhnen lassen kann.

9 POMPEI & MONTE VESUVIO ➤ 162
Einst versunken in der Asche des Vulkans, ist am Vesuv die Welt der alten Römer wieder auferstanden und begeistert mit kunstvollen Mosaiken und heiteren Wandgemälden.

10 PARCO NAZIONALE DEL GRAN PARADISO ➤ 86
Eine rund ums Jahr anziehende Alpenlandschaft mit seltenen Pflanzen und Tieren – am allerschönsten, wenn im Frühsommer bunt die Bergwiesen blühen.

DAS ITALIEN

Erleben, was Italien ausmacht, und sein einzigartiges Flair spüren, (fast) wie die Italiener selbst.

WO DIE ZITRONEN BLÜHEN …

Vom Brenner hinab ins gelobte Land, wo Oleander und Zitronen blühen, werden ab Rovereto die Häuser bunter, ragen stolze Zypressen in samtblauen Himmel: Man ist angelangt im heiteren Süden und sieht sich bald empfangen von Palmen, die in sanfter Mittelmeerluft fächeln: *Buon giorno, Italia!*

MARKTTREIBEN

Italiens mediterrane Aromen erlebt man intensiv auf seinen quirligen, üppigen Märkten, ob auf Roms **Campo de' Fiori** (➤ 70f), der **Piazza delle Erbe** in Verona (➤ 117) oder in einem verträumten Provinzstädtchen (➤ 153): ein Fest für die Sinne, selbst das muntere Feilschen. *»Due etti di parmigiano … sono cinque Euro«* – *»Due cinquanta per un etto? Troppo caro!«* – so klingt es, wenn der Kundin 2,50 Euro für 100 g *(un etto)* Parmesan unverschämt erscheinen.

ALLA PIAZZA

Charme verströmen Italiens Plätze als Mittelpunkt der Geselligkeit, oft zudem Juwele der Architektur, wie die elegante **Piazza della Signoria** in Florenz (➤ 137) oder die **Piazza del Campo** in Siena (➤ 141): Lässt man sich dort nieder, bei hausge-

Vespa-Fahrt durch die Campagna

GEFÜHL

machtem Gelato und Campari, fehlt einem nichts mehr. Gratis gibt es stets das eine oder andere kleine Straßentheater dazu – italienisches Alltagsleben.

DACHLANDSCHAFTEN

Erklimmt man dann etwa in Siena an der Piazza del Campo die **Torre del Mangia** des Palazzo Pubblico (➤ 141), schweift der Blick über ein Labyrinth roter Ziegeldächer und den Dom bis in die idyllische Landschaft der Toskana: Schöner lassen sich italienische Kultur und Natur kaum genießen, seine Anmut und Geschichte spüren.

CAFFÈ

Morgens, mittags, abends: Immer wieder führt der Weg in eine Caffè-**Bar** (➤ 15), wo man seine Lebens-

geister erfrischt mit Espresso, Cappuccino oder Latte macchiato, akustisch begleitet vom Zischen der Dampfdüsen und dem temperamentvollen Parlando des Barista mit seinen Gästen: Italien pur!

PASTA-HIMMEL

Damit warten, meist regionaltypisch, auch Italiens Speiselokale auf – Tempel leiblichen Genusses, von der einfachen Trattoria bis zum Luxus-Restaurant, vom Reigen der Antipasti bis zu köstlichen Desserts. Und häufig lässt sich Gastronomie mit Astronomie verbinden, indem man unter dem Sternenhimmel die Gabel in die Pasta taucht. Oder am Strand sitzt, in den Sonnenuntergang schaut und vom Grill der Duft der Doraden herüberweht.

PRADA, PELLE, ALIMENTARI

Nur mit Erinnerungen im Gepäck kommt keiner aus Italien zurück, dafür bereitet Einkaufen hier zu viel Vergnügen – gar nicht so sehr bei Edel-Adressen wie an der **Via dei Condotti** (► 200) in Rom, sondern bei Streifzügen durch Lädchen in schmalen Gassen, wo man aparte Mode zu akzeptablen Preisen erwirbt, außerdem exzellente Lederwaren *(pelle)*, geschmackvolles Kunsthandwerk und geschmacklich vielfältige Lebensmittel *(alimentari)*, von Pasta über Dolci bis zum Wein: ein herrlich gedeckter Tisch, der von allen Reichtümern des Landes kündet.

VESPA-SIANISCHES SCHLAFLIED

Sanft berauscht von einem geschmeidigen Chianti oder kraftvollen Barolo wohlig in Schlummer sinken, während vor der offenen Balkontür der Nachtwind in den Bäumen rauscht (oder das Meer). Von Weitem kurz das Dröhnen einer Vespa, die bergauf röhrt, dann fast wieder Stille. Nur ein Hund schlägt an, gefolgt vom Glockenschlag der Kirche an der Piazza. Was war der Tag schön: die Fahrt durch Dörfchen und Olivenhaine, die See im Sonnenlicht und frische Feigen auf dem Markt. Zum Abendessen *Tagliatelle ai porcini*, serviert von einer dunkel gelockten Grazie, zum Schluss ein Grappa vom Padrone: *»Buona notte, e alla prossima!«*

Toskanische Küche: Brot, Pasta, Wein

Das Magazin

DIE ENTSTEHUNG DES ITALIENISCHEN STAATS

Weit zurück reicht die Geschichte der Apennin-Halbinsel, recht jung dagegen ist die des heutigen Nationalstaats, entstanden anderthalb Jahrtausende nach dem Fall Roms im Jahr 476.

In Mittelalter und Renaissance war Italien von mächtigen Stadtstaaten dominiert, wie Pisa, Venedig, Florenz und Genua im Norden sowie Neapel im Süden und schließlich dem einflussreichen Kirchenstaat (in Rom). Alte Spannungen zwischen den Parteien wirken bis in die italienische Politik unserer Tage nach. Ab Mitte des 16. Jhs. erlangten fremde Mächte wie das Kaiserreich Österreich-Ungarn die Oberhand, Italien geriet zum Spielball europäischer Politik.

Risorgimento – Kampf um die Unabhängigkeit

Erste Impulse erhielt die bürgerliche Freiheits- und nationale Einigungsbewegung des *risorgimento* (»Wiedererstehen«) durch die Französische Revolution 1789 und Napoleon. Nach seinem Italienfeldzug 1801 gründete dieser mehrere Vasallen-Staaten und führte dort das liberale Rechtssystem des Code civil ein. Nach seiner Niederlage wurde 1815 auf dem Wiener Kongress jedoch die Restauration alter Verhältnisse eingeleitet.

Spitzname »Schreibmaschine«: Monumento a Vittorio Emanuele II über der Piazza Venezia in Rom

So erhielten die Habsburger nicht nur ihre Besitztümer im Norden Italiens zurück, sondern deren spanisch-bourbonische Linie wurde zu Königen von Neapel und Sizilien erhoben – und das patriotische Risorgimento war in sich ganz uneinheitlich: Während Camillo Benso Graf von Cavour eine monarchistische Lösung unter Führung Savoyen-Piemonts anstrebte, scharte im Süden Giuseppe Garibaldi republikanische Gesinnungsgenossen um sich. Andere favorisierten gar ein geeintes Italien unter vatikanischer Kuratel.

Italien wird Monarchie

Volksaufständen der 1820er- und 1830er-Jahre folgte 1848/49 der erfolglose Erste Italienische Unabhängigkeitskrieg Savoyen-Piemonts gegen Österreich, erst der zweite führte zehn Jahre später (als Teil des Französisch-Österreichischen Krieges und mit Frankreich als Verbündetem) zu territorialem Gewinn. Als Garibaldi dann 1860 siegreich gegen Neapel zu Felde zog, erschien ein geeintes Italien erstmals realistisch. Per Plebiszit votierte nun auch der Süden des Landes für einen Anschluss an Savoyen-Piemont, und im März 1861 wurde in Turin Vittorio Emanuele II. zum König Italiens (außer Venetien, Rom und Südtirol) gekrönt.

Parlamentarische Republik

Schulter an Schulter mit Preußen eroberte Italien im Dritten Unabhängigkeitskrieg 1866 Venetien von Österreich zurück und vereinnahmte – als die päpstliche Schutzmacht Frankreich 1870 gegen Preußen unterlag – auch den Kirchenstaat. Nach Turin und Florenz wurde 1871 Rom Hauptstadt des neuen Italien.

Nach dem Ersten Weltkrieg erhielt Italien Triest und Trentino-Alto Adige (um Bozen) und damit in etwa seine jetzigen Grenzen. Nach faschistischem Intermezzo unter Benito Mussolini (1922–1943) und Abschaffung der Monarchie wurde 1947 die Neue Republik Italien ausgerufen.

A Tavola!

Italien kulinarisch

Gut essen ist eine der Lieblingsbeschäftigungen der Italiener: Davon zeugen sonntägliche Speisen in großer Familienrunde, die Sorgfalt, mit der man auf bestsortierten Märkten einkauft, sowie ungemein verführerische Feinkostläden.

Legere Betriebsamkeit in einer der zahlreichen Pizzerien

Regional, frisch und saisonal

Die italienische Küche ist unvergleichlich, was regionale Vielfalt anbelangt sowie die Ausrichtung an Produkten, die die Jahreszeit und Region hervorbringen. Ein italienischer Küchenchef geht der Frische halber oft zweimal täglich einkaufen, und nicht zufällig findet man im Supermarkt kaum Fertiggerichte. Die Rezepte sind meist einfach, basieren auf dem Zusammenspiel bester Zutaten. Außerhalb größerer Städte, wo auch internationale Küche angeboten wird, beschränkt man sich auf Spezialitäten der jeweiligen Gegend. Natürlich gibt es Ausnahmen, und Pizza bekommt man selbstverständlich überall.

Bianco, Rosso, Spumante – Vini italiani

Beim Wein ist es nicht anders. Meist trinkt man die schlichteren Landweine der Region: *rosso* (rot), *bianco* (weiß) oder *spumante* (Schaumwein) – oft wachsen die Reben auf demselben Boden wie das, was man auf dem Teller hat. Manche italienischen Spitzenweine, wie Barolo, Brunello oder Amarone, genießen Weltruf, was sich bei den Preisen bemerkbar macht.

Nordwesten – Lombardei, Piemont, Ligurien

Als Spezialitäten Nordwestitaliens locken etwa *Risotto milanese* und *Osso buco* (geschmorte Beinscheiben vom Kalb) aus Mailand (Milano), der Hauptstadt der Lombardei, die weißen Trüffeln des Piemont und *Pesto*, die berühmte ligurische Pasta-Sauce aus Olivenöl, Basilikum, Pinienkernen und geriebenem Käse. An der Küste gibt es reichlich frischen Fisch, im

Ein Espresso zum Frühstück

Marzipangebäck mit kandierter Zitrone

BAEDEKER TIPP

Desserts führen in italienischen Restaurants oft ein Schattendasein, besser aufgehoben sind Süßschnäbel in ***pasticcerie*** (Bäckereien/Konditoreien) mit einer Fülle von Kuchen, Gebäck und Keksen (aus besten Zutaten), vom einfachen Hefeteilchen bis zu raffinierten Spezialitäten mit Schoko-Creme und Früchten. Man sucht sich an der Theke aus, was man an Ort und Stelle verzehren möchte, oder lässt sich von den Angestellten eine Auswahl zum Mitnehmen zusammenstellen.

Weintrinker in einer Bar in Florenz

Landesinnern als Beilage eher Polenta oder Reis als Pasta. Unter den Weinen finden sich illustre Namen wie Barolo und Barbera (im Piemont) aber auch der schlichtere Bardolino, und ein eiskaltes, prickelndes Gläschen Asti ist an heißen Tagen eine köstliche Erfrischung. Selbst hochkarätige Restaurants führen auf der Karte meist preiswerte offene Weine der Umgebung *(vini locali)*.

Nordosten – Venetien, Emilia-Romagna, Südtirol

In **Venedig** kommen bevorzugt Fisch und Meeresfrüchte auf den Tisch, wie man sie in den Gewässern der Lagune und der Adria fängt – *seppia* (Tintenfisch), *sarde* (Sardinen) oder *orata* (Brasse) –, oft serviert als *Fritto misto* (Fischlein und klein geschnittene Kalmare vom Grill). Neben Reis und Polenta serviert man dazu Gemüsespezialitäten wie *carciofi* (Artischocken) und *Radicchio di Treviso* (ein herb-bitteres Blattgemüse). Kulinarische Hauptstadt Italiens bleibt **Bologna**, bekannt für Mortadella, Schinken und Parmesan. Die Küche der dortigen Region Emilia-Romagna basiert auf Butter und Sahne, was wohl auf Habsburger Einfluss zurückgeht, und diejenige Südtirols kennt Spezialitäten wie *canederli* (Knödel), *goulash* (Gulasch) oder *Apfelstrudel*. Bekannte Tropfen des Nordostens sind Prosecco, Lambrusco sowie fruchtiger Pinot Grigio und Chardonnay.

Mittelitalien – Toskana und Umbrien

Beste Zutaten, einfach zubereitet – lautet die lukullische Zauberformel Mittelitaliens: Fleisch vom Grill, hervorragendes Brot und Schafskäse verwöhnen den Gaumen, besonders in der Toskana auch Bohnen in vielen Varianten (als Suppe oder Eintopf). Eine leckere Vorspeise sind *crostini*, geröstetes Brot mit unterschiedlichem Belag. Freunde deftigen Rindfleischs greifen nach *Bistecca alla fiorentina* (T-Bone-Steak), auch erhältlich als *Tagliata* auf Rucola mit Parmesan. Auch Umbriens Küche ist bodenständig, mit Schinken, Pecorino-Käse, Salami oder kleinen braunen Linsen. Auf dem Speiseplan stehen auch schwarze oder weiße Trüffel *(tartufi)*, am besten frisch über eine Portion Pasta gehobelt. Gute Weine gedeihen im toskanischen Chianti, darunter herausragende wie Brunello di Montalcino und Vino Nobile di Montepulciano, während Umbrien mit leichtem weißen Orvieto und schweren Roten aus Montefalco aufwartet.

Süden – Rom, Latium, Kampanien, Apulien

In der Hauptstadt Rom sind gastronomisch alle Regionen Italiens und internationale Küche vertreten, besonders jedoch die typische deftige Kost aus Latium, mit knoblauchbetonten Innereien wie *trippe* (Kutteln) oder *lingua* (Zunge). *Abbacchio* (Lamm) gehört zu den Spezialitäten wie *Saltimbocca alla romana* (Kalbsschnitzel mit Schinken und Salbei). Bekannteste Weine der Region sind Frascati aus den Castelli Romani oder Est! Est! Est! aus Montefiascone (Provinz Viterbo) – »Das ist er! ...«, soll der Diener einer hoch gestellten Persönlichkeit gleich dreimal an die Tür geschrieben haben, der im Auftrag seines Herrn auf der Suche nach dem besten Wein war.

Neapel, Hauptstadt von Kampanien, ist Heimat der Pizza und einer einfallsreichen Küche, die neben ausgezeichnetem Olivenöl und Meerestieren Tomaten und viel frisches Gemüse verwendet und Käsespezialitäten wie Mozzarella und Ricotta bietet. Fleisch spielt kaum eine Rolle, im Landesinnern ist die Auswahl an Gerichten oft begrenzt, doch von frischer, hoher Qualität.

Bemerkenswerte Weine werden in der Provinz Apulien angebaut, darunter die robusten Roten Primitivo di Manduria und Salice Salentino.

Sizilien und Sardinien

Arabische, normannische und spanische Invasoren hinterließen kulinarische Spuren auf Sizilien, dessen Klima sich ideal für den Anbau von Obst und Gemüse eignet. Neben frischem Fisch und Meeresfrüchten erwarten einen ausgefallene *antipasti* und an Straßenständen knusprige Kroketten, Schmalzgebackenes oder *Arancini* – frittierte, pikant gefüllte Reisbällchen.

Auch auf Sardinien spielt Fisch eine große Rolle sowie der *Pecorino Sardo* als einer der besten (Schafs-)Käse Italiens, gerne gereicht mit dem papierdünnen Fladenbrot *carta di musica*.

Beide Inseln genießen zudem exzellenten Ruf bezüglich Gebäck und Süßspeisen, wie den sizilianischen *cannoli:* Teigröllchen gefüllt mit Ricotta-Vanillecreme und Schokoladenstückchen oder kandierten Früchten, die auch der *Cassata*-Eiscreme ihre besondere Note verleihen. Aus Sizilien kommen ferner der Süßwein Marsala und der Bitter Amaro.

BAEDEKER TIPP

Bars sind unentbehrlicher Schauplatz italienischen Alltagslebens – von früh morgens bis spät abends trifft man sich hier: zum Frühstück mit Cappuccino und *cornetto* (süßes Hörnchen), zu einer kleinen Mahlzeit oder einfach auf einen Drink. An der Theke ist es billiger als am Tisch – und man kann dem *barista* beim fachmännischen Bereiten des Espresso zuschauen ...

GEBURTSLAND DER OPER

Unter der nüchternen Bezeichnung »Opera in musica« (»musikalisches Werk«) entstand um 1600 in Italien das publikumswirksamste, heute beliebteste Genre klassischer Musik.

Italienische Ursprünge

Erste Opern im heutigen Sinn entstanden Ende des 16. Jhs. am Hof der Medici in Florenz – als früheste gilt *La Dafne* (1597), als älteste erhaltene *L'Euridice* (1600), beide von Jacopo Peri (Libretti: Ottavio Rinuccini). Letztere wurde uraufgeführt bei der Hochzeit Marias de' Medici mit Heinrich IV. von Frankreich, anlässlich des Geburtstages von Francesco Gonzaga IV. in Mantua wiederum Claudio Monteverdis Opern-Debüt *L'Orfeo* (1607). Beide Werke belegen den festlichen Charakter des Genres und in ihren mythologischen Sujets den Rückbezug auf das antike Drama.

In der Folge bildete sich neben der *Opera seria* (ernsten Oper) die volkstümlichere Variante der *Opera buffa* (komische Oper) heraus, die in den nun entstehenden Opernhäusern – als erstes 1637 das Teatro San Cassiano in Venedig – große Erfolge feierte mit eingängiger bis spektakulärer Handlung. Deren Gang wurde stimmlich umgesetzt in Rezitative (Sprechgesang), Arien und Ensemble-Gesang (Duette, Terzette) sowie Chorpartien, jeweils begleitet von einzelnen Instrumenten (vor allem Cembalo) und Orchester, wobei die verschiedenen Akte meist musikalisch in sich abgeschlossen blieben (sog. Nummern-Oper).

Berühmte italienische Komponisten

Im Ausland erwuchs zwar bald hochkarätige Konkurrenz (etwa in Georg Friedrich Händel), Gepräge und Sprache der Oper blieben italienisch, wie im Barock die zunehmende Wertschätzung einzelner Sänger und des

LEGENDEN DER OPER

Naturgemäß hat das Heimatland der Oper auch unvergleichliche Stimmen hervorgebracht – zur Legende wurde der neapolitanische Tenor **Enrico Caruso** (1873–1921), zum populärsten Sänger **Luciano Pavarotti** (1935–2007). Eine der bedeutendsten Sopranistinnen ihrer Zeit (neben Maria Callas) war die »Engelsstimme« **Renata Tebaldi** (1922–2004), gefolgt von Mirella Freni (*1935) und Katia Ricciarelli (*1946), während die temperamentvolle **Cecilia Bartoli** (*1966) heute das Publikum durch ihre Bühnenpräsenz begeistert.

Luciano Pavarotti auf seiner Abschieds-Tour 2004

kunstvollen *Belcanto* – wobei die ersten Stars der Opernbühne häufig Kastraten waren.

Noch im 19. Jh. kamen entscheidende Impulse für die Oper aus Italien: So avancierte zu einem der produktivsten Komponisten des komischen Typs Gioachino **Rossini** (1792–1868) mit dem *Barbier von Sevilla* (1816) oder *La Cenerentola* (1817). Zu den berühmtesten Partien der Operngeschichte gehört die Wahnsinns-Arie aus Gaetano **Donizettis** (1797–1848) *Lucia di Lammermoor* (1835), nicht anders als die Rolle der *Norma* (1831) von Vincenzo **Bellini** (1801–1835).

All seine Landsleute in den Schatten stellte Giuseppe **Verdi** (1813–1901) mit den dramatischen Opern *Nabucco* (1842), *Rigoletto* (1851), *La Traviata* (1853) und *Aida* (1869). Um 1900 traten dann die naturalistisch orientierten Veristen auf den Plan, als erfolgreichster Giacomo **Puccini** (1858–1924) mit *La Bohème* (1896), *Tosca* (1900) und *Madame Butterfly* (1904).

Parallel entwickelten sich, besonders in Deutschland, die romantische Zauber-Oper (wie Carl Maria von Webers *Freischütz*, 1821) und Richard Wagners durchkomponierte Musik-Dramen, im 20. Jh. das Musical als moderne Form. Um die Jahrtausendwende wurde Operngesang als internationales **Massenspektakel** vermarktet, etwa bei Auftritten der »Drei Tenöre« Plácido Domingo, José Carreras und Luciano Pavarotti.

Renommierte italienische Opern-Häuser

Heutzutage hat die »Met« in New York europäischen Opernhäusern mehr oder minder den Rang als erste Adresse abgelaufen, was selbst für Italiens renommierteste Bühne gilt, das **Teatro alla Scala** in Mailand (➤ 88f): 1778 eröffnet, erlebte es viele Uraufführungen illustrer Werke von Rossini, Verdi und Puccini und erstrahlt nach Renovierung in altem Glanz. Ähnliches gilt für das **Teatro La Fenice** (1792; ➤ 128) in Venedig mit seiner legendären Akustik, und auch Neapel hat mit dem **Teatro San Carlo** (1735; ➤ 178), mit über 3000 Plätzen lange größtes Opernhaus des Landes, Erstrangiges zu bieten.

Farbe, Form & Licht
Italienische Kunst

Die Welt verdankt Italien ein reiches künstlerisches Erbe: makellose antike Plastik, meisterliche Sakralkunst des Mittelalters, revolutionäre Renaissance sowie dramatisches Barock – neben Genies wie Leonardo oder Michelangelo.

Frühzeit und Antike
Noch vor den Römern schufen in Italien Etrusker und Griechen Gemälde und Skulpturen (um 800–300 v. Chr.): Aus dieser Zeit und der römischen Antike findet man in italienischen Museen, neben marmornen Skulpturen, prächtige Wandgemälde und Metallobjekte. Die Römer selbst, große Erfinder im Bereich der Architektur (➤30), hinterließen Meisterwerke in der von ihnen perfektionierten Mosaiktechnik.

Mittelalter (um 400–1500)
Reich verzierte, stilisierte Figurenmosaiken auf Goldgrund (in Ravenna oder San Marco in Venedig) zählen zu den Höhepunkten **byzantinischer Kunst** und setzten Maßstäbe für die **Gotik**, die in Italien Künstler vom Range Cimabues (Unterkirche in Assisi), dessen Schülers Giotto di Bondone (Wegbereiter der Renaissance) oder Paolo Venezianos hervorbrachte, sowie die *Sieneser Schule* mit Duccio di Buoninsegna, Simone Martini, Lippo Memmi und Pietro Lorenzetti.

Renaissance – »Wiedergeburt« der Antike
Um 1420 setzte in Italien mit der **Früh-Renaissance** eine Rück-

Piazza Armerina (Sizilien): spätantikes Bodenmosaik der Villa Romana del Casale (Unesco-Welterbe)

Florenz, Santa Maria Novella: Ghirlandaios Freskenzyklus *Leben der Hl. Jungfrau* (1486–90), Detail: Vertreibung Joachims aus dem Tempel

besinnung auf Kultur und Kunst der Antike ein. Mit deren neuem Welt- und Menschenbild identifizierte sich die wohlhabende Führungsschicht (Händler, Bankiers und Adel) und wollte es in der Kunst repräsentiert sehen. Dort trat die bisherige Dominanz religiöser Themen zurück zugunsten säkularer Vielfalt, die mit Porträts und Landschaften die Öl- und Freskenmalerei eroberte (oft als Wandschmuck von Palästen). Ein kreativer Schub erfasste, ausgehend vom Florenz der Medici bis nach Venedig und Rom, alle Bereich der bildenden Kunst. Intensive anatomische Studien vermittelten neue Impulse bei der Darstellung des menschlichen Körpers, und die Wiedergabe der Szenerie erhielt deutlich realistischere Züge durch Einführung der Zentralperspektive. In dieser Hinsicht wirkte Masaccio als Vorreiter, während Donatello die plastische Darstellungsweise der menschlichen Figur prägte. Wichtige Maler der Früh-Renaissance waren auch Sandro Botticelli, Domenico Ghirlandaio, Filippo Lippi und Piero della Francesca.

Als **Hoch-Renaissance** bezeichnet man die Blütezeit der Kunst von etwa 1490 bis zum *Sacco di Roma* (Plünderung Roms durch Truppen Karls V.) 1527. Sie wird beherrscht von Michelangelo und Leonardo da Vinci, die als Allround-Genies in Architektur, Skulptur und Malerei wirkten, wovon ihre Meisterwerke im Petersdom und vielerorts in Florenz zeugen. In Kirchen und Palästen von Florenz und Rom trifft man auch auf die teils monumentalen Gemälde Raffaels, während sich das Werk des international erfolgreichen Tizian besonders mit Venedig verbindet.

Manierismus und Barock

Im Zuge politischer Wirren wich um 1520 der für die Renaissance typische Optimismus einer skeptischeren Haltung, die künstlerisch in den artifiziellen Stil des **Manierismus** mündete, wie ihn Rosso Fiorentino, Jacopo da Pontormo oder Parmigianino vertraten. Er war geprägt von einer gewissen Geziertheit in Kolorit, Komposition und Figurenhaltungen, die der Venezianer Jacopo Tintoretto mit vielerlei Einflüssen zu verbinden wusste.

Um 1600 trieb Caravaggio manieristische Prinzipien auf dramatischen Helldunkel-Bildern ins Extrem. Diese Bilder verweisen bereits auf das von der Gegenreformation geprägte **Barock**. Es zeichnet sich kompositorisch durch ein hohes Maß an Aktion, Bewegung und einen wahren Farbrausch aus. Licht und Schatten kamen nicht nur bei religiösen Themen zur Steigerung der realistischen wie allegorischen Effekte zum Einsatz und illusionistische Effekte groß in Mode. In der Bildhauerei verwendete man zur Steigerung der Wirkung oft mehrere Marmorblöcke verschiedener Tönung und gelangte zu einer natürlich wirkenden und zugleich schwungvollen Wiedergabe von Gewändern – ein opulenter Stil, der sich in Rom, Neapel, Palermo aber auch im apulischen Lecce bewundern lässt. Aus Neapel stammte der begnadete Bildhauer Gian Lorenzo Bernini, der das Bild des barocken Rom maßgeblich prägte. Und im neapolitanischen Museo di Capodimonte hängen Gemälde des Caravaggio-Schülers Mattia Preti.

»Dramatische Helldunkel-Bilder verweisen bereits auf das Barock«

Mythologische Figuren an der Fontana di Pretoria im sizilianischen Palermo

Tiepolos *Erziehung der Hl. Jungfrau* (1732), Santa Maria della Fava, Venedig

Von Rokoko bis Klassizismus

Verspielter als das Barock gab sich das **Rokoko**, mit seinem Faible für florale Motive und pastorale Idyllen in der Malerei, in der auch das Porträt immer beliebter wurde. Bedeutendster italienischer Maler dieser Epoche war der Venezianer Giovanni Battista Tiepolo, Meister groß angelegter Deckenpanoramen mit festlichen Szenen, die er u. a. in Venetien schuf, gefolgt von dem gleichfalls aus Venedig stammenden Giovanni Antonio Canal (gen. Canaletto), der mit stimmungsvollen Veduten (nicht nur) seiner Vaterstadt berühmt wurde. Um 1800 brachte der **Klassizismus** eine Abkehr vom opulenten Formenspiel des Barock und Rokoko und setzte ihm einen am klassisch-antiken Ebenmaß orientierten, schlichten Gestus entgegen, wie er vollendet in den Skulpturen Antonio Canovas zum Ausdruck kam – auch er ein Venezianer.

Der Weg in die Moderne

Ihre Vormachtstellung hatte die italienische Kunst im 19. Jh. eingebüßt, steuerte indes einige Repräsentanten der Moderne bei, wie Amedeo Modigliani aus Livorno, der mit eleganten Akten und Porträts in Paris Aufsehen erregte. Internationalen Einfluss entfalteten um 1910 auch der **Futurismus** (mit Giacomo Balla, Carlo Carrà, Umberto Boccioni, Gino Severini) oder die ins Surreale tendierende **Pittura metafisica** um Giorgio de Chirico und dessen Bruder Alberto Savinio.

Einen lebendigen Bezug zur Kunst von Moderne und Gegenwart dokumentieren, neben der Biennale in Venedig, auch zwei unlängst eröffnete Museen: das Museo Nazionale delle Arti del XXI Secolo (MAXXI; ➤64) und das Museo del Novecento (➤88) in Mailand.

GIORGIO VASARI

Selbst anerkannter Künstler und Architekt, ist Giorgio Vasari (1511–1574) heute vorwiegend ein Begriff durch sein 1550 erschienenes Buch ***Le vite dei più eccellenti architetti, pittori et scultori italiani …*** (Lebensbeschreibungen der hervorragendsten Künstler Italiens), das den Beginn einer systematischen Kunstgeschichtsschreibung markiert. Es gilt bis heute, mit 170 Einzeldarstellungen von Cimabue bis Michelangelo (samt deren Persönlichkeiten und Eigenarten), als eine der wichtigsten Quellen zur italienischen Kunst von Renaissance und Barock.

TIFOSI
SÜCHTIG NACH SPORT

Der italienische Nationalcharakter tritt nirgends deutlicher zutage als beim Sport: Spielt die heimische Mannschaft, fiebern treue *tifosi* auf den Rängen mit – beim Fußball ist das nicht selten eine Beziehung über Generationen hinweg.

Fußballfan – man sieht, für welche Mannschaft er mitfiebert

Palio in Siena – Mehr als ein Pferderennen

Bestes historisches Beispiel für solchen Enthusiasmus ist der *Palio* von Siena, ein sattelloses Pferderennen durch die Stadt, das seit 1656 jährlich am 2. Juli und 16. August ausgetragen wird. Hier treten (in Gestalt von 10 Reitern in jährlich wechselnder Besetzung) die 17 alten Stadtbezirke *(contrade)* gegeneinander an, denen sich ein Sienese lebenslang zugehörig fühlt und entsprechend stolz ist, wenn der Sieg an seinen Bezirk fällt.

Calcio – Fußball

In moderner Form erlebt man diese Begeisterung seit gut hundert Jahren beim (hier *calcio* genannten) Fußball, besonders in den Riesenstadien der

Serie A (Erste Liga), mit Vereinen, die auch international klangvolle Namen besitzen, wie AC Milan und Inter(nazionale) Milano, Juventus Torino, Lazio Roma und AS Roma oder SSC Napoli.

Fußball ist in Italien eng mit Politik und Wirtschaft verknüpft: So tritt die Familie Agnelli, Eigentümer von FIAT, seit je als Sponsor von Juventus Torino in Erscheinung, und der AC Milan gehört Ex-Premier Silvio Berlusconi. Damit kann der Chef der Automobilwerke seiner Arbeiterschaft Familiengefühl suggerieren und der politische Machtmensch sich als Mann des Volkes unter die Fans mischen.

LA GAZZETTA DELLO SPORT
Seit 1896 gibt es die erste reine Sportzeitung Italiens am Kiosk, die täglich in einer Auflage von rund 600 000 Exemplaren erscheint. Online unter www.gazzetta.it

Giro d'Italia – Auf dem Rad quer durch Italien

Seit 1909 findet Ende Mai/Anfang Juni diese Italien-Rundfahrt statt. Sie gilt als wichtigstes Langstrecken-Radrennen der Welt nach der Tour de France (und vor der Vuelta a España), und die Sieger erlangen den Status von Nationalhelden – so sie aus Italien kommen, wie seit 1996 immerhin zwölfmal.

Ins Leben gerufen wurde das Rennen einst, als italienisches Pendant zur Tour de France, von Herausgebern der *Gazzetta dello Sport*. Das pinkfarbene Trikot des Führenden in der Gesamtwertung, die *maglia rosa*, ist eine Anspielung auf die Grundfarbe der *Gazzetta*.

Mythos Ferrari

Wird der kleine Ort Maranello südlich von Modena (Emilia-Romagna) erwähnt, leuchten die Augen jedes Ferrari-Fans, denn dort werden seit 1947 die rassigen Rennwagen mit dem sich aufbäumenden Pferd als Emblem gebaut. Später produzierte Enzo Ferrari auch straßentaugliche (teils von Pininfarina gestylte) Modelle wie den 275. Noch heute spielt die (nun zu FIAT gehörende) Marke eine führende Rolle im Formel-1-Zirkus, und rast einer dieser Boliden in Monza als Erster über die Ziellinie, rast ganz Italien im Siegestaumel mit.

WELCHER SPORT, WO?

Ski und Snowboard – in Cervinia (Aostatal), Livigno und Bormio (Lombardei), Val Gardena (Gröden) und Cortina d'Ampezzo in den Dolomiten
Mountain Biking – Valle del Sarca (Trentino)
Free Climbing – besonders im Trentino (Monte-Baldo-Massiv)
Via Ferrata (Klettersteige) – um den Gardasee und in den Dolomiten (www.via-ferrata.de/cat-italien-28.htm)
Schwimmen und Schnorcheln – Costa Smeralda auf Sardinien
Tauchen – Sizilien und Sardinien

Erbe des **ANTIKEN ROM**

Als 476 der letzte weströmische Kaiser abgesetzt wurde, war dies das Ende eines Imperiums, das zu Glanzzeiten von Britannien bis an den Nil und im Osten bis an den Euphrat reichte. Von seinen kulturellen Leistungen zehrt Europa noch heute.

Sprache und Alphabet

Latein wurde im gesamten Römischen Reich gesprochen und lebte in Europa bis ins Mittelalter fort als Idiom der Kleriker und Gelehrten. Für die **romanischen Sprachen**, wie Italienisch, Französisch, Spanisch, Portugiesisch oder Rumänisch (samt regionalen Dialekten), bildete Latein die Grundlage. Durch die Kolonisation Amerikas und Afrikas etablierte es sich auch außerhalb Europas. Das lateinische **Alphabet** wurde weitgehend verbindlich für den westlichen Kulturkreis. Es geht zurück auf die Kulturnation der Etrusker, die vor den Römern einen Großteil Norditaliens und Korsikas beherrschten, mit der (nach ihnen benannten) Toskana als Kernland. Von den 26 Buchstaben des etruskischen Alphabets übernahmen die Römer 21 und ergänzten X und G für lateinische Laute. Im 1. Jh. v. Chr., als die hellenischen Kolonien an Rom fielen, traten Y und Z aus dem griechischen Alphabet hinzu. Im Mittelalter integrierte man noch ein W und verlieh damit dem Alphabet die heute gültige Form.

Religion

Anfangs entsprach die Götterwelt der Römer weitgehend der der Griechen, mit Jupiter (Zeus) als oberstem Gott. Später gab es Anleihen bei Religionen unterworfener Völker, wie dem aus dem Iran stammenden Mithras-Kult. Nach zunächst grausamen Verfolgungen des Christentums im Römischen Reich erfolgte um 330 die *Konstantinische Wende*, die ihm im ganzen Imperium den Weg als führende Glaubensgemeinschaft ebnete.

Sprache der Wissenschaft

Viele naturwissenschaftlichen Erkenntnisse übernahmen die Römer zwar von den Griechen, dass dennoch heute in Botanik und Zoologie vorwiegend lateinische Bezeichnungen üblich sind, verdankt sich dem Fortleben des Lateins als Sprache der Wissenschaft bis in die frühe Neuzeit. Besonders in Physik und Medizin blieb hingegen auch altgriechisches Vokabular geläufig.

Ingenieurwesen

Von den Griechen übernahmen die Römer die Konstruktion von Bogen und **Kuppel**, entwickelten sie allerdings technisch weiter. Sie entwarfen Brücken, Aquädukte und frei tragende Tonnengewölbe, die bis heute überdauerten.

Inschrift auf dem Titus-Bogen am Forum Romanum (links); Colosseo bei Nacht (rechts)

Ein Meilenstein in der Geschichte der Bautechnik gelang den Römern mit der Erfindung des **Betons**, der, flüssig in Formen gegossen, durchhärtete – ein schnelleres und preiswerteres Verfahren als der Bau mit Stein/Ziegel und Marmor. Beton ist heutzutage mit Milliarden Tonnen der weltweit bevorzugte Baustoff.

Rechtswesen und Staatsführung

Das im 6. Jh. vom oströmischen Kaiser Justinian I. als *Corpus Iuris Civilis* kodifizierte Rechtssystem ist eine originäre Leistung der Römer, die ihren Anfang nahm bei den Zwölftafelgesetzen der frührepublikanischen Zeit. Viele ihrer Prinzipien herrschen noch im heutigen Zivilrecht vor, und im modernen Staatsrecht blieb der Primat der Verfassung gegenüber der Legislative, Judikative und Exekutive erhalten – um 1787 etwa festgeschrieben als Gebot der Gewaltenteilung in der Verfassung der USA.

RÖMISCHE KAISER UND IHRE LEISTUNGEN

Augustus (reg. 31 v.–14 n. Chr.) – Als erster Imperator Roms reformierte er Rechtssystem, Verwaltung und Armee.

Claudius (reg. 41–54) – Erweiterte das Reichsgebiet um Britannien sowie Teile des Balkan und Nordafrikas.

Nero (reg. 54–68) – Letzter männlicher Erbe des Augustus, der die ihm – fälschlich – zugeschriebene Feuersbrunst im Rom im Jahr 64 den Christen anlastete. Beging Selbstmord, als der Senat ihn zum Staatsfeind erklärte.

Vespasian (reg. 69–79) – Erster Kaiser der Flavier-Dynastie (gefolgt von Titus und Domitian), initiierte den Bau des Kolosseums.

Trajan (reg. 98–117) – Erster Adoptiv-Kaiser, unter dessen Herrschaft das Imperium seine größte Ausdehnung erreichte. Offensive Außenpolitik und Reform des Staatswesens.

Hadrian (reg. 117–138) – Vielseitig interessiert. Festigung der Reichseinheit und administrative Reformen.

Marcus Aurelius (reg. 161–180) – Mit dem »Philosophen auf dem Kaiserthron«, der Friede und Wohlstand sicherte, endete die Reihe der Adoptiv-Kaiser.

Constantinus (reg. 306–337) – Verlegte seinen Regierungssitz nach Konstantinopel und verhalf mit der Konstantinischen Wende dem Christentum zum Durchbruch.

In freier **Natur**

Italiens Landschaft ist vielfältig, von den Gipfeln der Alpen über die Hügel der Toskana bis zur Steilküste der Cinque Terre, und verfügt über einige der letzten unberührten Ökosysteme Westeuropas mit seltenen Tieren und Pflanzen.

Stolze 24 Nationalparks weist das Land auf, vom alpinen Parco Nazionale dello Stelvio (Stilfser Joch) bis zum Parco Nazionale dell'Aspromonte in Kalabrien. Insgesamt machen sie mit 1,5 Millionen ha 5 % der Fläche Italiens aus. Größtes dieser Schutzgebiete (und zugleich eines der ausgedehntesten Europas) ist seit 1993 mit 192 ha der **Parco Nazionale del Pollino** (Basilikata/Kalabrien) mit weitläufigen Buchen- und Kiefernwäldern. Wie schwierig sich oft die Balance von Naturschutz und Naturerlebnis gestaltet, zeigen die Verhältnisse im **Parco Nazionale del Vesuvio** (333 ha), der alljährlich endlose Besucherströme zu verkraften hat.

Einer der bedeutendsten europäischen Meeresparks ist der **Parco Nazionale Arcipelago Toscano** (www.islepark.it), der sich 57 ha über Land und 17 ha über Wasser erstreckt, mit unterschiedlichsten marinen Ökosystemen. Hauptattraktion für Besucher sind die Delfine.

Informationen für Besucher

Die Naturparks verfügen stets über mindestens ein Besucherzentrum mit Informationen und Kartenmaterial. Wanderwege sind gut ausgeschildert und nach Schwierigkeitsstufen ausgewiesen.

Auf der offiziellen **Website** der ***Parchi Nazionali in Italia*** (www.parks.it) gibt es viele informative Hinweise (sogar auf Deutsch: www.parks.it/Gindex.php), auch zu Routen und Übernachtungsmöglichkeiten.

Parco Nazionale del Vesuvio – auf dem Weg zum Kraterrand

Im Parco Nazionale dello Stelvio/Stilfserjoch – unterhalb des Ortlergipfels

TIERE IN DEN WILDPARKS

Alpensteinbock – wilde Bergziegenart, deren Böcke eindrucksvoll geschwungene Hörner tragen. Zahlreich im Parco Nazionale del Gran Paradiso (➤ 86f).

Europäisches Mufflon – Wildschaf mit markanten Hörnern, heimisch u. a. auf Sardinien und inzwischen eine bedrohte Spezies. Wissenschaftlern der Universität Teramo (Abruzzen) gelang es 2001, ein Mufflon zu klonen.

Bär – um 50 Braunbären bevölkern Gebirgszüge des Apennin – in den Abruzzen (Majella-Nationalpark), Lazio und Molise – und sind in ähnlicher Zahl in den italienischen Alpen anzutreffen.

Wolf – 500–800 Exemplare gibt es über Italien verstreut, meist in den Alpen und den Nationalparks del Pollino, d'Abruzzo (➤ 164f), Lazio und Molise.

Wildkatze – die Falb- oder Afrikanische Wildkatze *Felis silvestris lybica* lebt in geringer Zahl auf Sardinien, die verwandte Europäische Wildkatze *Felis silvestris* auf dem Festland. Im Ostteil der italienischen Alpen trifft man auch vereinzelt auf Luchse – vermutlich Nachkommen einer in den 1970ern in der Schweiz angesiedelten Population.

Bartgeier – in den 1980ern wurden etwa 150 Exemplare in den Alpen wieder angesiedelt (Informationstafeln im Parco Nazionale del Gran Paradiso, ➤ 87).

Gämse – wiederkäuender Paarhufer mit gedrungenem Körper (➤ 164), verbreitet im nördlichen Bergland Italiens in gesunder Population, im Gegensatz zu den Verwandten im zentralen Apennin, die mit einer Anzahl von nur 400 Exemplaren als gefährdet gelten.

Murmeltier – Nagetier, zuhause in den italienischen Alpen und im Apennin. Die lustigen Gesellen halten wie Bären Winterschlaf.

DENKMALSCHUTZ IN NÖTEN

Rund 50 Mio. Touristen überschwemmen jährlich die Sehenswürdigkeiten und Kunstschätze Italiens: aus konservatorischer Sicht ein wahrer Alptraum! Doch wie sieht die Lösung für die Zukunft aus – wie lässt sich dieses unschätzbare Erbe erhalten?

Pompei und Ercolano

Die Mammut-Aufgabe von Ausgrabung und Erhalt antiker Stätten ist in Italien ein unablässig diskutiertes Thema. So spricht man angesichts mangelhafter Konservierung von Pompeji und Herculaneum schon von einer »zweiten Zerstörung« dieser in der Antike untergegangenen Städte: Die Vulkanasche, die sie einst begrub, schützte sie nämlich auch vor schädlichen Witterungseinflüssen, während sie nach der Freilegung Sonne, Wind und Regen preisgegeben waren. Eine zusätzliche Hypothek bildet der Strom von 2,5 Mio. Besuchern, der sich jedes Jahr in Pompeji über das Grabungsareal ergießt und dabei Straßenpflaster und Bauwerke stark in Mitleidenschaft zieht. Die in Millionenhöhe fließenden Eintrittsgelder reichen nur zur Aufrechterhaltung des Status quo, anstatt für attraktive neue Grabungen – was nicht nur die Wissenschaft bedauert, angesichts so vieler noch ungehobener Schätze! Hierfür wären vermutlich weitere 330 Millionen Euro nötig.

Venedig, Stadt im Wasser

Hochwasser *(acqua alta)* bedroht Venedig seit seiner Gründung – selbst zu einstigen Glanzzeiten war der Markusplatz winters regelmäßig überschwemmt. Diese Situation hat sich inzwischen prekär entwickelt: Seit dem Jahr 1900 sank die Stadt rund 20 cm, und der aufgrund der Erderwärmung steigende Meeresspiegel tut ein Übriges – Venedig droht in den kommenden fünfzig Jahren unbewohnbar zu werden.

Nach Jahrzehnten heißer Diskussionen hat man sich endlich zu einem Lösungsansatz durchgerungen: Im Schulterschluss mit der EU gab die italienische Regierung 1996 grünes Licht für die Errichtung des beweglichen Flutschutzwehrs **MO.S.E** (**Mo**dulo **s**perimentale **e**lettromeccanico) an den drei Öffnungen der Lagune. Der 2003 begonnene Bau wird wahrscheinlich 2016 fertig gestellt und gut 6 Milliarden Euro verschlingen.

Der Schiefe Turm von Pisa

Es gibt in Italien indes auch Beispiele gelungener konservatorischer Bemühungen: Anfang 1990 drohte der berühmte Schiefe Turm von Pisa einzustürzen – schon während seiner Bauzeit zwischen 1173 und 1350 hatte er Schlagseite bekommen, bedingt durch die Bodenbeschaffenheit, die nicht ausreicht, um den Turm zu tragen. Nun näherte sich seine Neigung gefährlichen 4,5 m von der Lotrechten. Was tun? Schließlich galt es nicht nur, das Bauwerk selbst zu retten, sondern auch seine unverwechselbare »schiefe« Eigenart.

Man entschloss sich, das Fundament an der höheren Seite zu stabilisieren. Während der Arbeiten hielten eine Reihe 103 m langer Stahltrossen und 80 t Blei den Turm in Position. Bei der Wiedereröffnung im Jahre 2001 betrug der Überhang noch gut 4 m, und die Aussicht, dass der Bau weitere vier Jahrhunderte hält, ist durchaus realistisch. So scheinen die Renovierungskosten in Höhe von umgerechnet 28 Mio. Euro bestens angelegt.

Links: Fresko im Thermopolium des Vetutius Placidus in Pompeji (Detail)

Rechts: Der Schiefe Turm von Pisa

Italienische Architektur
SYMPHONIEN IN STEIN

Einen wesentlichen Reiz Italiens macht seine Architektur aus – stattliche Palazzi, prächtige Kirchen, elegante Villen und die typischen farbig getünchten Wohnhäuser fügen sich im ganzen Land zu malerischen Ensembles.

Piazza San Pietro in Rom mit Petersdom und den Kolonnaden Berninis

Antike und frühchristliche Zeit

Aus der **Antike** (2. Jh. v.–5. Jh. n. Chr.) überdauerten monumentale öffentliche Bauten nach griechischem Vorbild. Die Römer schufen erstmals echte Gewölbe und städtebauliche Ensembles, erfanden Kuppel (Pantheon, ➤ 62f), Verschalungstechnik und Beton.

Der **frühchristliche** Kirchenbau ab dem 4. Jh. folgte der antiken *Basilica*, einer öffentlichen Halle mit gerundeter Apsis am Ostende.

Romanik und Gotik

Die **Romanik** (11./12. Jh.)prägte lombardische, toskanische, römische oder venezianische Sonderformen. Neu im Kirchenbau waren die Erweiterung der Apsis durch einen Chor sowie Gliederung durch Pfeiler und Stützen, typisch für den toskanischen Stil *(Proto-Renaissance)* Schaufassaden und Marmorverkleidungen der Kirchen (Pisa, Lucca oder Florenz).

Die **Gotik** (13. bis 15. Jh.) mit lichten, hoch strebenden Innenräumen, Spitzbögen, filigranen Pfeilerbündeln und Kreuzrippengewölben wurde im Norden adaptiert und fand im Fassadenschmuck opulenten Ausdruck – bei den Domen von Mailand

(➤ 88), Siena (➤ 141f) oder Orvieto (➤ 147). Daneben entstanden als Ausdruck selbstbewusster Stadtkommunen anspruchsvolle Palazzi.

Früh- und Hochrenaissance

Die Renaissance (15.–17. Jh.) mit Rückbesinnung auf die Antike brachte neue sakrale und profane Architekturformen hervor, die Symmetrie und Proportion betonten: in der Palastarchitektur, bei öffentlichen Gebäuden und Landhäusern (Palladio-Villen). Als führend gilt die Stadt Florenz. Die Baukörper weisen klare Gliederungen auf, zurückgehend auf simple Elemente – Rundbogen, Gewölbe, Portal, Gesimse, Säulenstellungen.

In aufstrebenden Kommunen und Fürstentümern (Florenz; Venedig; Urbino, ➤ 144; Mantova, ➤ 92f) entstanden städtebauliche **Gesamtensembles** mit großzügigen Plätzen, Höfen, Treppenanlagen, Kolonnaden und Raumfluchten.

Barock bis Klassizismus

Rom verkörpert symptomatisch den dynamischen Baustil des **Barock** (17./18. Jh.): großspurig, selbstbewusst, mit reichem Ornat und stadtplanerischen Großprojekten, die Gebäude in ein Ensemble fügen. Der Kirchenbau folgt dem Ideal des Gesamtkunstwerks, wobei sich Bauglieder durchdringen, Architektur, Skulptur und Malerei gegenseitig steigern.

Als Reaktion auf die Exzesse des Barock kehrte der **Klassizismus** (18./19. Jh.) zu schlichten Formen und antiken Schmuckelementen zurück.

Moderne und Postmoderne

Der Genueser Renzo Piano ist einer der führenden Architekten unserer Tage, dessen futuristisches Auditorium Parco della Musica (2002) in Rom dort den Vergleich nicht scheuen muss mit Richard Meiers lichtdurchflutetem Anbau für die Ara Pacis (2006) und Zaha Hadids MAXXI (2010, ➤ 64).

BEDEUTENDE ARCHITEKTEN UND IHRE BAUWERKE

Filippo Brunelleschi (1377–1446) – Florenz: Dom, San Lorenzo, Santo Spirito, Cappella Pazzi.

Leon Battista Alberti (1404–72) – Florenz: Fassade von Santa Maria Novella, Palazzo Rucellai; Rimini: Tempio Malatestiano; Mantova: Sant'Andrea.

Donato Bramante (1444–1514) – Rom: Plan des Petersdoms.

Michelangelo Buonarroti (1475–1564) – Rom: Campidoglio, Teile des Petersdoms, Santa Maria degli Angeli.

Jacopo Sansovino (1486–1570) – Venedig: Zecca, Loggetta, Libreria Sansoviniana an der Piazza San Marco.

Andrea Palladio (1508–80) – Vicenza: Basilica, Teatro Olimpico, mehrere Palazzi.

Gian Lorenzo Bernini (1598–1680) – Rom: Piazza San Pietro (Petersplatz).

Francesco Borromini (1599–1667) – Rom: San Carlo alle Quattro Fontane, Sant'Agnese, Innenausstattung von San Giovanni in Laterano.

Renzo Piano (geb. 1937) – Rom: Parco della Musica.

Auf einen Blick

Italien bietet anspruchsvolle Alltagskultur und Küche, atemberaubende Natur und jahrhundertealte Geschichte.

Die schönsten Küsten

- Amalfi-Küste (➤ 160) – steil aufragende Klippen mit pittoresken Örtchen, Berge, herrliche Panoramen
- Gargano (➤ 206) – Kreidefelsen, glasklares Wasser, Fischerdörfchen, Frühlingsblüte
- Cinque Terre (➤ 96) – Fischerdörfer, Felsklippen, steile Weinterrassen
- Costa Smeralda (➤ 189) – Sardiniens Smaragd-Küste, mit durchscheinend türkisem Wasser
- Riviera di Levante – Jet-Set-Orte an malerischen Klippen

Schöne Souvenirs

- Designer-Mode
- Handgefertigte Schuhe und Lederwaren
- Handgeschöpftes Papier aus Florenz
- Murano-Glas aus Venedig
- Feine Spitze und Stickereien
- Wein und Olivenöl

Italienisches Lebensgefühl

- Gucci: Synonym für legeren Chic italienischer Mode
- Ferrari: Geschwindigkeitsrausch und Sex-Appeal
- Vespa: »Wespe«, die den Lifestyle der Jugend verkörpert
- Gondeln: romantisches Venedig pur
- Pizza: Italiens populärster »Schnell-Imbiss«, am besten frisch vom Holzofen

Ins Alltagsleben eintauchen

- Essen und Wein aus der Region
- Über einen Markt schlendern
- Einen Abendspaziergang *(passeggiata)* machen und sich mit einem Eis belohnen
- Zu Fuß die Landschaft erkunden
- In der Bar einen *caffè* trinken
- Ein Museum besuchen
- Kleidung und Lederwaren einkaufen
- In Küstengewässern schwimmen

Strecken, die sich lohnen

- Toskanisches Hügelland rund um Siena
- Venedig abseits der Touristenpfade in Muße erkunden
- Bootstour zu den Maddalena-Inseln vor der sardischen Costa Smeralda
- Die antike Hauptstraße von Pompeji herabbummeln
- Einen Vulkan hinaufsteigen

Edles handgefertigtes Papier ist ein nettes Souvenir

Erster Überblick

Ankunft

Italiens wichtigste internationale Airports sind Rom-Fiumicino und Milano-Malpensa, zudem gibt es direkte nationale und europäische Flüge zu größeren Städten wie Florenz, Mailand oder Neapel. Fährverbindungen nach Griechenland bestehen von Ancona, Bari und Venedig.

Ankunft in Rom

Aeroporto Fiumicino

- Roms wichtigster Flughafen Leonardo da Vinci oder **Fiumicino** (Tel. 06 6 59 51, www.adr.it) liegt 36 km westlich des Stadtzentrums und verfügt über drei Terminals: T1 (Inlandsflüge), T2 (Charter Inland/international) und T3 (international). Zu den Service-Einrichtungen gehören Touristen-Information, Banken, Zimmerreservierung und Autovermietung.
- Ein **Taxi** ins Zentrum kostet etwa 45 Euro (Fahrzeit gut 30–40 Min.). Vorsicht vor unseriösen Fahrern und Hotel-Werbern!
- **Leonardo-Express-Züge** verkehren zur **Stazione Centrale** Roma Termini (eigtl. **Giovanni Paolo II**; 30 Min.; ca. 14 Euro), andere mit Zwischenstopp (45 Min.; ca. 8 Euro). Weitere Verbindungen: Trastevere, Tiburtina und Ostiense.
- **Busse von Co.Tral** (Tel. 8 00 17 44 71, www.cotralspa.it) fahren außerhalb der Ankunftshalle zum Bahnhof Tiburtina (alle 90 Min.; 5 Euro), diejenigen von Terravision (Tel. 06 65 99 86 46, www.terravision.eu) nach Roma Termini (60 Min., mit vier Zwischenstopps; 6 Euro, bei Vorbuchung online 4 Euro).

Aeroporto Ciampino

- Der kleinere Flughafen **Ciampino** (Tel. 06 79 49 41, www.adr.it), 15 km südöstlich über die Via Appia Nuova erreichbar, ist Charter- sowie billigen Linienflügen vorbehalten und deutlich bescheidener ausgestattet.
- Ein **Taxi** ins Zentrum kostet ab 30 Euro (Fahrzeit rund 30 Min.).
- Nur fünf Minuten Transfer per **Bus** von **Co.Tral** (Tel. 89 20 21, www.cotral spa.it; 1,20 Euro) braucht man zum Bahnhof **Ciampino Città**, von wo regelmäßig Züge zur Stazione Centrale Roma Termini verkehren (15 Min.).
- Shuttlebusse von **Terravision** (Tel. 06 65 99 86 46, www.terravision.eu) fahren alle 30 Min. zur Stazione Centrale Roma Termini (45 Min.; 6 Euro, bei Vorbuchung online 4 Euro).

Mit dem Zug

- Die meisten nationalen und internationalen Züge nach Rom enden in der **Stazione Centrale (Giovanni Paolo II) Roma Termini** (Tel. 89 20 21 in Italien, +39 06 68 44 54 75 aus dem Ausland, www.trenitalia.com) am Ostrand des Zentrums. Dorthin gelangt man mit den Metro-Linien A und B, auch der ZOB ist nebenan. Taxistand vor dem Haupteingang.
- Manche **Fern- und Nachtzüge** enden in Ostiense oder Tiburtina (südlich/nordöstlich des Zentrums) an der Metro-Linie B (Stationen Tiburtina bzw. Piramide für Ostiense) – ein Taxi in die Innenstadt ist von dort aber auch nicht teuer.

Ankunft in Mailand

Aeroporto Malpensa

- Der Flughafen **Malpensa** (Tel. 02 23 23 23, www.airportmalpensa.com) 50 km nordwestlich der Stadt verfügt über zwei Terminals, Touristen-

Information, Hotelreservierung, Autovermietung, Bars, Restaurants, Läden und Banken.

- Ein **Taxi** nach Mailand kostet rund 80 Euro, Fahrzeit je nach Verkehr 35 bis 60 Min.
- Direktverbindung per Zug mit dem **Malpensa Express** (Tel. 02 85 11 43 82, www.malpensaexpress.it) zum Bahnhof Milano Cadorna alle 30 Min. (11 Euro; Fahrzeit 35 Min.). Stündlich verkehren auch Züge nach Milano Centrale (11 Euro; Fahrzeit 50 Min). Der Bahnhof Malpensa ist außerdem angebunden an die Hochgeschwindigkeitsstrecke Turin–Mailand–Rom.
- Busverbindung des **Malpensa Shuttle** (Tel. 02 58 55 31 85, www.malpensa shuttle.it; 10 Euro; 45–60 Min.) alle 20 Min. zum Bahnhof Milano Centrale.

Aeroporto Linate

- Mailands kleinerer Flughafen **Linate**, 7 km östlich des Stadtzentrum, verfügt gleichfalls über alle touristischen Einrichtungen (Tel. 02 23 23 23, www.milanolinate.eu). Ein **Taxi** nach Mailand kostet 20–25 Euro (Fahrzeit 15–25 Min.). Der Linienbus **ATM 73** (Tel. 8 00 80 81 81, www.atm-mi.it) verkehrt zur Piazza San Babila (Fahrzeit 20 Min.).

Ankunft in Venedig

- Der **Aeroporto Marco Polo** (Tel. 04 12 60 92 60, www.veniceairport.it) am Nordende der Lagune ist 7 km per Schiff und 12 km auf der Straße von der Stadt entfernt. Service-Einrichtungen: Geldwechsel, Banken, Post, Bars, Restaurants und Läden.
- Ein **Taxi** zum Piazzale Roma (auf dem Festland, nicht in Venedig selbst) kostet um die 25 Euro (Fahrzeit 15–25 Min), eine Fahrt per **Wassertaxi** *(taxi d'acqua)* nach Venedig ab 110 Euro (Fahrzeit 20–35 Min.) von Venedig Welcome Taxi (www.venicewelcome.com).
- Die **Linienschiffe** von Venicelink (www.venicelink.com) verkehren auf drei Routen ins Zentrum (15 Euro; 70 Min), die Busse von ATVO (www.atvo.it) zum Piazzale Roma und Bahnhof Mestre (5 Euro; 20 Min.).

Ankunft in Pisa/Florenz

Pisa: Aeroporto Galileo Galilei

- Wichtigster Flughafen von Pisa ist der **Galileo Galilei Airport** (Tel. 050 84 93 00, www.pisa-airport.com), 91 km westlich von Florenz.
- Ein **Taxi** nach Pisa kostet um die 7 Euro (Fahrzeit rund 15 Min.). Nach Florenz dauert die Taxi-Fahrt eine gute Stunde und kostet 120–150 Euro.
- Vom Flughafen Galileo Galilei gibt es eine **Direktverbindung** per Zug nach **Firenze S.M.N.**, außerdem sechsmal täglich **Züge nach Pisa Centrale**, von wo weitere Verbindungen nach Florenz bestehen (Fahrzeit bis Florenz rund 75 Min.).
- Der **Linienbus** Nr. 3 der **CPT** (www.cpt.pisa.it) fährt vom Flughafen ins Zentrum von Pisa (10–15 Min.).
- **Terravision** (Tel. 06 65 99 86 46, www.terravision.eu) unterhält einen **Shuttle-Bus**-Service vom Flughafen Galileo Galilei nach Florenz (Abfahrt alle 30 Min.; Fahrzeit etwa 1 Std.).

Firenze: Aeroporto Amerigo Vespucci

- Florenz selbst verfügt nur über den kleinen Flughafen **Amerigo Vespucci,** auch Peretola genannt (Tel. 05 53 06 13 00, www.aeroporto.firenze.it), mit sehr begrenzten Verbindungen ins Ausland.

Ankunft in Neapel

- Der **Aeroporto Capodichino** mit zwei Terminals (Tel. 08 17 89 61 11, www.gesac.it; www.naples-airport.info) liegt 6 km nordöstlich der Stadt und verfügt u. a. über eine Touristen-Information.
- Ein **Taxi** ins Zentrum von Neapel kostet etwa 25 Euro (Fahrzeit 20–30 Min.).
- Es gibt keine Zugverbindung in die Stadt, doch verkehren **Linienbusse** der **CLP** (www.clpbus.it) zur Stazione Centrale und Piazza Municipio (Fahrzeit 20–30 Min.).

Unterwegs in Italien

Italien ist gut angebunden an das europäische Schienennetz, mit direkten, teils schnellen Verbindungen in die Nachbarländer Österreich, Schweiz, Frankreich und Spanien und nach Deutschland. Inlandsflüge sind teurer als die Bahn und lohnen sich am ehesten nach Sizilien und Sardinien. Das Netz der Autobahnen und Landstraßen ist gleichfalls gut ausgebaut, weniger angenehm der Verkehr in den Großstädten (enge Straßen, viele Einbahnstraßen, Parkplatznot).

Inlandsflüge

Die nationale Fluggesellschaft **Alitalia** (www.alitalia.it) bedient alle größeren Städte, darunter Mailand, Turin, Pisa, Verona, Venedig, Neapel und Palermo. Kleinere Ziele wie Bologna, Florenz, Genua, Bari, Catania oder Cagliari werden angeflogen von Air One (www.flyairone.it), Air Dolomiti (www.airdolomiti.it), Lufthansa Italia (http://italia.lufthansa.com), MyAir (www.myair.com), Windjet (www.volawindjet.it) oder Meridiana (www.meridiana.it).

Mit dem Zug

- Eisenbahnverbindungen werden (bis auf wenige Privatbahnen) unterhalten von der staatlichen Gesellschaft **Trenitalia,** einer Tochtergesellschaft der Ferrovie dello Stato Italiane (Tel. 89 20 21 in Italien, +39 06 68 47 54 75 aus dem Ausland, www.trenitalia.com).
- Vor allem zwischen Mailand und Rom, aber auch nach Venedig verkehren die Hochgeschwindigkeitszüge **Frecciarossa** und die fast ebenso schnellen **Frecciargento** – Reservierung bei beiden erforderlich. Beinahe hundert italienische Städte sind zudem verbunden durch das komfortable Netz der **Frecciabianca-** und **InterCity**-Schnellzüge (Reservierung empfohlen). Oft recht langsam sind die **Regionali** (R), die fast an jeder Station halten.
- Die Nachtzüge **InterCitynotte (ICN)** fahren lange Distanzen und bieten mehrere Wagenklassen, darunter Schlaf- und Liegewagen (*cuccette*). Reservierung obligatorisch (Aufschlag für Schlafwagen 20–50 Euro).
- **Fahrkarten** sind erhältlich an Bahnhöfen, Verkaufsstellen von Trenitalia oder online unter www.trenitalia.com. Die Fahrpreise richten sich nach Entfernung, Zug-Typ und Wagenklasse (1./2. Klasse), in den Frecciarossa-Zügen nach den Kategorien Standard, Premium, Business und Executive. Gleichzeitiger Kauf von Hin- und Rückfahrkarte *(andata e tornata)* ist nicht preiswerter als deren Einzelerwerb.
- **Reservierungen** sind obligatorisch für Freccia-Züge, empfehlenswert auch für Intercitys und generell rechtzeitig vorzunehmen in der Sommer-Saison (Juni–Mitte Sept.).

- Vor Fahrtantritt muss die **Fahrkarte entwertet** werden in den gelben Stempelmaschinen am Bahnsteig. Schwarzfahrer werden (auch im städtischen Nahverkehr) mit 55 Euro zur Kasse gebeten, die zusätzlich zum Fahrpreis zu entrichten ist.
- Pässe von **InterRail** (www.interrail.eu) und **Eurail** (www.eurail.com) sind auch in Italien gültig (das keine eigenen Trenitalia-Pässe anbietet).

Busse

- **Überlandbusse** kleinerer Gesellschaften halten gewöhnlich in Bahnhofsnähe oder auf dem Hauptplatz einer Stadt. Fahrkarten sind erhältlich am örtlichen Schalter des Unternehmens oder im Bus, Platz-Reservierungen nicht immer möglich.
- **Regionalbusse** verbinden kleinere Orte, ihr Fahrplan ist in der Regel abgestimmt auf Schul- und Arbeitszeiten der Einwohner (weshalb sie am Wochenende oder in der Ferienzeit zuweilen weniger häufig verkehren).

Taxis

- **Offiziell registrierte Taxis** sind gewöhnlich an weißer oder gelber Lackierung zu erkennen und auch telefonisch rufbar. Zur Grundgebühr tritt diejenige für die Fahrstrecke, Aufschläge sind ggf. zu entrichten für eine größere Anzahl von Fahrgästen, Gepäck oder Nacht- und Sonntagsfahrten (Preise ersichtlich auf einer Liste im Taxi). Stets darauf achten, dass der Fahrer eine Lizenz besitzt und den Taxameter einschaltet.
- Sehr teuer sind in **Venedig** die weißen **Wasser-Taxis** (mit Kabine).

Schiffsverkehr im Inland

- **Fährverbindungen** zu den **Inseln** bestehen außer nach Sizilien und Sardinien auch nach Capri und Ischia (von Neapel und Sorrent, im Hochsommer auch Tragflächenboote) oder Elba (Information und Vorbuchung unter www.traghetti.com).
- Örtlichen **Linienschiffsverkehr** gibt es auch auf den großen **oberitalienischen Seen** (Lago di Garda, di Como und Maggiore).
- **Venedig** verfügt über ein dichtes Netzwerk von ***vaporetti*** (Wasser-Bussen) und schnellen kleinen ***motoscafi*** (Motorbooten) der Gesellschaft ACTV, mit festen Routen und Linien-Nummern (www.actv.it). Fahrkarten für *vaporetti* sind erhältlich am Pier sowie an den Vorverkaufsstellen der ACTV und müssen vor Fahrtantritt entwertet werden.

Mit dem Auto

- Wer Italien mit dem eigenen Auto bereist, muss (neben Personalausweis oder Reisepass) folgende **Dokumente** mit sich führen: Führerschein (ggf. mit Übersetzung), Fahrzeugpapiere und Versicherungsschein. Auf dem **Nummernschild** (oder durch einen zusätzlichen Aufkleber) muss zudem die nationale Herkunft des Wagens dokumentiert sein. Sollten Sie im **Winter** in der Alpenregion unterwegs sein, muss das Fahrzeug mit entsprechenden Reifen und eventuell Schneeketten ausgerüstet ein.
- Italien verfügt über exzellente **Autobahnen** (***autostrade***, markiert mit A auf Schildern und Karten), als wichtigste die Nord-Süd-Verbindung **A1/A3** von Mailand über Bologna, Florenz, Rom und Neapel bis Messina. Viel befahren sind auch im Osten die **A14** von Bologna nach Tarent sowie die West-Ost-Magistrale **A4** von Turin über Venedig nach Triest.
- Hinzu kommen **Schnellstraßen** (***superstrade***, markiert mit S, und ***nazionale***, markiert mit N), sowie ***strade statale*** (markiert mit SS) und kleinere

Landstraßen. In ländlichen Gegenden bewegt man sich häufig nicht auf Asphalt, sondern auf Schotterstraßen *(strade bianche)*.

- Fast alle *autostrade* sind **mautpflichtig** – Schein ziehen bei der Auffahrt, zahlen bei Verlassen der Autobahn. Außer bar oder mit Kreditkarte können Sie auch mit der **Viacard** zahlen. Man erhält sie in Italien u. a. bei den Automobilclubs, bei ACI-Büros an den Grenzübergängen sowie an Tankstellen. Die Auffahrten sind meist kurz, je nach Verkehr muss man oft warten.
- **Benzin** gibt es in den Versionen (Super) bleifrei *(senza piombo)*, Diesel *(gasolio)* sowie LPG-Flüssiggas. An Selbstbedienungs-**Tankstellen**, die rund um die Uhr geöffnet haben *(24 ore)*, kann man am Automaten mit 5-, 10- und 20-Euro-Noten zahlen.

Straßenverkehrsordnung

- In Italien herrscht Rechtsverkehr, und wer von rechts kommt, hat auch Vorfahrt.
- Als **Geschwindigkeitsbegrenzung** gelten 50 km/h innerhalb geschlossener Ortschaften, außerorts 90 km/h, 110 km/h auf Schnellstraßen und zwischen 110 und 130 km/h auf *autostrade*.
- Außerhalb von Ortschaften auch tagsüber mit **Abblendlicht** fahren, ebenso in Tunnels, auch wenn sie hell erleuchtet sind.
- Die **Alkohol-Grenze** am Steuer liegt bei 0,5 Promille – bei höheren Werten wird der Führerschein für 2 Wochen bis 3 Monate konfisziert.
- Grundsätzlich ist eine fluoreszierende **Warnweste** im Auto mitzuführen, die man bei Pannen oder Notfallsituationen außerhalb von Ortschaften beim Verlassen des Wagens tragen muss.

Autoverleih

- Die großen **Auto-Vermieter** wie Budget, Avis oder Hertz sind an Flughäfen, wichtigen Bahnhöfen und in größeren Städten vertreten. Gewöhnlich kann man den Wagen andernorts innerhalb des Landes wieder abgeben (manchmal gegen Aufpreis).
- **Dokumente:** Voraussetzung ist ein Alter von 21 (bei manchen Verleihern 25) und mindestens einjähriger Besitz der Fahrerlaubnis. Neben dem Führerschein ist oft zur Haftungssicherung eine Kreditkarte erforderlich.

Öffentlicher Nahverkehr

Die meisten großen Städte verfügen über ein gutes **Nahverkehrsnetz** mit Bus, Straßen- und S-Bahn, Rom, Mailand und Neapel zudem über Metro-Linien. Fahrkarten sind auch in Bars und *Tabacchi*-Läden und an Zeitungs-Kiosken erhältlich und müssen vor Fahrtantritt entwertet werden.

Touristen-Informationen

- **Rom** ✉ Via Leopardi 24 ☎ 06 06 08; www.turismoroma.it 🕘 9–19 Uhr
- **Mailand** ✉ Piazza Castello ☎ 02 77 40 43 43; www.provincia.milano.it 🕘 Mo–Fr 9–18, Sa 9–13.30, 14–18, So 9–13.30, 14–17 Uhr
- **Venedig** ✉ Piazza San Marco 71f ☎ 04 15 29 87 11; www.turismovenezia.it 🕘 tägl. 9–18 Uhr
- **Pisa** ✉ Piazza Vittorio Emanuele II 16 ☎ 05 04 22 91; www.pisaunicaterra.it 🕘 tägl. 9.30–16.30 Uhr
- **Florenz** ✉ Via Cavour 1r ☎ 05 5 29 08 32/33; www.firenzeturismo.it 🕘 Mo–Sa 8.30–18.30 Uhr
- **Neapel** ✉ Piazza del Gesù ☎ 08 15 51 27 01; www.inaples.it 🕘 Mo–Sa 9–19.30, So 9–14 Uhr

Übernachten

Vor allem in Nord- und Mittelitalien erwartet den Besucher eine Vielzahl an Übernachtungsmöglichkeiten, wobei auch internationale Hotelketten wie Best Western und Hilton vertreten sind, zudem italienische wie Starhotels und Boscolo. Neben Luxushotels in alten Palazzi gibt es gediegene kleinere Adressen, und wer das Land authentisch erleben möchte, mietet sich in Familienpensionen und Unterkünften des *agriturismo* ein oder lässt sich in einer Privatvilla, Ferienwohnung oder einem Bauernhaus nieder.

Hotels

- Hotels stehen unter staatlicher Aufsicht und sind in **fünf Kategorien** eingeteilt (ein bis fünf Sterne), je nach dem Komfort, der den Gast dort erwartet: Während in der untersten Kategorie nicht einmal ein eigenes Bad garantiert ist, kann es in einem italienischen Luxushotel oft mit Marmor gestaltet sein. Das beste Preis-Leistungsverhältnis erwartet einen oft in kleinen familiengeführten Hotels mit schmucklosen, sauberen Zimmern.
- **Frühstück** ist gewöhnlich im Zimmerpreis inbegriffen, fällt allerdings in einfacheren Häusern oft bescheiden aus (ab drei Sternen gibt es meist ein ordentliches Buffet). Hotels in Ferienorten bieten während der Hochsaison häufig Vollpension oder Halbpension an.
- In Italien gibt es einige legendäre **Luxushotels**, teilweise betrieben von der Gruppe Orient Express, wie das Cipriani in Venedig (➤ 123) oder das Splendido in Portofino (Tel. 20 78 05 50 60, www.orient-express.com). Elegante Adressen, die jeglichen Luxus bieten, sind auch das Gallery Hotel Art in Florenz (➤ 149) und das Sofitel Villa Borghese in Rom (➤ 74).

Auf dem Land

- In ländlichen Regionen (vor allem in der Toskana und Umbrien) verweisen gelbe Schilder auf Unterkünfte des ***agriturismo*** – »Ferien auf dem Bauernhof«, in unterschiedlichsten Kategorien des Komforts: Manchmal sind es wunderschöne, ebenso gelegene luxuriöse Landsitze, mal eher familienorientierte ehemalige Bauernhöfe. Verpflegung ist oft im Angebot inbegriffen.
- Nähere Informationen zu ihrer jeweiligen Region bieten die örtlichen Touristen-Informationen sowie einschlägige **Websites** wie www.agriturismo.net und www.agriturismo.it.

Ferienwohnungen

- Vor allem im nördlichen Italien, der Toskana und Umbrien findet man eine reiche Auswahl verschiedenster Feriendomizile für Selbstversorger, vom Apartment bis zu Villa oder Bauernhof. In den auch bei Einheimischen beliebten Urlaubsorten an der Küste sollte man unbedingt rechtzeitig vorbuchen.
- Buchungen über Reiseunternehmen bieten oft den Vorteil integrierter Hin- und Rückflüge und Mietwagen. Individualreisende sollten rechtzeitig die örtlichen Touristen-Büros kontaktieren.
- Ferienwohnungen kann man über einschlägige **Web-Portale** (www.fewo-direkt.de; www.booking.com; www.holiday-home.org) auch in Städten buchen – oft sind sie ebenso komfortabel, aber deutlich preiswerter als Hotels.

Rifugi – Schutzhütten

Für mehrtägige Bergtouren in den Alpen oder Abruzzen stehen Schutzhütten *(rifugi)* zur Verfügung, betrieben vom **Club Alpino Italiano** (www.cai.it). Sie sind mit einfachstem Komfort ordentlich ausgestattet.

Camping

Recht unterschiedlich ausgestattete **Campingplätze** gibt es in ganz Italien, in größerer Zahl besonders an der Adriaküste, aber auch an den oberitalienischen Seen, in der Toskana oder auf Sardinien. **Saison** ist von April bis September, Details unter www.camping.it.

Zimmersuche

- Bei Reisen in einen beliebten Urlaubsort Italiens empfiehlt sich rechtzeitige **Reservierung** (die man sich immer telefonisch oder per Email bestätigen lassen sollte). Ruhiger geht es gewöhnlich außerhalb der Saison im November und Januar/Februar zu. Stets beachten sollte man auch lokale Festivitäten (wie den Palio in Siena), aus deren Anlass örtliche Hotels oft ausgebucht sind.
- Wer ohne Reservierung anreist, wendet sich am besten an die örtliche **Touristen-Information**, die Anbieter nennt und auch Zimmer vermittelt. In kleineren Orten ohne solche Büros findet man Unterkünfte am ehesten im Zentrum. Außerhalb von Ortschaften verweisen **gelbe Schilder** darauf.
- Beim **Einchecken** muss ein Meldeformular ausgefüllt werden, wofür man bei der Rezeption meist den Pass oder Ausweis einbehält. Besonders bei einfacheren Unterkünften sollte man vor der Buchung erst einmal das Zimmer in Augenschein nehmen. (Räume zur Straßenseite können nachts ziemlich laut sein.)
- Zeit zum **Auschecken** ist meist der (spätere) Vormittag, doch viele Hotels nehmen bei Bedarf das Gepäck auch noch länger in Obhut.

Zimmerpreise

- Die Zimmerpreise schwanken saisonbedingt bis zu 30 Prozent – während viele Hotels zwischen **Vorsaison** *(bassa stagione)* und **Hauptsaison** *(alta stagione)* unterscheiden, verlangen andere das ganze Jahr über *(tutto l'anno)* feste Preise. Oft gibt es Ermäßigungen bei Online-Buchung. Im Zimmer und an der Rezeption müssen die Preise gut sichtbar angeschlagen sein.
- **Steuern** sind gewöhnlich im Preis inbegriffen. Vorsicht vor überteuertem **Zuschlag** für Frühstück *(prima colazione)* und Klimaanlage *(aria condizionata)*.
- **Extra-Betten** für mitreisende Kinder werden wie fast überall meist gegen einen Aufschlag zur Verfügung gestellt.

Preiskategorien
Die Preise beziehen sich auf ein Doppelzimmer pro Nacht
€ unter 140 Euro **€€** 140–220 Euro **€€€** über 220 Euro

Essen und Trinken

Essen als sinnlicher Genuss ist für Italiener unentbehrlich – wo man auch hinkommt, man schmeckt die typischen Ingredienzien der Region und Saison. Schon der Einkauf von Köstlichkeiten, auf dem Markt oder in kleinen Läden, stellt ein Vergnügen für sich dar, und solche Entdeckungstouren gehören oft zum Schönsten eines Italien-Urlaubs.

Speisenfolge und Mahlzeiten

- In vielen **Bars** bekommt man oft schon ab 7 Uhr ein bescheidenes **Frühstück** ***(prima colazione)*** mit Kaffee und Hefeteilchen *(cornetti)*.
- **Mittagessen** ***(pranzo)*** wird in **Restaurants** gewöhnlich zwischen 12.30 und 14/15 Uhr serviert, das opulentere **Abendessen** ***(cena)*** ab halb acht.
- Ein vollständiges **Menü im Speiselokal** umfasst kalte und warme Vorspeisen *(antipasti)*, ersten Gang *(primo piatto)* mit Suppe, Pasta oder Risotto und Hauptgang *(secondo piatto)* mit Fisch oder Fleisch. Beilagen *(contorni)* und Salat *(insalata)* muss man oft separat ordern. Abgerundet wird die Mahlzeit mit Dessert *(dolce)* oder Käse *(formaggio)*.
- Wer weniger Appetit hat, ordert nur einen einzelnen Gang.

Typologie der Lokale

- ***Ristoranti*** nennen sich bessere Speiselokale (oft nur mit Abendöffnung).
- Wies die Bezeichnung ***osteria*** (»Schänke«) früher auf einen einfacheren Gasthof hin, kokettieren heute gerade schicke Lokale oft damit.
- Von wirklich bescheidenerem Zuschnitt ist nach wie vor meist die ***trattoria*** (»Gastwirtschaft«), oft in Familienhand, wo nach »Hausfrauenart« *(alla casalinga)* gekocht wird. Manchmal gibt es keine Karte, und die Bedienung erläutert, was es gerade gibt.
- Die einst in Neapel erfundene **Pizza** hat längst landes- und weltweit ihren Siegeszug angetreten und sollte möglichst authentisch aus dem Holzofen *(forno al legno)* kommen. **Pizzerien** servieren gewöhnlich auch Pasta-Gerichte. Wo es Pizza stückweise auf die Hand gibt, erkennen Sie am Hinweis *pizza al taglio*.
- In vielen **Bars** (aber auch manchen Lebensmittelläden) bekommt man kleine **Snacks** wie *panini* (auch warm servierte belegte Brötchen), *tramezzini* (dreieckige Sandwiches) und *Toast* oder belegtes warmes Fladenbrot, gewürzt mit Olivenöl und Kräutern *(focaccia)*.
- ***Tavole calde*** (Schnellimbisse) servieren frisch Zubereitetes warm, während eine ***rosticceria*** (Grillrestaurant) spezialisiert ist auf Grillhähnchen, Pasta und Gemüsegerichte (auch zum Mitnehmen). In größeren Städten sind auch die internationalen Fast-Food-Ketten präsent.
- Aus Italien kommt immer noch das beste Eis der Welt, zumindest in anspruchsvolleren **Eisdielen** ***(gelaterie)*** mit Eigenproduktion *(produzione propria)*. Serviert wird es in Becher *(coppa)* oder Waffel *(cono)*.

Rechnung und Trinkgeld

- Während größere Restaurants in der Stadt gewöhnlich Kreditkarten akzeptieren, bestehen kleinere in ländlichen Regionen oft auf Barzahlung.
- Gediegenere Lokale weisen auf der **Rechnung** (*il conto*) zusätzlich zu Speis, Trank und Bedienung oft eine Gebühr für das **Gedeck** *(coperto)* inklusive Brot aus.
- War alles zufrieden stellend, sollte man etwa fünf (bei gehobenen Adressen: zehn) Prozent **Trinkgeld** geben.

Regionale Spezialitäten

- Abgesehen von den Großstädten ist die Küche in Italien überall von regionalen Spezialitäten bestimmt.
- Typische Gerichte des **Nordwestens** sind *Ossobuco* (geschmorte Beinscheiben vom Kalb), *Risotto milanese* (Safranreis mit unterschiedlichen Zutaten), Polenta und Käsesorten wie Mascarpone und Gorgonzola. Ligurien wartet auf mit *Pesto genovese* (konzentrierte Sauce aus Basilikum, Pinienkernen, Parmesan und Olivenöl), im Piemont delektiert man sich an Pasta und Risotto mit Trüffeln.
- Der **Nordosten** ist Heimat von Parmesan-Käse und Parma-Schinken oder mit Ricotta, Spinat und Kürbis gefüllten Ravioli. Bei Saucen verwendet man Sahne reichlicher als anderswo in Italien. Ebenfalls deftig gibt sich Südtirol mit Speck, Knödeln, Apfelstrudel und anderen Mehlspeisen.
- Das kulinarische **Mittelitalien** verwöhnt mit *crostini* (in Olivenöl geröstetes Brot mit diversen Belägen) und *Bistecca* (Steak) *alla Fiorentina.* Süßschnäbeln hat **Siena** das berühmte Mandelbrot mit kandierten Früchten *(panforte)* zu bieten, überall in der Toskana findet man die knusprigen Mandelkekse *cantuccini.* **Norcia** in Umbrien hingegen ist bekannt für *prosciutto* und Salami.
- In **Rom** und **Latium** kommen häufig Innereien auf den Tisch oder markant würzige Spaghetti *aglio e olio* (mit Knoblauch und Öl).
- Aus dem **Süden** Italiens stammen neben der Pizza auch vegetarische Köstlichkeiten wie *fiorilli* (gefüllte, frittierte Zucchiniblüten) und hinreißende *dolci* (oft mit Ricotta und kandierten Früchten).
- Angesichts tausender Kilometer Küste ist auch bei **Fisch und Meeresfrüchten** für Abwechslung gesorgt, von simplen Sardinen *(sarde)* über Sepia *(seppie)* bis zu Spaghetti mit Venusmuscheln *(spaghetti alle vongole).*

Getränke – im Sitzen oder Stehen

- **Bars** schenken ab dem frühen Morgen Erfrischungsgetränke und Alkoholika aus – wie kleine Snacks gerne im Stehen am Tresen genossen (wo es weniger kostet als am Tisch). Mancherorts zahlt man erst die Rechnung an der Kasse *(cassa)* und legt dann der Bedienung den Bon vor.
- **Mineralwasser** (*aqua minerale*) begleitet fast jede Mahlzeit, ob mit Kohlensäure *(con gas/frizzante)* oder pur *(senza gas).*
- Fast obligatorisch zum Essen sind **Weißwein** *(vino bianco)* oder **Rotwein** *(vino rosso),* oft empfiehlt sich der Hauswein *(vino de la casa)* eines Lokals.
- In Italien wird auch gutes **Bier** *(birra)* gebraut, etwa von Nostra Azzura oder Moretti.
- Vor und nach dem Mahl wird **Hochprozentiges** serviert, als *aperitivo* und *digestivo.* Bekannte Marken sind Campari, Cinzano, Martini und Ramazzotti, nach dem Essen darf es gerne ein knackiger *Grappa* (Tresterschnaps) sein. Beliebte süße Alkoholika sind der Zitronenlikör *Limoncello* oder der nach Bittermandeln schmeckende *Amaretto.*
- **Kaffee** genießt man schwarz und konzentriert als *espresso,* mit Milchschaum als *cappuccino* oder *caffè latte.* Wer es weniger kräftig mag, verlangt einen mit doppelter Wassermenge »verlängerten« Espresso *caffè lungo* oder *americano.*

Preise
Für ein Drei-Gänge-Menü ohne Getränke und Service:
€ unter 30 Euro **€€** 30–60 Euro **€€€** über 60 Euro

Einkaufen

Einkaufsvergnügen erwartet einen überall in Italien – ob man in Luxus- und Designer-Artikeln stöbert in Städten wie Rom, Mailand, Turin, Florenz und Bologna oder in Kunstgewerbeläden und Spezialgeschäften kleinerer Orte.

Öffnungszeiten

- Die **Öffnungszeiten** von Läden sind landesweit vergleichbar, mit kleinen Unterschieden, abhängig von Ladentyp und Saison: meist Di–Fr 9–13, 16/17–19/20 Uhr, Sa 9–13 Uhr. In Ferienorten während der Saison oft deutlich länger.
- In **Großstädten** und **Urlaubsorten** haben Geschäfte meist auch montags auf, mitunter sogar sonntags, zunehmend sogar durchgehend *(orario continuo)* ohne Mittagspause.
- **Lebensmittelgeschäfte** haben oft Montag- und Mittwoch-Nachmittag geschlossen.
- **Bekleidungsgeschäfte** öffnen gewöhnlich nicht vor 10 Uhr morgens.
- Während der **Schulferien** im Juli/August schließen kleinere Läden oft für mehrere Wochen.
- Tages- und Wochen-**Märkte** finden meist von 8–13 Uhr statt (außer So) und haben neben Lebensmitteln häufig auch Kleidung, Lederwaren und anderes mehr im Angebot.

Bezahlen

- In größeren Städten und Ferienorten kann man vielerorts mit der jeweiligen Bank- oder **Kreditkarte** zahlen.
- In kleineren Läden und auf Märkten wird **Barzahlung** erwartet.
- Besucher von außerhalb der EU (etwa Schweizer) können sich die **Mehrwertsteuer IVA** (Imposta sul Valore Aggiunto) für größere Einkäufe erstatten lassen. Nötig ist dazu die Rechnung *(fattura)* des Geschäfts, die beim Zoll vorgelegt und abgestempelt werden muss (und dann an das Geschäft per Post zurückgesandt wird).

Beliebte Mitbringsel

- Ein Dorado ist Italien für **Mode** auf Top-Niveau *(Alta Moda)*, wie man sie in fast allen größere Städten nicht nur bei Designer-Marken wie Armani, Dolce & Gabbana, Fendi, Gucci, Prada oder Versace findet, sondern auch in kleinen Spezialgeschäften: In Como und Mailand etwa bekommt man erstklassige Unterwäsche aus Seide oder Satin.
- Schuhe, Gürtel, Handtaschen und andere **Lederwaren** sind gleichfalls ein gutes Mitbringsel – auf Märkten meist preiswerter, dafür oft von minderer Qualität.
- Italien gehört zu den bedeutendsten **Schmuck**-Herstellern der Welt (mit dem toskanischen Arezzo als Zentrum), weshalb das Angebot überall gut und vielfältig ist.
- Jede Region Italiens hat ihr besonderes **Kunsthandwerk** – etwa farbiges Murano-Glas und Karnevalsmasken in Venedig oder in Sorrent Holzintarsien. Reichlich gibt es auch Keramik, außerdem toskanische Waren aus Olivenholz und handgeschöpftes Florentiner Marmor- und Buntpapier.
- Aus einem Land mit solch hervorragender Küche nimmt man sich natürlich gerne auch **Kulinarisches** mit nach Hause, von Olivenöl und Käse bis zu Wein, Spirituosen und Süßigkeiten.

Ausgehen

Im Heimatland der Oper (➤ 16f) trifft man, wie nicht anders zu erwarten, diverse Opernhäuser von Rang an und ist auch als Liebhaber konzertanter klassischer Musik und des Balletts gut aufgehoben. Eine eigene Tradition weist auch das italienische Kino auf (das Regisseure wie Federico Fellini hervorbrachte), wobei man hier inzwischen allerdings vorwiegend Ware aus Hollywood zeigt. Wo immer es einen hinzieht, die Touristen-Informationen sind gerne behilflich beim Besorgen von Eintrittskarten.

Musik, Oper und Tanz

- Sommers gibt es im ganzen Land **Musik-Festivals** – meistens mit klassischem Repertoire, aber auch mit Jazz und Rock. Auf örtlichen Festivals werden häufig auch **traditionelle Volksmusik** und Volkstänze dargeboten. Übersicht auf Deutsch mit weiterführenden Websites unter: www.italianita.de/files/links_musikveranst.htm
- Ein **Opernbesuch** wird in Italien oft allein schon zum Erlebnis, was die Zuschauer angeht – denn sie nehmen hier vollen Herzens teil am Bühnengeschehen, das sie gerne öfters mit enthusiastischem Beifall unterbrechen, vor allem bei populären Opern wie *Aida*, *Carmen* oder *Nabucco*.
- Aufführungen in der antiken **Arena von Verona** sind eine Erfahrung für sich – auch hier steht meistens Ohrwurmträchtiges wie *Aida* auf dem Spielplan. Reservierung (auch online) unerlässlich (Via Dietro Anfiteatro 6/B, Tel. 04 58 00 51 51, www.arena.it) – ebenso bequeme Sitzkissen.

Nachtleben

- In Rom (➤ 78), Mailand und anderen **Großstädten** bietet sich ein weites Spektrum an Nachtleben, während des Sommers auch in größeren **Urlaubsorten** an der Küste, wie Rimini (➤ 128) oder Viareggio (➤ 154), mit Strand-Bars und dergleichen.
- Während in der Großstadt das Nachtleben erst gegen **Mitternacht** beginnt, schließen auf dem Land viele einschlägige Lokale schon um elf Uhr abends.
- Eine ausgeprägte **Schwulenszene** mit entsprechenden Bars und Clubs gibt es in Rom und Mailand, während man sich im Süden beinahe homophob gibt. Viel Wissenswertes findet sich auf der einschlägigen Website www.arcigay.it, wo man eine Mitgliedschaft beantragen kann. Sie berechtigt zum Besuch beliebter Clubs und Treffpunkte.

Sport und Outdoor-Aktivitäten

- Italiener sind sonntagnachmittags im kollektiven **Fußball**-Fieber (*calcio* genannt, ➤ 22f), außer in der spielfreien Zeit im Juli und an Weihnachten. Eintrittskarten gibt es außer im jeweiligen Stadion auch in Sportgeschäften oder bei Agenturen wie Ticketone (www.ticketone.it).
- An der Küste und den oberitalienischen Seen bestehen ausgezeichnete Möglichkeiten für **Wassersport**. Strandbäder *(stabilimenti balneari)* mit Duschen, Toiletten und Sonnenliegen kosten in der Regel Eintritt.
- Fast das ganze Jahr über sind die Südtiroler Alpen ein beliebtes **Skigebiet**, im Winter auch die Abruzzen nahe Rom und Neapel. Kleinere Wintersport-Orte gibt es auch im Apennin und auf Sizilien.
- Möglichkeiten zum **Bergwandern**, Klettern, Mountain-Biking bieten sich (nicht nur) in den Dolomiten, rund um die oberitalienischen Seen und in einigen der Nationalparks.

Rom

Kleine Erlebnisse

Berühmtestes Café der Stadt
Cappuccino trinken auf den Spuren Goethes (und anderer berühmter Europäer) im prachtvollen **Caffè Greco** (Via dei Condotti, ➤ 77).

Oase der Stille
Ein Katzensprung hinauf vom tosenden Zentrum zum stillen, üppigen Grün der **Villa Borghese** (➤ 65) mit herrlichem Rundblick.

Verblasster Ruhm
Auch wenn sein Mythos längst vergangen ist, lohnt sich das Szeneviertel **Trastevere** (➤ 71) zum Ausgehen und Bummeln.

Erste Orientierung

Die lärmerfüllte, chaotische Hauptstadt mit ihren 4 Millionen Einwohnern ist wohl die faszinierendste unter Italiens Städten: Stilvolle Moderne begegnet hier über zwei Jahrtausenden Geschichte. Nirgendwo sonst erlebt man dicht an dicht Zeugnisse so vieler Epochen, und dies in höchst quirliger Atmosphäre – Rom ist eine Metropole von geradezu einzigartiger Magie.

Rom wurde auf sieben Hügeln beidseits des Tevere (Tiber) erbaut, zunächst am Ostufer des Flusses, wo man als großartige Monumente klassischer Antike Foro Romano und Colosseo antrifft. Ringsum reihen sich die frühesten christlichen Gotteshäuser und großen Basiliken der Stadt, während sich weiter westlich am Flussufer das mittelalterliche Rom erstreckt, mit schmalen Gassen und sonnenüberfluteten Plätzen. Im Norden wiederum entstanden auf Fundamenten antiker Paläste herrliche Palazzi, Plätze, Brunnen und Kirchen im Stil von Renaissance und Barock.

Die jenseits des Tiber gelegene **Città del Vaticano** (Vatikan-Stadt) – selbstständiger Miniatur-Staat als Machtbasis des Katholizismus – ist ein wahres Schmuckkästchen an Kunstschätzen, benachbart am südlichen Tiberknie dem betriebsamen Viertel Trastevere.

Rom erschließt sich nicht sofort – selbst wer hier einen ganzen Monat verbringt, kratzt gerade an seiner Oberfläche. Daher sollte man sich auf einige Hauptsehenswürdigkeiten beschränken und einfach jenseits ausgetretener Pfade das Flair der Stadt auf sich wirken lassen, wobei sich auch manch verborgener Schatz entdecken lässt.

Figurenschmuck der Fontana di Trevi: Neptuns Wagen, gezogen von Seepferd und Muschelhorn blasendem Triton

TOP 10

Nicht verpassen!

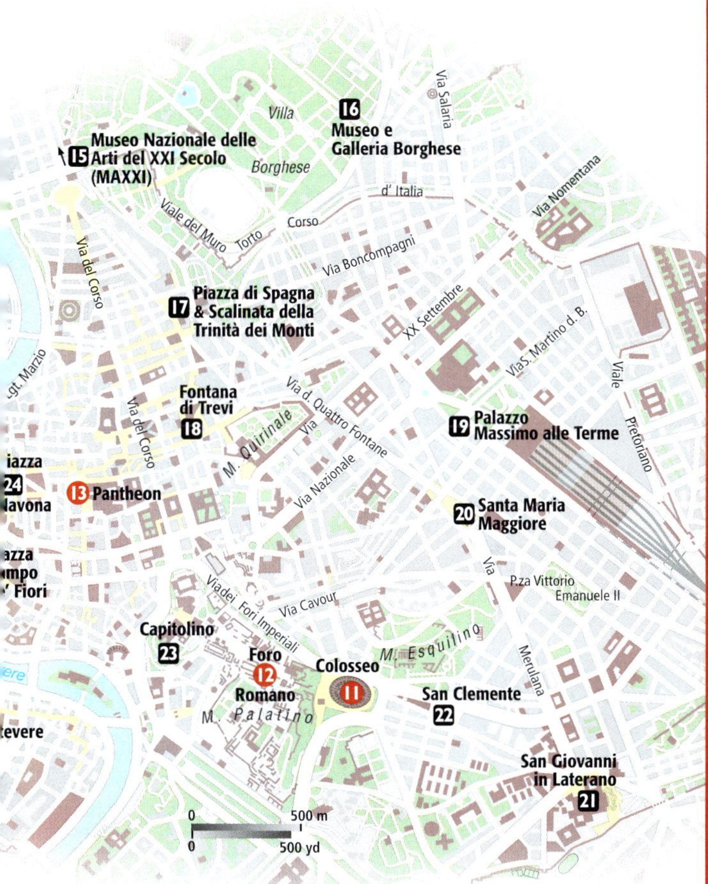

Nach Lust und Laune!

Etwas außerhalb

In drei Tagen

Die folgende Route ist eine Möglichkeit, wie Sie einige der interessantesten Sehenswürdigkeiten Roms in drei Tagen besuchen können. Weitere Informationen finden Sie unter den Haupteinträgen (➤ 50ff).

Erster Tag

Vormittag

Erobern Sie gleich das Herz des antiken Rom mit 12 **Foro Romano** (➤ 60f) und 11 **Colosseo** (➤ 56f). Danach geht es zum Monumento a Vittorio Emanuele II und 23 **Capitolino** (Kapitols-Hügel, ➤ 69) mit seinem schmucken, von erstrangigen Museen gesäumten Platz. Noch mehr interessante antike Kunst erwartet Sie, 20 Minuten über Via Nazionale oder Via Cavour entfernt, im 19 **Palazzo Massimo alle Terme** (➤ 67).

Nachmittag

Der Nachmittagsspaziergang führt zum 13 **Pantheon** (➤ 62f), dem einzigen noch genutzten altrömischen Gebäude der Stadt, umgeben von einem reizvollen Gewirr mittelalterlicher Gassen. Unweit gelangt man zum legendären Brunnen 18 **Fontana di Trevi** (➤ 66f) und der Piazza del Popolo. Von dort bringt einen die Tram zum 15 **MAXXI** (➤ 64; Abb. rechts) mit Gegenwartskunst in einem spektakulären Bau.

Abend

Ideal für einen Abenddrink, nur einen kurzen Fußmarsch von der Fontana di Trevi entfernt, sind 24 **Piazza Navona** (➤ 70; Abb. unten) oder 25 **Campo de' Fiori** (➤ 70f) mit zahlreichen Bars und Restaurants.

Zweiter Tag

Vormittag

Ein Tag westlich des Tiber beginnt mit den 3 **Musei Vaticani** (➤ 52ff) – einem der bedeutendsten Museumskomplexe der Welt, für den Sie sich genügend Zeit nehmen sollten – vor dem Mittagessen nahe Petersplatz.

Nachmittag

Mehrere Stunden beansprucht der Rundgang durch die 2 **Basilica di San Pietro** (➤ 50f), mit Besichtigung von Michelangelos herrlicher ***Pietà*** und Aufstieg in die Kuppel. Abschließend geht es über die Via della Conciliazione zum 14 **Castel Sant'Angelo** (➤ 64) mit wunderbarem Rundblick.

Abend

Flussabwärts lockt das alte, atmosphärische Viertel 26 **Trastevere** (➤ 71).

Dritter Tag

Vormittag

Zur Einstimmung ein kleiner »Kirchentag« mit 22 **San Clemente** (➤ 68f) sowie den Basiliken 21 **San Giovanni in Laterano** (➤ 68) und 20 **Santa Maria Maggiore** (➤ 67f).

Nachmittag

Nach dem Mittagessen lädt der weitläufige Erholungspark der Villa Borghese, samt exquisitem kleinen Kunstmuseum 16 **Museo e Galleria Borghese** (➤ 65), zu einem Spaziergang ein.

Abend

Nach dem Parkbummel schreitet man an dessen südlichem Ende über die pittoreske Treppenanlage der 17 **Scalinata di Trinità dei Monti** hinab zur **Piazza di Spagna** (➤ 65f). Dort kann man vor dem Abendessen noch in Ruhe durch einen Reigen nobler Geschäfte bummeln.

2 Basilica di San Pietro

Als bedeutendste Kirche der Christenheit ist der Petersdom (Basilica di San Pietro) Anziehungspunkt für katholische Pilger aus aller Welt und Roms wichtigste Sehenswürdigkeit, obwohl er kaum Kunstwerke von Rang beherbergt.

Eine komplexe Baugeschichte

Eine erste Kirche wurde 326 über dem vermuteten Grab des Apostels Petrus errichtet. Nach deren Verfall begann um 1452 unter Papst Nikolaus V. die (zunächst von Fehlschlägen begleitete) Konzeption eines Neubaus, der erst 1506 nach Plänen Bramantes konkretere Formen annahm. Zeitweise wirkte Giuliano da Sangallo als leitender Architekt, bis Papst Paul III. 1546 Michelangelo berief. Dessen Entwurf der monumentalen **Kuppel**, in seinem Todesjahr 1564 nahezu vollendet, wurde 1590 durch Giacomo della Porta modifiziert. Weitere Veränderungen erlebte der Bau 1605 durch Carlo Maderno und später Gian Lorenzo Bernini, bis er erst 1626 geweiht wurde.

Piazza San Pietro mit Petersdom

Seine eindrucksvolle Wirkung verdankt der Dom Berninis großzügiger Anlage der Piazza San Pietro (1656–67) mit zwei halbkreisförmigen **Kolonnaden** über 284 dorischen Säulen, die von 140 Heiligenstatuen bekrönt werden.

Auf dem Petersplatz: Basilica di San Pietro, flankiert von Berninis Kolonnaden

Basilica di San Pietro

Petersdom: Über der Vierung mit Berninis *Baldacchino* (linke Ecke) wölbt sich die größte Kuppel Roms

Vom Mittelbalkon des Doms werden neue Päpste und Heiligsprechungen verkündet, das ganz rechts gelegene der fünf **Portale**, die *Porta Santa*, ist nur während eines Heiligen Jahres (alle 25 Jahre) geöffnet. Die mittleren Portale (1433–45) entstammen (wie andere Kunstschätze) noch der alten Basilika.

Der gewaltige dreischiffige **Innenraum** (185 m Länge, 119 m Kuppelhöhe) bietet Platz für 60 000 Gläubige.

Skulpturenschmuck und Kuppel

Berühmteste Skulpturengruppe im Innern ist Michelangelos ***Pietà*** (1498/99) – seit einem Attentat von 1972 wird Marias Beweinung des toten Christus durch Panzerglas geschützt.

Die Vierung unter der Kuppel dominiert der Hochaltar, überdacht von Berninis bronzenem ***Baldacchino*** (1624–33). Der rechte Fuß der Statue des ***Thronenden Petrus*** (13. Jh.) an einem Pfeiler rechts wurde durch unzählige Küsse von Pilgermund buchstäblich abgeschliffen.

In der Apsis hinter dem Hochaltar leuchtet Berninis kunstvolle ***Cattedra di San Pietro*** (1656–65), bronzene Umfassung eines Thrones, der angeblich dem hl. Petrus diente (in Wahrheit aber wohl aus dem 9. Jh. stammt).

Am Ende des rechten Seitenschiffs gelang man per Treppe oder Lift zur **Dachterrasse**. Von dort führen weitere Stufen zu Tambour und Galerie und schließlich eine steile, enge Wendeltreppe weiter bis zur Laterne an der Spitze.

KLEINE PAUSE

Einfache und gehobene Restaurants drängen sich in den Seitenstraßen der **Porta Angelica.**

---

218 B4 ✉ Piazza San Pietro ☎ 06 69 88 37 31; www.vatican.va
April–Sept. 7–19, Okt.–März 7–18.30 Uhr
Dom: frei; Kuppel: 7/5 Euro
Ottaviano-San Pietro 40 oder 62 bis Via della Conciliazione, 64 bis Nähe der Piazza San Pietro; 19, 23, 32, 49, 81, 492, 590, 982 und 990 bis Piazza del Risorgimento

BAEDEKER TIPP

- Strenge **Kleiderregeln** verbieten Miniröcke, Shorts, knappe Oberteile und nackte Schultern bei Frauen; Männer sollten sich dezent kleiden.
- Die **Kuppelbesteigung** lohnt allein der herrlichen **Aussicht** wegen (April–Sept. tägl. 8–17.45 Uhr, Okt.–März 8–16.45 Uhr).

3 Musei Vaticani

Den Besucher erwartet der größte Museumskomplex der Welt: 13 Sammlungen, verteilt auf über 50 Räume und Hallen, dazu 14 erstrangig ausgestattete Kunstgalerien, Kapellen und päpstliche Privatgemächer. Angesichts solcher Fülle ist es ratsam, sich auf Highlights zu beschränken – Museo Pio-Clementino, Stanze di Raffaello und Cappella Sistina (Sixtinische Kapelle).

Museo Pio-Clementino und Antikensammlung

Hier entfaltet sich eine der weltweit bedeutendsten Sammlungen zur griechisch-römischen Antike mit Werken der Bildhauerei aus päpstlichem Besitz, darunter besonders hochrangige Skulpturen.

Einen ersten Höhepunkt im **Gabinetto dell'*Apoxyomenos*** bildet die römischen Kopie der gleichnamigen griechischen Skulptur (4. Jh. v. Chr.): ein Athlet, der nach dem Wettkampf seine Haut von Schweiß, Staub und Öl reinigt. Weitere Meisterwerke beherbergt der kleine Innenhof **Cortile Ottagono**, darunter die berühmte Darstellung des trojanischen Priesters *Laokoon* (um 50 v. Chr.) und seiner Söhne

Die Galerie des Braccio Nuovo im Museo Chiaramonti ließ Papst Pius VII. 1807 für antike Skulpturen errichten

im Kampf gegen zwei Seeschlangen. Durch die angrenzende **Sala degli Animali** (Tierskulpturen des 18. Jhs.) geht es in die **Galleria delle Statue** mit der Skulptur des *Apollon Sauroktonos*, die den Gott als »Echsentöter« zeigt (römische Kopie eines griechischen Originals des 4. Jhs. v. Chr.), und dem Leuchterpaar der *Candelabri Barberini* (2. Jh.) aus der Villa Adriana bei Tivoli (➤ 72).

Im Obergeschoss gelangt man durch die Galleria dei Candelabri (Kandelaber) und die Galleria degli Arazzi (Wandteppiche) zur **Galleria delle Carte Geografiche**, wo prachtvolle Karten von Italien und dem Kirchenstaat zu sehen sind, entstanden ab 1580 auf Initiative Papst Gregors XIII.

Laokoon-Gruppe: **Highlight im Museo Pio-Clementino**

Stanze di Raffaello

Die vier »Räume« (it. *stanze*) sind fast zur Gänze ausgeschmückt mit einem umfangreichen Fresken-Zyklus, den Papst Julius II. 1508 bei Raffael in Auftrag gab und der erst 1520 postum von dessen Schülern vollendet wurde. Zuerst (1508–11) entstanden für die **Stanza della Segnatura** (für das Höchste Gericht des Hl. Stuhls) anspielungsreiche Allegorien von Theologie, Philosophie *(Schule von Athen)*, Poesie und Recht (detailliert beschrieben im Führer), gefolgt von der **Stanza di Eliodoro** (1512–14) mit der *Vertreibung des Heliodor aus dem Tempel*, der *Begegnung Leos I. mit Attila* (wobei der Kirchenführer auf dem Esel Leo X. ähnelt) sowie der *Befreiung Petri aus dem Kerker*. Themen der Wandgemälde in der **Stanza dell'Incendio** (1514–17) wiederum sind die *Kaiserkrönung*

NICHT VERSÄUMEN

Pinacoteca

Kreuzabnahme – Caravaggio (um 1604)
Heiliger Hieronymus – Leonardo da Vinci (1482)
Triptychon Stefaneschi – Giotto (um 1320)

Museo Gregoriano Etrusco

Grabbeigaben aus Gold – aus der Tomba Regolini Galassi (7. Jh. v. Chr.)
Mars von Todi – Bronze-Statue eines Kriegers (5. Jh. v. Chr.)
Exekias-Amphora – Attisch schwarzfigurige Vase mit Achilleus und Ajax beim Brettspiel (6. Jh. v. Chr.)

Museo Missionario-Etnologico

Darstellung des Quetzalcóatl – wichtigster Azteken-Gott in Stein als »gefiederte Schlange« – Mexiko (15. Jh.)
Bundu-Helmmaske des Volkes der Sande – Sierra Leone (19. Jh.)

GESCHICHTE DER VATIKANISCHEN MUSEEN

Bedeutung und Attraktivität der Musei Vaticani beruhen auf der hohen Qualität der Sammlungen, die der Heilige Stuhl über Jahrhunderte zusammentrug, nicht minder auf der prachtvollen Ausstattung der jeweiligen Privatgemächer der Päpste.

Den Kern bilden die unter dem Pontifikat Julius' II. (1503–1513) erworbenen Skulpturen im **Cortile Ottagono**, gefolgt von den Privatsammlungen Clemens' XIV. (1796–1774) und Pius' VI. (1775–1799) im heutigen **Museo Pio-Clementino**.

Gregor XVI. (1831–1846) begründete das **Museo Etrusco**, das **Museo Egizio** sowie das **Museo Profano Lateranense**, das 1854 unter Pius IX. erweitert wurde. Auf Pius X. wiederum geht das 1910 eröffnete **Lapidario Ebraico** zurück (Inschriften alter jüdischer Friedhöfe). Mit zwei weiteren Sammlungen dieses Papstes ist es erst seit 1970 im Vatikan selbst ansässig.

Im 20. Jh. kamen unter Pius XI. (1922–1932) **Pinacoteca** (1932) und **Museo Missionario-Etnologico** (Ethnologisches Missionsmuseum, 1926) hinzu, unter Paul VI. (1963–1978) 1973 die **Collezione d'Arte Moderna e Contemporanea** mit moderner und zeitgenössischer religiöser Kunst.

Das **Museo Storico dello Stato Pontificio** zur Geschichte des Vatikans ist jedoch nicht dort, sondern jenseits des Tiber in der ehemaligen päpstlichen Residenz des Palazzo del Laterano beheimatet (Nähe Basilica di San Giovanni in Laterano, ➤ 68).

Michelangelos Deckengemälde in der Sixtinischen Kapelle

Karls des Großen, der *Schwur Leos III.*, die *Schlacht von Ostia* und der *Brand des Borgo*. Vieles wurde von Schülern nach Entwürfen Raffaels ausgeführt, ebenso die vier großen Fresken zum Leben Kaiser Konstantins in der **Stanza di Costantino** (1517–24).

Sehenswert sind auch die reizvollen Wandgemälde von der Hand Fra Angelicos in der nahen **Cappella di Niccolò V.**

Cappella Sistina

Bauherr der Sixtinischen Kapelle war Papst Sixtus IV. (1471–1484), der ihre Wände zwischen 1480 und 1483 von bedeutenden Künstlern ausmalen ließ, darunter Perugino, Domenico Ghirlandaio und Sandro Botticelli. Die berühmten **Deckengemälde** wurden 1508 bis 1512 von Michelangelo geschaffen. Hauptthemen des Zyklus sind Motive aus dem Alten Testament: *Schöpfung*, *Adam und Eva*, *Sündenfall*, *Sintflut* und *Schande Noahs*, ferner dargestellt Propheten, Sybillen, Figuren des Alten Testaments und 20 nackte Jünglinge *(ignudi)*.

Michelangelos später entstandenes *Jüngstes Gericht* (1536–41) an der **Altarwand** zeigt Gottvater als Weltenrichter – unten sieht man die Toten, die sich aus den Gräbern erheben, und während die Seligen links zum Himmel aufsteigen, stürzen rechts die Verdammten in die Hölle (einer von ihnen legt schützend die Arme um sich). Im Zentrum thront Christus, umgeben von seiner Mutter Maria, Aposteln und Heiligen.

KLEINE PAUSE

Alternativ zum Restaurant und den beiden Kaffeebars im Museum bietet das **Non Solo Pizza** (Via degli Scipioni 95–97, Tel. 06 3 72 58 20, Di–So) außer Pizza auch schmackhafte *fiorilli* (gebackene Zucchiniblüten) oder *arancini di riso* (gefüllte Reisbällchen).

218 B4 Vaticano 06 69 88 49 46; www.museivaticani.va
Mo–Sa 9–18 Uhr, letzter So im Monat 9–14 Uhr (Einlass bis 2 Std. vor Schließung); geschlossen an religiösen und staatlichen Feiertagen
16 Euro; am letzten So im Monat frei Ottaviano San Pietro oder Cipro Musei Vaticani 19, 23, 32, 49, 492 oder 990 bis Piazza del Risorgimento.

BAEDEKER TIPP

Öffnungszeiten wie offizielle **Rundgänge** ändern sich häufig. Zu Spitzenzeiten gilt oft das Einbahnstraßenprinzip (ohne Rückkehrmöglichkeit zur vorherigen Station), weshalb minuziöse **Vorausplanung** empfohlen wird.

- Geöffnet haben die Museen auch am **letzten So im Monat** (9–14 Uhr bei **freiem Eintritt**) sowie Mo (wenn die meisten staatlichen Museen geschlossen sind).
- **Online-Ticket-Reservierung** (ab Ausstellungsdatum 5 Tage gültig) erspart Schlangestehen am Schalter (http://biglietteriamusei.vatican.va).
- Im Eintrittsgeld enthalten sind **Audioguides** für Vatikanische Museen, Sixtinische Kapelle und Vatikanische Gärten. (Eine für Kinder von 5–12 geeignete Version gibt es nur in Englisch oder Italienisch.)

11 Colosseo

Einst Arena für Gladiatorenkämpfe, ist das Kolosseum heute gewaltigstes bauliches Zeugnis der römischen Antike. Beeindruckend wirken seine Dimensionen nordöstlich vom Park des Colle Oppio oder vom Belvedere (Largo Agnes), oberhalb des Ausgangs der Metro-Station Colosseo.

Baugeschichte

Die Arena wurde um 70 n. Chr. von Kaiser Vespasian begonnen. Zunächst musste das sumpfige Terrain durch Ableitungskanäle trockengelegt werden. Einige existieren bis heute. Als Vespasian 79 starb, war erst ein Drittel fertig, eingeweiht wurde das Bauwerk unter seinem Sohn Titus 80 n. Chr. Dieser feierte die Eröffnung mit einem hundert Tage dauernden Fest.

Das Kolosseum – das größte Amphitheater des Römischen Reichs

ARCO DI COSTANTINO
Fast ein Schattendasein neben dem riesigen Colosseo fristet der 315 n. Chr. entstandene Konstantinsbogen, Roms größter, besterhaltener Triumphbogen. Seine Substanz stammt überwiegend von Vorgängerbauten, darunter zahlreiche Reliefs vom Bogen des Mark Aurel aus dem Jahr 176. Dessen Konterfei ersetzte man einfach durch dasjenige Konstantins.

Über 50 000 Zuschauer konnten die gestaffelten Sitzreihen durch 80 Ausgänge *(vomitoria)* binnen Minuten verlassen, und als Wetterschutz ließ sich ein von 240 Masten getragenes Segeltuchdach *(velarium)* aufspannen.

Der innere Bereich

Von den Innenstrukturen ist heute kaum etwas erhalten: 217 n. Chr. zerstörte ein Brand obere Ränge und hölzerne Arena, weitere Feuersbrünste und Erdbeben mehrten die Schäden in den folgenden 400 Jahren. Im 6. Jh. wurde die Arena als Werkstatt und Friedhof genutzt, um 1320 war bereits die Südseite eingestürzt, die Steine verwendete man als Baumaterial. 1744 schließlich erklärte Papst Benedikt XIV. das Colosseo (wo tatsächlich wohl nur vereinzelt Christen zu Tode gekommen waren) zur von Märtyrerblut geweihten Stätte.

Vor dem Blick des Besuchers entfaltet sich heute das **Gewirr unterirdischer Gänge**, durch das Gladiatoren und Tiere zum Kampfplatz gelangten – zum Nachstellen von Seeschlachten konnte dieser sogar geflutet werden.

Der **Zuschauerbereich** war hierarchisch gegliedert: Kaiser und Vestalinnen verfolgten das Geschehen von gegenüberliegenden Logen im Parterre, flankiert von Podien für Senatoren. Darüber saßen Ritter und Aristokraten, in der nächsten Etage einfache römische Bürger (Plebejer), ganz oben Frauen, Sklaven und Arme. Es gab Sektionen für verdiente Soldaten, Schreiber und Herolde – ausgeschlossen waren Schauspieler, Totengräber und ehemalige Gladiatoren.

KLEINE PAUSE

Bars und Cafés um das Colosseo sind meist teuer, empfehlenswerter diejenigen in der Via Cavour oder den östlichen Seitenstraßen der Via di San Giovanni in Laterano.

---

220 C2 Piazza del Colosseo, Via dei Fori Imperiali
06 39 96 77 00 April–Aug. 8.30–19.15; Sept. 8.30–19; Okt. 8.30–18.30; Nov. bis Mitte Feb. 8.30–16.30; Mitte Feb. bis Mitte März 8.30–17; Mitte bis Ende März 8.30–17.30 Uhr (Einlass bis 1 Std. vor Schließung)
16/12 Euro; Kombi-Ticket mit Palatino und Foro Romano Colosseo
3, C3, 60, 75, 81, 85, 87, 117, 175, 186, 271, 673, 810, 850

BAEDEKER TIPP

- **Nachts** ist das Kolosseum spektakulär beleuchtet – Grund genug, noch einmal wiederzukommen!
- Der **Eingang** zum Colosseo liegt etwas versteckt auf der **Südseite**. Zu den obersten Rängen gelangt man außen am Gebäude entlang (durch die Verschalung abgeschirmt vom tosenden Verkehr).

Arena der Superlative

Das größte antike Amphitheater ist so gut erhalten, dass es eindrucksvoll die ursprüngliche Form veranschaulicht, und so stark beschädigt, dass es die Leiden seiner Geschichte spiegelt: Brände, Erdbeben, Vernachlässigung der Wettkampfstätte, Umbau in eine Festung, Verwendung als Steinbruch für römische Paläste – und heute mehr denn je gefährdet durch Abgase des Autoverkehrs.

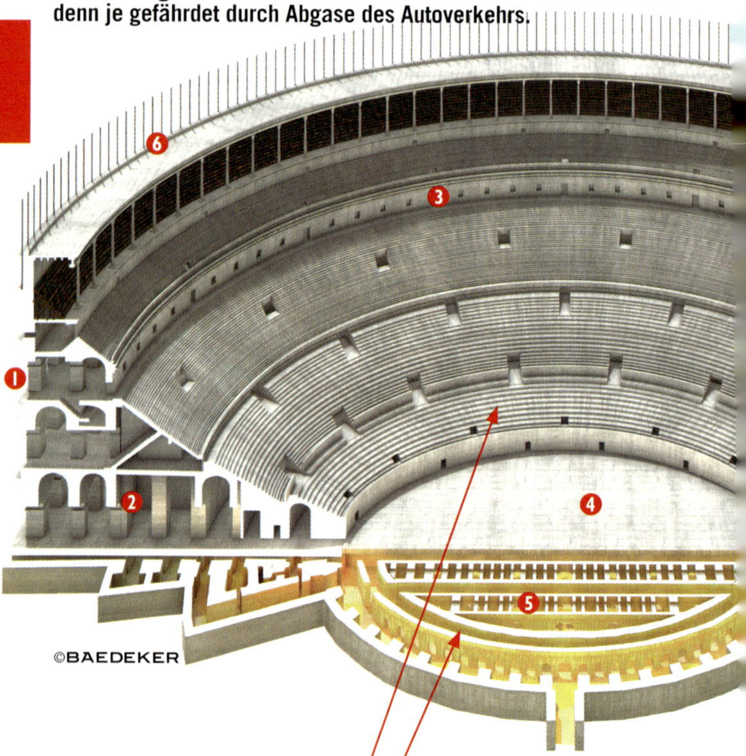

Die besten Plätze im Kolosseum waren Feldherren und Senatoren vorbehalten (hier von Schauspielern dargestellt).

Unter einem Holzboden waren Räume für Kulissen, Maschinen, Tierkäfige u. Ä. untergebracht, die von Aufzügen in die Arena transportiert wurden.

❶ Fassade: Die aus 100 000 m² Travertin und 300 t Eisen gefertigte Fassade war über 50 m hoch. Außen treten aus den Mauern Halbsäulen hervor, die im ersten Stock der dorischen, im zweiten der ionischen und im dritten der korinthischen Ordnung folgen. Das schmucklose vierte Stockwerk hat rechteckige Fensteröffnungen.

❷ Arkaden: Durch die 80 Arkaden im Erdgeschoss gelangt man in ein ausgeklügeltes System von Treppen und Gängen, das die Menschenmassen verteilte. Die Ziffern über den Eingängen entsprachen denen auf den ausgegebenen Eintrittskarten.

❸ Cavea: Der 57 m hohe Zuschauerraum (lat. »Höhlung«) gliederte sich in fünf Sitzränge. Zwar war der Eintritt frei, doch die Platzzuteilung von der Zugehörigkeit zu sozialen Schichten abhängig: So blieb der erste Rang aus breiten Stufen, auf denen Sitze befestigt waren, dem kaiserlichen Hof, Vestalinnen und Senatoren vorbehalten, auf dem zweiten Rang mit acht marmornen Stufen nahmen die vornehmen Familien Platz, während im dritten und vierten Rang mit Sitzstufen aus Holz das gemeine Volk saß.

❹ Arena: Das Zentrum des Theaters bildete die 86 × 54 m große eigentliche Arena, das innere Oval. Hier fanden Gladiatorenkämpfe oder Tierhetzen statt, ursprünglich auch Schiffskämpfe (Naumachien). (Das dafür notwendige Fluten der Arena war nur vor deren Unterkellerung möglich.) Durch die ovale Form konnten die bis zu 50 000 Zuschauer mehrere gleichzeitig stattfindende Kämpfe verfolgen.

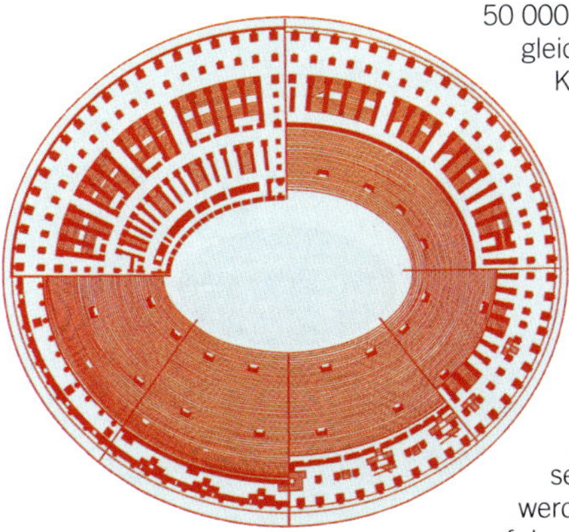

❺ Innenausstattung: Der unterirdische Bereich ist kaum erhalten, der Aufbau der unter dem Oval liegenden Kellerräume jedoch noch gut erkennbar.

❻ Velaria: Der Zuschauerraum konnte mit Sonnensegeln überdacht werden, deren Masten auf dem obersten Stockwerk angebracht waren.

12 Foro Romano

Fast 1000 Jahre Zentrum des Römischen Reichs, präsentiert sich das Forum heute als pittoresk-unübersichtliches Ruinenensemble. Einen guten Überblick vermittelt der Campidoglio-Hügel nahe der gleichnamigen Piazza – von dort führen Treppen hinab zum Eingang des Forums beim Arco di Settimio Severo.

Mythos und Geschichte

Hier bewegt man sich wirklich auf historischem Boden, gewissermaßen in den Fußstapfen von Julius Caesar, Kaisern wie Nero, Caligula, Claudius und Hadrian sowie zahlreicher anderer Persönlichkeiten der römischen Antike. Ursprünglich lag hier das *Velabrum*, ein Sumpfgebiet am Tiber zwischen Capitolino- und Palatino-Hügel – ebendort soll der Sage nach Romulus die Stadt 753 v. Chr. gegründet haben. In der Blütezeit Roms wurde das Gelände trockengelegt und bebaut, bis sich im 2. Jh. aus Platzmangel der Schwerpunkt Richtung Palatin verschob. Nach Niedergang des Reichs dienten die Ruinen im Mittelalter als »Steinbruch« für den Bau von Kirchen und Palästen.

Blick vom Palatin auf das Forum Romanum

Der Vesta-Tempel, wichtigste Heiligtum des Forum Romanum

Rundgang

Neben dem **Arco di Settimio Severo** (Septimius-Severus-Bogen) markiert eine Steinreihe die ehemalige Rednertribüne **Rostra**, wo Mark Anton nach der Ermordung Caesars seine flammende Ansprache an die Bürger Roms richtete. Südlich davon blieben die acht Säulen vom älteren Tempel des Forums erhalten, den um 497 v. Chr. erbauten **Tempio di Saturno** (für Saturn). Richtung Osten gelangt man rechter Hand zur Säulenhalle **Basilica Julia** und südlich des nahen **Tempio di Castore e Polluce** (Dioskurentempel) zum ältesten christlichen Sakralbau **Santa Maria Antiqua** (6. Jh.) an heidnischer Stätte.

An der ehemaligen Magistrale **Via Sacra** liegt der massive Ziegelbau der **Curia** (Kurie), des wohl 28 v. Chr. von Kaiser Augustus nach einem Brand wieder aufgebauten Senatssitzes. Davor markiert die schwarze Marmorplatte des **Lapis Niger** (Schwarzen Steins) ein Heiligtum des Feuergottes Vulcanus. Hinter dem von Kaiser Antoninus für sich und seine Gattin Faustina 141 errichteten **Tempio di Antonino e Faustina** folgen **Tempio di Vesta** und **Atrium Vestae:** Vestatempel und Behausung der Vestalinnen, die über die heilige Flamme als Symbol des Fortlebens der Stadt Rom wachten.

Links hinter dem Atrium erheben sich die Ruinen der **Basilica di Massenzio** (Maxentiusbasilika), eines der eindrucksvollsten Bauten des Forums, dessen einzig erhaltene Säule heute vor der Kirche Santa Maria Maggiore steht.

Vor dem Colosseo gelangt man zum ältesten Triumphbogen Roms, dem **Arco di Tito** (Titusbogen), 81 n. Chr. errichtet von Kaiser Domitian zu Ehren seines Bruders Titus.

KLEINE PAUSE

Cafés findet man östlich des Kolosseums oder nahe der Piazza del Campidoglio in der Via Cavour.

220 B2 Eingänge: am Arco di Settimio Severo, Largo Romolo e Remo, Arco di Tito und bei der Via del Teodoro ☎ 06 39 96 77 00
Foro und Palatino 8.30– 19.15 Uhr (letzter Einlass 1 Std. vor Schließung)
Forum: frei. Palatino: 16/12 Euro; Kombi-Ticket mit Colosseo Colosseo
60, 75, 85, 117, 175, 186, 271, 810, 850 (bis Via dei Fori Imperiali)

BAEDEKER TIPP

Nehmen Sie sich gut **2 Std. Zeit** für das Forum sowie Muße für den **Palatino**, einen der sieben Hügel Roms.

- **Markanteste Stätten** innerhalb des Forums: Curia (Senat), Arco di Settimio Severo (Septimius-Severus-Bogen), Tempio di Vesta (Vestatempel) und Basilica di Massenzio (Maxentiusbasilika).

13 Pantheon

Das Pantheon, ein »allen Göttern« Roms gewidmeter Tempel von majestätischen Dimensionen, zählt zu den besterhaltenen antiken Bauwerken Europas – seit zwei Jahrtausenden hat sich hier nur wenig verändert. Vor allem aus der Nähe wirkt dieser Koloss beeindruckend, nicht zuletzt durch die mächtigen korinthischen Säulen seiner Vorhalle.

Die Vorhalle des Pantheon mit ihrem mächtigen Giebel beherrscht die Piazza della Rotonda

Vom Tempel zur Kirche

Auf den Fundamenten eines 27 v. Chr. von M. Agrippa errichteten Tempels entstand der Bau in heutiger Gestalt 118–125 unter Kaiser Hadrian. Sein guter Erhaltungszustand verdankt sich der Umwidmung in eine christliche Kirche 608, als der byzantinische Kaiser Phokas, damals Herrscher von Rom, ihn Papst Bonifaz IV. schenkte. Konservierend wirkten zudem die Bronzebeschläge.

Beeinträchtigungen der Bausubstanz blieben indes nicht aus: So ließ Kaiser Konstans ab 663 einen Großteil der vergoldeten Bronzeplatten demontieren, nach Konstantinopel schaffen und zu Münzen einschmelzen. Und 1626 erwirkte Bernini von Papst Urban VIII. den Abbruch von 200 Tonnen Bronze an den Holzbalken des Portikus, die er für seinen Altar-Baldachin in St. Peter (➤ 50f) verwendete.

Die Pantheons-Kuppel, ein Geniestreich altrömischer Ingenieurs-kunst

Kuppel und Innenraum

Den Scheitelpunkt der kassettierten **Kuppel** markiert eine 9 m breite Öffnung – ein *oculus* (»Auge«), den Hadrian als direkte geistige Verbindung zum Himmel empfand. Zugleich bildet er eine Quelle dramatischen Lichts, das an sonnigen Tagen den marmorverkleideten Innenraums erstrahlen lässt. An klaren Abenden wiederum erspäht man durch das Rund ein wenig vom Sternenhimmel.

Mit einem Durchmesser von knapp 44 m (entsprechend der Höhe vom Boden zur Spitze) ist die Kuppel größer als die des Petersdoms. Zu ihren architektonischen Feinheiten gehört die **Kassettierung** mit vertieften Flächen *(lacunaria)*, die durch Materialguss in Modeln entstanden. Die Dicke der Schale (aus nach oben hin abnehmenden konzentrischen Ringen) vermindert sich von 7 m im unteren bis 1 m im obersten Bereich – ein statischer Trick, der das Gesamtgewicht reduzierte, wie auch die Verwendung immer leichteren Materials: Beton und Travertin am Fundament, vulkanischer Tuff in der Mitte und federleichter Bimsstein rings um den *oculus*.

In die Mauer sind alternierend sieben rechteckige und halbkreisförmige Nischen für Statuen eingelassen, heute teilweise Grablege für Italiens kurzlebige Monarchie (1870–1946). Die dritte Nische zur Linken enthält das **Grab Raffaels** (1483–1520), dessen Leichnam 1833 exhumiert und hier in einem antiken Sarkophag zur letzten Ruhe gebettet wurde.

KLEINE PAUSE

Gleich bei der Piazza della Rotonda, im Café **Tazza d'Oro** (Via degli Orfani 84, Tel. 06 6 78 97 92; So geschl.), erwartet Sie einer der besten Kaffees der Stadt (allerdings nur im Stehen und ohne Blick aufs Pantheon).

---

220 A3 ✉ Piazza della Rotonda ☎ 06 68 30 02 30
Mo–Sa 8.30–19.30, So 9–18 Uhr; feiertags 9–13 Uhr frei
Spagna 116 bis Piazza della Rotonda oder 30, 40, 46, 62, 63, 64, 70, 81, 87 und alle Linien zum Largo di Torre Argentina

BAEDEKER TIPP

- An **Sonntagnachmittagen** ist das Pantheon manchmal geschlossen.
- **Bei Regen** strömt Wasser durch den *oculus* im Dach des Pantheon. Der Boden darunter, wo sich Abflüsse befinden, ist abgesperrt.

Nach Lust und Laune!

Castel Sant'Angelo: Nächtlicher Blick von der gleichnamigen Brücke

14 Castel Sant'Angelo

Die trutzige, um 130 vollendete »Engelsburg« entstand als Mausoleum für Kaiser Hadrian und dessen Familie (sog. *Hadrianeum*). Umbenannt in *Castellum sancti angeli* wurde es 590 anlässlich einer Engelsvision, die Papst Gregor I. (der Große) bei der Bittprozession während einer Pestepidemie erlebte.

Der Rundbau lehnt sich an das Mausoleo di Augusto auf der anderen Tiberseite an, das wohl dem Vorbild etruskischer Gräber folgt. Ab 271 wurde die Anlage über 1000 Jahre als Festung genutzt – und diente damals auch als Gefängnis.

Man betritt den Raum von der Tiberseite her und steigt auf der antiken Rampe hinauf zur Grabkammer. Besondere Beachtung verdienen die **Papstgemächer**, insbesondere das mit Fresken von Pierin del Vaga ausgeschmückte sog. Papstappartement. Oben von den Wällen genießt man einen herrlichen Blick auf die Stadt – etwa unmittelbar zu Füßen des Baus auf den **Ponte Sant'Angelo** mit zehn Engelsskulpturen nach Bernini.

218 C4 Lungotevere Castello 50 06 6 81 91 11; www.castelsantangelo.beniculturali.it Di–So 9–19.30 Uhr (letzter Einlass 18.30 Uhr) 10,50 Euro 30, 49, 70, 87, 130, 186 und alle Linien zur Piazza Cavour und Lungotevere

15 Museo Nazionale delle Arti del XXI Secolo (MAXXI)

Der kühne, lichtdurchflutete Bau mit seinen zahlreichen Rampen, luftigen Galerien und großzügigen Ausstellungsflächen entstand nach Entwurf der britisch-irakischen Star-Architektin Zaha Hadid. 2010 eröffnet, ist dies das erste staatliche Museum für zeitgenössische Kunst in Italien, wo neben Gemälden, Fotografie und Skulpturen etwa auch moderne Architektur präsentiert wird sowie regelmäßig Aufsehen erregende Sonderausstellungen und Kunst-Workshops stattfinden.

220 A5 (außerhalb der Karte) Via Guido Reni 4 06 39 96 73 50; www.fondazionemaxxi.it Di–Fr, So 11–19 Uhr, Sa 11–22 Uhr (Einlass bis 1 Std. vor Schließung) 11 Euro 53, 217, 280, 910 oder Tram 2 von Flaminio bis Apollodoro

16 Museo e Galleria Borghese

Ein kleines Schmuckstück für sich sind Kunstgalerie und Museum in der idyllischen Villa Borghese – auf zwei Etagen werden hier erlesene Meisterwerke ausgestellt, im Erdgeschoss Skulpturen, im ersten Stock Gemälde.

Zu den bekanntesten Exponaten gehört Antonio Canovas höchst erotische Skulptur der *Paolina Borghese* (geb. Bonaparte) *als Venus* aus dem Jahr 1805, der man gleich eingangs begegnet. Paolinas Gatte erschien die Darstellung so aufreizend, dass niemand sie mehr ansehen durfte.

Drei Räume sind Gian Lorenzo **Bernini** gewidmet – sein *David* (1623–24), der die Steinschleuder auf seinen Gegner Goliath richtet, trägt angeblich Züge des Bildhauers. Dessen meisterhafte Gruppe *Apollon und Daphne* (1624) zeigt die Nymphe während der Verwandlung in einen Lorbeerbaum (womit sie sich dem zudringlichen Gott entzieht). Beim *Raub der Proserpina* (1622) greift Pluto, Gott der Unterwelt, nach dem prallen Schenkel der Begehrten. Unter den sechs Gemälden **Caravaggios** in Raum VIII stechen der *Kleine kranke Bacchus* (um 1593), *David mit dem Haupte Goliaths* (um 1609–10) und die *Madonna dei Palafrenieri* (1605–06) hervor.

Im ersten Hauptraum des Obergeschosses stößt man auf Werke Raffaels, darunter die *Grablegung* (1507), sowie Gemälde von Perugino, Andrea del Sarto, Correggio, Lorenzo Lotto, Bronzino und Giovanni Bellini.

220 C5 Piazzale del Museo Borghese 5 Nur mit Vorausbuchung unter 06 3 28 10 oder www.ticketeria.it; www.galleriaborghese.it Di–So 8.30–19.30 Uhr 11 Euro (+ 2 Euro Vorverkauf) Museumscafé Spagna oder Flaminio 52, 53, 910 bis Via Pinciana oder 116 bis Viale del Museo Borghese

Canovas Bildnis der Paolina Borghese in aufreizender Venuspose

Spanische Treppe – *der* Treffpunkt für Touristen

17 Piazza di Spagna und Scalinata di Trinità dei Monti

Von den elegantesten Boutiquen Roms umgeben, zählt die schöne **Piazza di Spagna** zu den edelsten Plätzen, ja regelrechten Salons der Stadt, wo alle Welt sich am liebsten trifft.

Dominiert wird der Platz von der majestätischen, zwischen 1723 und 1726 erbauten **Spanischen Treppe**, die eigentlich *Scalinata di Trinità dei Monti* heißt und zur gleichnamigen Kirche auf dem Pincio-Hügel hinaufführt.

Treppe und Platz entlehnen ihre Namen dem **Palazzo di Spagna**, im 17. Jh. erbaut als spanische Botschaft beim Heiligen Stuhl. Zu Füßen der gewaltigen Doppeltreppe befindet sich die winzige **Fontana della Barcaccia**, benannt nach der halb gesunkenen »Barkasse« in der Mitte, aus der seitlich Wasser quillt. Dieses (eventuell einem römischen Vorbild nachempfundene) Barockkunstwerk stammt wohl von Händen Pietro Berninis und seines berühmteren Sohnes Gian Lorenzo.

220 B4 Piazza di Spagna
Spagna 116, 117, 119, 590

18 Fontana di Trevi

Wer über die Schulter eine Münze in diesen Brunnen wirft, kommt angeblich sicher einmal wieder nach Rom.

1453 ließ Papst Nikolaus V. hier einen Brunnen errichten – aus Einnahmen einer Weinsteuer, worauf erboste Römer spotteten, er habe »ihnen den Wein genommen und dafür Wasser gegeben«. Das heutige Bauwerk, entstanden ab 1732 auf Initiative Papst Clemens' XII., wurde 30 Jahre später von Clemens XIII. eingeweiht. Ausführender Künstler war wohl Nicolò Salvi, der für die dramatische Wirkung des monumentalen Brunnens eine Wand des Palazzo Poli nutzte. Zentrale Brunnenfigur ist der Meergott Neptun/Oceanus, vor dem zwei Tritonen Pietro Braccis (1759–62) dem Betrachter entgegenstürmen: Während der linke (mit einem sich aufbäumenden Pferd) die sturmgepeitschte See repräsentiert, bläst der rechte zur Zähmung der Elemente sein Muschelhorn.

220 B3
Piazza di Trevi frei Barberini
52, 53, 61, 62, 63, 71, 80, 85, 116, 119, 175, 492, 590 bis Via del Tritone

Einer der Höhepunkte in Rom – die Fontana di Trevi

Santa Maria Maggiore: *Krönung Mariä im Zentrum des Apsismosaiks*

19 Palazzo Massimo alle Terme

Der Palast beherbergt einen Großteil der altrömischen Kunstschätze des **Museo Nazionale Romano**. Auf zwei Etagen sind vorwiegend Skulpturen ausgestellt, in der obersten zahlreiche Mosaiken und seltene Fresken aus der Umgebung Roms zu sehen. Der erste Stock ist Kunst aus der Zeit der römischen Republik (spätes 2. bis frühes 1. Jh. v. Chr.) vorbehalten. Absoluter Blickfang in Raum V ist die *Statue des Kaisers Augustus* im Ornat des Pontifex Maximus – hinreißend allein der Faltenwurf der Toga!

Reliefs, Sarkophage und Statuen der Zeit der Flavier-Kaiser Vespasian, Titus und Domitian (nach 69) beherrschen das Bild im nächsten Geschoss – sowie als Highlight des Museums der *Diskobol Lancellotti* (2. Jh.), Kopie einer griechischen Diskuswerfer-Skulptur des Myron (5. Jh. v. Chr.).

Der oberste Stock ist nur per Gruppe oder Führung zugänglich: herrliche Wandgemälde aus der *Villa di Livia*, die Livia Drusilla gehörte, der Mutter des Kaisers Augustus (reg. 27 v. – 14 n. Chr.), sowie der 1879 entdeckten *Villa Farnesina*. Detailreich ausgearbeitete Mosaiken beschließen hier den Rundgang.

221 D3
Largo di Villa Peretti 1 06 39 96 77 00 (Ansage engl.); archeoroma.beniculturali.it
Di–So 9–19.45 Uhr
7 Euro (Kombi-Ticket mit anderen Standorten des Museo Nazionale Romano)
Cafés in der Nähe der Piazza della Repubblica Termini 64; alle Linien bis Piazza dei Cinquecento, Repubblica

20 Santa Maria Maggiore

Die vermutlich älteste der 80 Marienkirchen Roms ist wenig attraktiv nahe dem Hauptbahnhof gelegen, gilt jedoch aufgrund ihrer opulenten Innenausstattung als eines prächtigsten Gotteshäuser von ganz Italien.

Der Legende nach wurde der Bau am 5. August 356 durch Papst Liberius in Auftrag gegeben, dem die Heilige Jungfrau zuvor in einem Traum befohlen hatte, ihr eine Kirche zu errichten, wo am nächsten Tag Schnee falle – was tatsächlich geschehen sein soll. Vermutlich entstand das Gotteshaus erst hundert Jahre später auf den Relikten eines älteren Bauwerks und erlebte seitdem zahlreiche Umbauten und Ausschmückungen, die aber noch den typischen Grundriss einer Basilika erkennen lassen. Die grandiose **Kassettendecke** wurde mit dem ersten Gold der Neuen Welt finanziert, sehenswert ist auch der Zyklus von 36 **Mosaiken** (5. Jh.) zu Moses, Isaak, Jakob und Abraham. Wunderbar farbenprächtig leuchtet

San Giovanni in Laterano: Kreuzgang mit reich verzierten Doppelsäulen

in der Apsis das Mosaik mit der *Krönung Mariä* (1295) von Jacopo Torriti.

Reich geschmückt präsentieren sich die großen **Kapellen**, *Cappella Sistina* (ab 1584, rechts vom Eingang) und *Cappella Borghese* (1611, links). Der Hochaltar enthält als Reliquie vorgeblich ein Fragment der Krippe Jesu Christi.

221 D3 Piazza di Santa Maria Maggiore und Piazza dell'Esquilino 06 69 88 68 00 tägl. 7–19 Uhr frei Termini oder Cavour 5, 16, 70, 71, 75, 105, 360, 590, 649, 714

21 San Giovanni in Laterano

In dieser im 4. Jh. von Kaiser Konstantin begründeten Bischofskirche Roms mit päpstlicher *cattedra* (Thron) wurden bis ins 19. Jh. die Päpste gekrönt. Nach Vandalen-Zerstörung im 5. Jh. wurde sie mehrmals wieder auf- und umgebaut. Am Fuße der mächtigen Fassade (1735) erinnert ein Standbild an den Gründer, die Bronzetore zur Rechten stammen aus der *Curia*, dem Senatssitz. Bei der barocken Umgestaltung des Innenraums (1646–50) war Borromini federführend, der die herrliche, goldglänzende **Kassettendecke** nicht antastete. Der Altar beherbergt angeblich die Schädel der Apostel Petrus und Paulus.

Als einer der schönsten Roms gilt der stille **Kreuzgang**, dessen zierliche Doppelsäulen mit farbenprächtigen Steinintarsien teilweise von der Cosmaten-Dynastie gefertigt wurden.

221 E1 Piazza di San Giovanni in Laterano 06 69 88 64 33
Kirche: 7–18.30 Uhr; Kreuzgang: 9–18 Uhr
Kirche: frei. Kreuzgang: 2 Euro
Cafés in der Via di San Giovanni in Laterano
San Giovanni 3, 16, 81, 85, 87, 117, 186, 218, 360, 571, 590, 650, 665, 714, 810, 850

22 San Clemente

Das Hauptschiff der zwischen 1108 und 1184 erbauten **Oberkirche** birgt hochkarätige Kunst des Mittelalters, wie das Mosaik mit dem *Triumph des Kreuzes* (12. Jh.), das in leuch-

San Clemente: Kreuzigungsfresko von Masolino da Panicale

tenden Farben den Altar umfängt; zwölf Tauben auf dem Kreuz symbolisieren die Apostel. Während die Chorschranken aus dem 5. bis 9. Jh. stammen, ist der Fresken-Zyklus zum *Leben der hl. Katharina von Alexandria* (1428, Kapelle im Seitengang hinten links) ein Werk des Florentiner Renaissance-Künstlers Masolino da Panicale.

Im hinteren Teil des Gebäudes führt eine Treppe hinab zu einer älteren **Unterkirche** (Fresken des 5. Jhs.) und weiter zu einem **Mithräum** (Mithras-Heiligtum, 2. Jh.) sowie Relikten eines römischen Hauses und einer Kornkammer oder möglicherweise einer Werkstatt der kaiserlichen Münze.

221 D1–2 Via di San Giovanni in Laterano 06 7 74 00 21; www.basilicasanclemente.com Kirche: frei, Ausgrabungen: 5 Euro Kirche und Ausgrabungen: Mo–Sa 9–12.30, 15–18, So 12–18 Uhr. Bei Messen geschl. Colosseo 75, 85, 87, 117, 175, 186, 571, 810 bis Piazza del Colosseo oder 85, 117, 850 bis Via di San Giovanni in Laterano

23 Capitolino

Dieser kleinste und zugleich bedeutendste der sieben Hügel Roms ist heute eher unglücklich vereinnahmt vom bombastischen **Monumento a Vittorio Emanuele II** auf der Piazza Venezia. Einst gab es hier zwei Anhöhen: im Norden die *Arx* (Zitadelle), wo später Santa Maria in Aracoeli entstand, im Süden das *Capitolium* (Kapitol). Auf der dazwischen liegenden antiken Senke des *Asylum* wurde später von Michelangelo die **Piazza del Campidoglio** gestaltet, mit Rathaus, Palazzo Senatorio und Musei Capitolini. Von der **Piazza d'Aracoeli** führt eine Rampe hinauf zu Statuen des Castor und Pollux – Originale, im Gegensatz zum Reiterstandbild Mark Aurels auf dem Platz (Original im Palazzo dei Conservatori). Zwischen Palazzo Nuovo und Palazzo Senatorio erreicht man über eine Treppe **Santa Maria in Aracoeli** (»vom Himmelsaltar«), eine der ältesten Kirchen Roms (574). Sie besticht durch antike Säulen, schöne Fresken und eine prächtige Holzdecke.

220 B2

Piazza del Campidoglio mit Palazzo dei Conservatori (Konservatorenpalast)

Santa Maria in Aracoeli

220 B2 Piazza d'Aracoeli 06 69 76 38 39 tägl. 7.30–12.30, 14.30–18.30 Uhr frei 40, 44, 46, 63, 64, 70, 81, 87, 175 und alle Verbindungen zur Piazza Venezia

Piazza Navona: Personifizierung des Ganges an der Fontana dei Quattro Fiumi

24 Piazza Navona

Etwas Theatralisches haftet diesem Platz an, mit seiner Kulisse pastellfarbener Hausfassaden, drei pompösen Barock-Brunnen und einem unablässigem Gewimmel von Touristen, Straßenkünstlern und Händlern. Sein Oval entspricht recht exakt den Abmessungen des *Stadions*, das hier 86 n. Chr. unter Kaiser Domitian angelegt wurde – neben zahllosen Kampfspielen und Wettrennen ereignete sich 304 dort das Martyrium der hl. Agnes (Sant' Agnese), einer christlichen Jungfrau, die sich geweigert hatte, einen Heiden zu heiraten. Das kleine Bethaus zu ihrem Gedächtnis überbaute man Mitte des 16. Jhs. mit der heutigen Kirche **Sant'Agnese in Agone** am Westrand des Platzes.

Den zentralen Brunnen, die **Fontana dei Quattro Fiumi** (1651), schuf Gian Lorenzo Bernini: Seine Figuren stellen die »Vier Ströme« *(quattro fiumi)* des Paradieses dar – Nil, Ganges, Donau und Rio de la Plata – sowie die damals bekannten vier Erdteile Afrika, Asien, Europa und Amerika.

Vom 17. bis ins 19. Jh. wurde der Platz mitunter geflutet, und Adelige umkreisten den künstlichen See in vergoldeten Kutschen. Eine Reminiszenz an antike *Naumachien* – inszenierte Seeschlachten, wie sie die Römer liebten.

219 D3 ✉ Piazza Navona Ⓜ Spagna
🚌 30, 70, 81, 87, 116, 130, 186, 492, 628 bis Corso del Rinascimento oder 40, 46, 62, 64, 190, 571, 916 bis Corso Vittorio Emanuele II

25 Piazza Campo de' Fiori

Das »Blumenfeld« zählt zu den attraktivsten Plätzen der ganzen Stadt, wo – umgeben von schmucken Häusern und Palästen – zudem einer ihrer bestsortierten **Märkte** für Obst, Gemüse und Fisch (und natürlich Blumen) zuhause ist. In frühester Zeit übrigens war »Campo

Das Denkmal Giordano Brunos wacht über das Markttreiben auf dem Campo de' Fiori

de' Fiori« durchaus wörtlich zu nehmen: Bis zum Mittelalter säumte hier eine Wiese das im 1. Jh. v. Chr. erbaute Theater des Pompeius.

Später verbanden sich prominente Namen mit dem Platz: So wurde Lucrezia Borgia dort geboren, ihr Bruder Cesare nicht weit entfernt ermordet, und Caravaggio meuchelte einen Rivalen nach einem dort verlorenen Ballspiel.

Einen Besuch wert ist die Piazza heute vor allem wegen ihrer malerischen Atmosphäre – auch in den Seitenstraßen, vor allem der schattigen **Via dei Cappellari** (Hutmacherstraße) mit ihren Möbelläden und Werkstätten.

219 D3 Piazza Campo de' Fiori
116 hält direkt hinter dem Platz; 190, 571, 40, 46, 62, 64, 916 bis Corso Vittorio Emanuele II oder 8, 63, 271, 630, 780 bis Via Arenula

26 Trastevere

Das traditionsreiche Viertel am Südufer (*tras Tevere*: »jenseits des Tiber«) war lange ein Zentrum des kulinarischen Rom und des Nachtlebens. Gut bummeln oder speisen kann man hier nach wie vor zu jeder Tageszeit, obschon der einstige Rummel längst vergangen ist und einer beschaulicheren Gangart wich.

Zu den Sehenswürdigkeiten zählt die auf frühchristliche Zeit zurückgehende Kirche **Santa Maria in Trastevere** (12. Jh.) mit prächtigem Fassadenmosaik der Jungfrau mit Kind sowie den Klugen und Törichten Jungfrauen. Über Via della Scala und Via della Lungara gelangt man zur Renaissance-**Villa Farnesina** aus ehemaligem Besitz der berühmten Adelsfamilie Farnese, 1511 erbaut für den reichen Sieneser Bankier Agostino Chigi. Prunkstück des Anwesens ist sein Freskenschmuck, besonders die Loggia mit der *Geschichte von Amor und Psyche* nach Entwurf Raffaels im Erdgeschoss (1517), ausgeführt von seinen Schülern, darunter Giulio Romano.

219 D2

Santa Maria in Trastevere: Fassadenmosaik

Santa Maria in Trastevere

219 E2 Piazza Santa Maria in Trastevere
06 5 81 94 43 7.30–20 Uhr
H, 8, 125 (nächste Haltestelle), 780 bis Viale di Trastevere frei

Villa Farnesina

219 D2 Via della Lungara 230
06 68 02 72 67; www.villafarnesina.it
Mo–Sa 9–14 Uhr; 2. So im Monat 9–17 Uhr
6 Euro 23, 125, 271, 280 bis Lungotevere della Farnesina oder H, 8, 780 bis Viale di Trastevere

Etwas außerhalb

27 Tivoli

Tivoli (das antike Tibur) bietet zwei große Sehenswürdigkeiten. Die **Villa d'Este**, einst Kloster, wurde 1550 zum Landsitz mit herrlichem Park umgewandelt (heute Unesco Welterbe). Glanzstücke sind *Viale delle Cento Fontane* (Allee der 100 Brunnen), Berninis elegante *Fontana del Bicchierone* (Brunnen des großen Glases) in Muschelform neben weiteren Wasserspielen, die mittels Hydraulik mechanische Wasserorgel- und Vogelkonzerte ermöglichen.

Vom einstigen Glanz der 125–135 für Kaiser Hadrian erbauten **Villa Adriana**, der wohl größten aus altrömischer Zeit, ist wenig erhalten, ein stimmungsvolles Erlebnis als Gesamtkunstwerk bietet ihr weitläufiges Areal bis heute.

229 D2

Villa d'Este

Piazza Trento, Tivoli
199 76 61 66; www.villadestetivoli.info
tägl. außer Mo 8.30 Uhr bis 1 Std. vor Sonnenuntergang Villa/Park: 8/11 Euro

Villa Adriana

Via di Villa Adriana, Tivoli 07 74 53 02 03; www.villaadriana.beniculturali.it Mai–Aug. tägl. 9–19.30; April, Sept. 9–19; März, Okt 9–18.30; Nov.–Jan. 9–17; Feb. 9–18 Uhr (letzter Einlass 90 Min. vor Schließung) 8 Euro

28 Ostia Antica

Westlich von Rom gelegen, vermittelt dessen historischer Seehafen als archäologischer Park faszinierende Einblicke in den antiken Alltag. An der Magistrale Decumanus Maximus finden sich Mietshausreste *(insulae)* mit Läden und Werkstätten, Kasernen, Bäder, Gräber, Kornspeicher und ein Mithräum. Den schönsten Blick auf die **Terme di Nettuno** (Neptun-Thermen) hinter der Porta Romana genießt man von der Treppe davor. Vom **Thermopolium** (Via di Diana), einer Art antikem Imbiss, haben sich neben dem gemauerten Schanktisch u. a. Sitzbänke erhalten.

228 C1–2 Viale degli Romanogli 717, 00 01 19 Ostia; www.ostiaantica.beniculturali.it April–Sep. Di–So 9–19.30; Okt, März 8.30–18; Nov.–Feb. 8.30–17 Uhr (letzter Einlass 1 Std. vor Schließung) 6,50 Euro

Wohin zum ...
Übernachten?

Preise
Für ein Doppelzimmer pro Nacht:
€ unter 140 Euro **€€** 140–220 Euro **€€€** über 220 Euro

Campo de' Fiori €–€€
Drei-Sterne-Hotel, ideal gelegen bei einem der schönsten Plätze der Stadt (➤ 70f), auf die man von der Dachterrasse einen herrlichen Blick hat. Die 23 Zimmer sind recht unterschiedlich in Größe und Ausstattung, überall jedoch wird in charmanter Weise spürbar, dass man in einem ehemaligen Barock-Palais logiert. Die Hotelleitung zerreißt sich förmlich für ihre Gäste.
219 D3 **Via del Biscione 6**
06 68 80 68 65; www.hotelcampodefiori.com

Eden €€€
2013 wurde das zur Dorchester Collection gehörende Haus zu einem der Top 50 Hotels Italiens gewählt. In den 110 Zimmern und elf Suiten des Fünf-Sterne-Hotels erwarten Sie Luxus und Flair alter Schule, samt Antiquitäten und Marmorbädern. In den vergangenen hundert Jahren residierten hier die Größen aus Politik, Adel und Kulturwelt. Wer heute kommt, muss nicht auf moderne Annehmlichkeiten wie WLAN und Fitness-Center verzichten und genießt den atemberaubenden Blick von der Dachterrasse – samt Sterne-Restaurant »La Terrazza« (➤ 76).
220 B4 **Via Ludovisi 49**
06 47 81 21; www.edenroma.com

Hotel Julia €–€€
Schmucke kleine Adresse in einem ruhigen Winkel fünf Minuten Fußweg hügelan von der Fontana di Trevi, mit nicht sehr großen, aber sauberen Zimmern und freundlichem Personal. Gutes, reichliches Frühstück mit diversen Teesorten, frischem Brot und Obst. WLAN steht im ganzen Haus kostenlos zur Verfügung.
220 B4 **Via Rasella 29**
06 4 88 16 37; www.hoteljulia.it

Leon's Place €€
Stilvolles Design-Hotel (zu deren nobler Vereinigung es gehört) in einem ehemaligen Palazzo nahe Via Veneto und Villa Borghese. Hier mischt sich, teils gewagt aber gekonnt, Altes (wie römische Säulen und hohe Stuckdecken) etwa mit Samt- oder coolen Ledersesseln im Foyer. Opulent ausgestattete Zimmer mit riesigen TV-Bildschirmen und Marmorbädern.
221 C4 **Via XX Settembre 90**
06 89 08 71; www.leonsplacehotel.it

Navona €
Eine Minute von der Piazza Navona in einer Seitenstraße gelegen, mittendrin und trotzdem fern des Getümmels – das verdient eigentlich einen zusätzlichen Stern, wie der Umstand, dass fast alle Zimmer (4 Kategorien) von den italienisch-australischen Inhabern sorgsam renoviert wurden. Ein Haus auf historischem Boden der Ruinen der Agrippa-Thermen, mit illustren Gästen, wie den englischen Dichtern Keats und Shelley. Ist das Hotel ausgebucht, empfiehlt man Ausweichadressen in der Nähe. Eine Dependance bietet **Familien-Apartments** (samt Küche).
219 E3 **Via dei Sediari 8**
06 68 30 12 52; www.hotelnavona.com

NH Giustiniano €€

Komfortables, modernes Hotel mit Restaurant (nahe Metro-Station Lepanto im Stadtteil Prato), nicht weit auch von Castel Sant'Angelo und Vatikan. 150 großzügige, funktional eingerichtete Zimmer (drei Kategorien und 10 Suiten) mit WLAN. Das Frühstücksbuffet ist hier besser als in den meisten anderen römischen Hotels dieser Klasse, das Haus verfügt zudem über Fitness- und Business-Center sowie Konferenzräume. In der Nähe liegt die Shopping-Meile Via Cola di Rienzo.

218 C5 Via Virgilio 1
06 68 28 16 01; www.nh-hotels.com

Residenza Cellini €€–€€€

Feines Hotel alten Stils in einem Haus aus dem 19. Jh. nahe Bahnhof Termini und zahlreicher Sehenswürdigkeiten, mit geräumigen, gemütlichen Zimmern, deren Bäder durch Whirlpool einen Hauch von Luxus atmen. Reichhaltiges Frühstück, Lift und freies WLAN.

220 C4 Via Modena 5
06 47 82 52 04; www.residenzacellini.it

Scalinata di Spagna €€–€€€

Im wörtlichen Sinne eine Adresse in Top-Lage – nämlich oberhalb der Spanischen Treppe mit Blick auf die Piazza di Spagna! Gemessen am Preis erscheinen manche der 16 hübschen Zimmer etwas beengt, was die romantische Atmosphäre des Hauses jedoch wettmacht, auch mit schöner Stiege und kleiner Dachterrasse, wo man sommers das Frühstück einnimmt. All dies macht das Hotel sehr beliebt – unbedingt rechtzeitig reservieren.

220 B4
Piazza Trinità dei Monti 17
06 6 79 30 06; www.hotelscalinata.com

Sofitel Villa Borghese €€€

Opulenter kann man nicht logieren in Rom als in diesem traumhaft gelegenen Luxus-Hotel im Park auf dem Monte Pincio über der Piazza di Spagna. Von den höchst komfortablen 104 Zimmern und vier Suiten (mit WLAN, Marmorbädern und iPod-Docks) hat man teils Blick auf die Dächer der Stadt – und speist auf den Spuren eines Genies: Im Frühstücksraum (damals Stall) nächtigte einst Caravaggio.

220 B4 Via Lombardia 47
06 47 80 21; www.sofitel.com

SuiteDreams €–€€

Ein stylishes Hotel nahe Santa Maria degli Angeli und Metro-Station Repubblica, das komfortable Unterkunft zu (für Rom) erstaunlich günstigem Preis bietet. Wände in strahlendem Weiß mit markanten schwarzen Buchstaben und Bilderschmuck leuchten über spiegelndem Parkett, die nicht allzu großen, bequemen Zimmer sind hell und funktional und verfügen über exzellent ausgestattete Bäder. Das Frühstück, das man auch in einem der umliegenden Cafés einnehmen kann, ist nicht im Zimmerpreis enthalten (außer bei Direktbuchung über die Website des Hotels).

220 C4 Via Modena 5
06 48 91 39 07; www.suitedreams.it

Teatro di Pompeo €€

An dem ruhigen kleinen Platz unweit des lebendigen Campo de' Fiori schläft man buchstäblich auf den Ruinen des antiken Rom, genauer: des *Teatro di Pompeo* (Pompeius-Theater), das sich, im 1. Jh. erbaut, einst hier befand (Informationen dazu auf der Website). Reste der alten Mauern sind noch sichtbar, wie im Gewölbe des Frühstücksraums. Davon abgesehen, ist dies ein sehr angenehmes Hotel mit gerade 13 Gastzimmern, von denen die unter dem Dach (mit Holzdecken und Terrakotta-Boden) besonders gemütlich wirken. Ausgestattet sind alle mit TV und Klimaanlage. Weniger empfehlenswert: die winzige Dependance.

219 D3 Largo del Pallaro 8
06 68 30 01 70; www.hotelteatrodipompeo.it

Wohin zum ... Essen und Trinken?

Preise
Für ein Drei-Gänge-Menü ohne Getränke:
€ unter 30 Euro **€€** 30–60 Euro **€€€** über 60 Euro

Babington's €–€€
Gediegener alter Tea-Room nahe der Piazza di Spagna, gegründet von zwei britischen Ladies Ende des 19. Jhs., wo man – gegen gutes Geld – mit erlesenen Tees, köstlichem Gebäck und kleinen Gerichten verwöhnt wird.
220 A4 **Piazza di Spagna 23**
06 6 78 60 27; www.babingtons.com
tägl. 9–21.30 Uhr

Il Convivio Troiani €€€
Die Rechnung erscheint nicht weniger astronomisch als in anderen Nobel-Lokalen Roms, wobei man hier tatsächlich hervorragend speist, und dies in höchst angenehmer Atmosphäre. Mit saisonal wechselnden Akzenten interpretiert der Chef traditionelle römische Küche in kreativer Weise neu, etwa bei gefüllten Zucchini-Blüten, Shrimps-Spargel-Risotto oder Lammbraten. Verschiedene Degustationsmenüs.
219 D4 **Vicolo dei Soldati 31**
06 6 86 94 32; www.ilconviviotroiani.com
Mo–Sa 20–24 Uhr, So und mittags nur nach Reservierung. Im August eine Woche geschl.

Hostaria Rasella €€
In einem Seitensträßchen, fünf Minuten von der Fontana di Trevi entfernt, lockt das typisch römische Lokal auch viele Einheimische an, die in anheimelnder Atmosphäre exzellente lokale Küche genießen – ob *Linguine ai frutti di mare* (mit Meeresfrüchten) oder deftige Eintöpfe mit Fleisch.
220 B4 **Via Rasella 34** **06 4 81 88 36**
Mi–Mo 11.30–16, 18.30–23.30 Uhr

Il Leoncino €
Andere Pizzerien in Rom mögen bekannter sein als diese (zwei Häuserblocks westlich der Via del Corso), doch hier bekommt man wirklich authentische Pizza und kann zusehen, wie sie im Holzofen hinter dem alten Marmortresen zubereitet wird.
220 A4 **Via del Leoncino 28, Nähe Piazza San Lorenzo in Lucina** **06 6 87 63 06**
Do–Di 12.30–14.30 und 19–24 Uhr

Margutta RistorArte €–€€
Seit 1979 schon existiert dieses vegetarische Restaurant – bis vor einigen Jahren eine in Italien eher exotische Kategorie! In stilvollem Ambiente genießt man hier einfallsreich zubereitete biologische Kost; auch Wein, Bier und Erfrischungsgetränke stammen aus entsprechenden Quellen. Zum Mittagessen Test-Menüs in Häppchenform. In der Bar kann man auch Tee und Snacks zu sich nehmen.
220 A4 **Via Margutta 118**
06 32 65 05 77; www.ilmargutta.it
tägl. 12.30–15.30, 19.30–23 Uhr

Nonna Betta – Cucina Kosher €€
Viel Stammkundschaft belebt das nach der Großmutter des Inhabers benannte koschere Restaurant im Herzen des alten jüdischen Gettos. Man kocht hier traditionell superfrischen Fisch und Meeresfrüchte, leckere Pasta- oder vegetarische Gerichte. Tipp: »Jüdische Artischocken« – *Carciofo alla Giudia*.
220 a2 **Via del Portico d'Ottavia 16**
06 68 80 62 63; www.nonnabetta.it
tägl. außer Di 11–23 Uhr

Otello alla Concordia €€
Wer sommers im Innenhof des hübschen Restaurants einen Tisch ergattern will, muss beizeiten reservieren – oder drinnen in der gemütlichen Gaststube unter der prächtigen alten Holzdecke speisen. Hier wird die klassische Küche Roms serviert, wie *Spaghetti all'Otello* mit Tomaten und Basilikum.

220 A4 ✉ Via della Croce 81
☎ 06 6 79 11 78; www.otello-alla-concordia.it
Mo–Sa 12.30–15, 19.30–23 Uhr

La Pentolaccia €–€€
Wohlhabende Römer und bessere Herrschaften unter den Besuchern geben sich ein Stelldichein an den gestärkten Tischdecken des alteingesessenen, preiswerten Restaurants mit Klassikern der römischen Küche. Schöne Weinauswahl.

221 D4 ✉ Via Flavia 38
☎ 06 48 34 77; www.lapentolaccia.eu
Di–Sa 9–19.30, Mo 10.30–19.30 Uhr

Rinaldi al Quirinale €€
Ein aufsteigender Stern am kulinarischen Himmel der Stadt ist diese *Trattoria* der gehobenen Art (mit mehreren geschmackvoll eingerichteten Räumen und schöner Terrasse). Daher es gibt neben Küchenklassikern Ausgefallenes wie *Risotto con pavola affumicata, pistacchi e noci* (Risotto mit Rauchkäse, Pistazien und Walnüssen).

220 C3 ✉ Via Parma 11a
☎ 06 47 82 51 71; www.rinaldialquirinale.com
Di–So 12.30–15, 19.30–23.30 Uhr

La Rosetta €€€
Roms beste Adresse für feinen Fisch, zentral gelegen am Pantheon und nahe dem Parlament, weshalb zur Kundschaft viele Politiker zählen. Ausgezeichnetes Essen und ebensolcher Wein (zu entsprechenden Preisen) in elegantem Ambiente, dem ein vornehmerer Dresscode entspricht. Unbedingt reservieren.

219 E3 ✉ Via della Rosetta 8
☎ 06 6 86 10 02; www.larosetta.com
Mo–Sa 12–15, 20–23.30, So 20–23.30 Uhr

Taverna Angelica €€
Auf der Südseite einer winzigen Piazza, gewissermaßen im Schatten von St. Peter, im Herzen des alten Borgo, findet man dieses vom Ambiente schlichte, lukullisch innovative Lokal. Fischgerichte sind die Spezialität des Hauses, und so stehen etwa Fettucine mit Venusmuscheln, Steinpilzen und Rucola-Pesto oder Steinbutt mit Auberginen und Garnelen auf der Karte. Gute Weine, auch offen. Auf jeden Fall reservieren.

218 C4 ✉ Piazza Amerigo Capponi 6
☎ 06 6 87 45 14; www.tavernaangelica.it
tägl. 19–24 Uhr; So schon mittags geöffnet. Im August 3 Wochen geschl.

La Terrazza €€€
Im renommierten Terrassen-Restaurant des Eden-Hotels (➤ 73) wird moderne mediterrane Kost serviert, mit traumhaftem Blick. Exzellente Küche, die mit einem Michelin-Stern ausgezeichnet wurde. So gibt es etwa Jakobsmuscheln mit Wildkräutersalat und Spargel oder Wolfsbarsch mit schwarzen Oliven und Oregano. Steifleinener Service und recht hohe Preise (etwas günstiger am Mittag). Festpreis-Gourmet-Menüs (mit oder ohne Wein).

220 B4 ✉ Via Ludovisi 49
☎ 06 47 81 21, www.laterrazzadelleden.com
tägl. 12.30–14.30, 19.30–22.30 Uhr; geschl. im Jan.

Dal Toscano €€
Betriebsames Lokal, in der Nähe der Musei Vaticani, zwischen Viale Ottaviano und Via Vespasiano an der Via Germanico gelegen, auch bei Einheimischen beliebt und besonders abends gut besucht (Reservierung empfohlen!). Die Küche zaubert toskanische Spezialitäten wie *Bistecca alla fiorentina* (T-Bone Steak) oder *Ribollita* (deftigen Gemüseeintopf) auf den Tisch.

218 B–C5 ✉ Via Germanico 58–60
☎ 06 39 72 57 17; www.ristorantedaltoscano.it
Di–So 12.30–15, 20–23.15 Uhr. Geschl. 1 Woche im Dez., 2 Wochen im Aug.

Wohin zum … Einkaufen?

Hinsichtlich attraktiver Einkaufsmöglichkeiten spielt die Ewige Stadt nicht in derselben Liga wie London, Paris oder New York und steht selbst in Italien nur an zweiter Stelle hinter Mailand. Viele Designer-Läden gibt es aber allemal (und hochkarätige Maßschneidereien rings um die Piazza di Spagna), dazu zahllose Spezialgeschäfte und eine ganze Reihe interessanter Märkte. Im August schließen viele Läden für zwei Wochen.

Die dichteste Konzentration an Geschäften für Mode, Accessoires und Luxusartikel findet man im Umkreis der **Via dei Condotti** (Roms Pendant zur Londoner Bond Street oder der New Yorker Fifth Avenue), wo **Gucci** (Nr. 8), **Valentino** (Nr. 15), **Max Mara** (Nr. 17), **Armani** (Nr. 77) und **Prada** (Nr. 92–95) vertreten sind. Wer nicht ganz so viel Geld ausgeben möchte für Kleidung und Schuhe, sollte sich umsehen auf der – samstags stets übervollen – **Via del Corso** sowie **Via del Tritone** und **Via Nazionale**. Reichlich Auswahl findet man an Lederwaren, Antiquitäten, Delikatessen, Luxusartikeln und Wein.

Viele Sträßchen stehen ganz im Zeichen eines Geschäftszweigs: So säumen Antiquitätenläden und Kunstgalerien **Via dei Coronari**, **Via Giulia**, **Via del Babuino**, **Via di Monserrato** und **Via Margutta**, Papeterien und Korbflechter die **Via Monterone**. Auf der **Via dei Cestari** kann man religiöse Devotionalien erstehen, während auf **Via del Governo Vecchio** und **Via dei Banchi Nuovi** Trödler, Juweliere und Kunsthandwerker das Bild beherrschen – ähnlich wie in **Trastevere**, das allerdings kein typisches Einkaufsviertel ist. Größere Kaufhäuser gibt es nur zwei in der Innenstadt, von denen das empfehlenswertere **Rinascente** an der Piazza Colonna ist, nahe der Einmündungen von Via del Tritone und Via del Corso. Neben Konfektion höherer Qualität, Accessoires und Lingerie hat es auch Haushaltswaren und Modeartikel im Sortiment.

Unter den schönen Märkten der Stadt schießt der malerische **Campo de' Fiori** den Vogel ab (➤ 70; tägl. außer So). Größer und prosaischer präsentiert sich derjenige nahe der Piazza Vittorio Emanuele, und berühmt ist der sonntägliche Flohmarkt an der **Porta Portese**, südwestlich des Zentrums in Trastevere – angeblich Europas größter, mit rund 4000 Ständen, wo alles verhökert wird vom alten Stuhl bis zu Bio-Lebensmitteln (keine Kreditkarten). Vom mittleren Vormittag bis zur Schließung um 14 Uhr wird es immer voller auf diesen Märkten, weshalb man so früh wie möglich dorthin aufbrechen sollte. Vorsicht: Wie alle Märkte ist besonders der an der Porta Portese beliebtes Revier von Taschendieben!

Lebensmittel erwirbt man am besten in den allgegenwärtigen *Alimentari*-Lädchen, wo man von Olivenöl und Pasta bis zu Drogerieartikeln so gut wie alles bekommt, oft auch frisch zubereitete Sandwiches *(panini)* mit Schinken, Wurst oder Käse von der Delikatessen-Theke.

Das Verkaufspersonal in Rom ist, besonders in Nobelläden, für seine Reserviertheit bekannt – fühlen Sie sich »übersehen«, ignorieren Sie die Betreffenden Ihrerseits oder bitten freundlich um Hilfe: *»Mi può aiutare, per favore?«* Handeln ist meist aussichtslos, man hält sich in Rom an Festpreise! Aber es gibt natürlich Sonderangebote – *soldi*.

Wohin zum ... Ausgehen?

Bezüglich klassischer Konzerte, Oper oder Ballett spielt Rom nicht in der ersten Liga, Liebhaber von Jazz oder Kirchenmusik kommen indes auf ihre Kosten, und es gibt gute Clubs sowie Musik-Bühnen.

INFORMATION

Über kulturelle Ereignisse kann man sich bei Touristen-Informationen und -kiosken (www.060608.it) orientieren, sowie in der wöchentlich erscheinenden Zeitschrift *roma c'è* (www.romace.it), die detailliert berichtet über Musik, Tanz, Theater, Oper und Nachtclubs, auch über die Öffnungszeiten von Museen und Galerien, verbunden mit Tipps zu Shopping und Restaurants. www.turismoroma.it (die Website des römischen Fremdenverkehrsamts) bietet unter »Was ist los in Rom« auf Deutsch Infos zu vielerlei Aktivitäten. Eine empfehlenswerte Informationsquelle auf Englisch ist auch www.wantedinrome.com/whats-on.

Wer Italienisch spricht, sollte *»Trovaroma«* zu Rate ziehen (kostenlose Donnerstagsbeilage der Zeitung *La Repubblica*), die täglichen Infoseiten der Zeitung *Il Messaggero* (samt der donnerstags erscheinenden Programmbeilage *»Metro«*).

EINTRITTSKARTEN

Beim Erwerb von Eintrittskarten kann oft die Hotelrezeption behilflich sein – sonst wendet man sich an entsprechende Agenturen, wie **TicketOne** (Tel. 98 21 01, www.ticketone.it) oder **Hello Ticket** (Tel. 800 90 70 80, www.helloticket.it). Konzertkarten verkauft auch der Media Store **Ricordi** an der Via del Corso 506 (Tel. 06 36 12 23 70).

NACHTLEBEN

Verbreitet und beliebt sind Discobars – kleiner als Clubs und ähnlich konzipiert. Hierzu zählen der etablierte Jazz-Club **Gregory's** (Via Gregoriana 54a, Tel. 06 67 96 3 86) und die klassische Bar **Caffè della Pace** (Via della Pace 3–7, Tel. 06 686 12 16), während **Cul de Sac** (Piazza Pasquino 73, Tel. 06 68 80 10 94) und **Goccetto** (Via dei Banchi Vecchi 14, Tel. 066 86 42 68) gute Weine anbieten. Als aktuelle Hotspots gelten **Goa** (Via Giuseppe Libetta 13, Tel. 06 57 48 2 77) und **Micca** (Via Pietro Micca 7, Tel. 06 87 44 00 79), für die Gay-Community **Alibi** (Via Monte Testaccio 67, Tel. 06 574 34 48), **Hangar** (Via in Selci 69, Tel. 06 4 88 13 97) oder **Skyline** (Via Pontremoli 36, Tel. 06 70 09 4 31).

Die Eintrittspreise (oft inklusive Drink) sind mitunter happig. In »privaten« Clubs muss man oft (kostenlos) vorher Mitglied werden. Im Sommer bleiben viele Clubs geschlossen oder beziehen Ausweichadressen außerhalb der Stadt.

KLASSISCHE MUSIK & THEATER

Eine gute Adresse für Orchester- und Chormusik ist das **Oratorio del Gonfalone** (Tel. 06 68 75 9 52, www.oratoriogonfalone.com), Opernsaison ganzjährig im *Teatro dell' Opera* (Piazza Beniamino Gigli 7, Tel. 06 48 16 01, www.operaroma.it).

Im Sommer gibt es eine Reihe hervorragender **Konzerte** (Programm über Touristen-Information, www.turismo.roma.it), Shakespeare-Enthusiasten treffen sich im **Globe Theatre** (Tel. 06 06 08, www.globetheatreroma.com) in der Villa Borghese (Vorstellungen meist italienisch).

Der Nordwesten

Kleine Erlebnisse

Von der Po-Ebene bis zu den Alpen

Bei Stresa bietet der **Monte Mottarone** (mit Auto oder Schwebebahn, ➤94) nicht nur wunderbare Alpenpanoramen.

Luxuriöse Landsitze

Genießen Sie das mediterrane Ambiente der Sommersitze am idyllischen **Lago di Como** (➤84), eventuell als Hotelgast.

Campari mit Ambiente

Stilvoll schlürft man das rote Elixier in der **Bar Camparino** in der Shopping-Metropole **Mailand** (Galleria Vittorio Emanuele II, ➤88).

Erste Orientierung

Eine Region von geradezu betörender Vielfalt – neben Hochgebirge und Seen in sanftem Hügelland erstrecken sich schöne Küstenstreifen, grenzt Wildnis an Kulturlandschaft, durchsetzt mit lebendigen historischen Städtchen. Metropolen und kultivierte Kleinstädte wechseln sich ab mit umwerfender Landschaft – als Kulisse attraktiver Freizeitaktivitäten.

Drei bedeutende Großstädte bilden die urbanen Schwerpunkte des westlichen Oberitalien: die elegante Barockstadt Torino (Turin) im Nordwesten, das reiche, betriebsame Milano (Mailand) im Nordosten und im Süden Genova (Genua) mit Italiens wichtigstem Hafen sowie eindrucksvollen Palästen, Kirchen und Museen. Nördlich von Torino liegt mit dem Parco Nazionale del Gran Paradiso eines der schönsten Naturschutzgebiete des Landes. Südlich von Genova warten mit den Cinque Terre malerische Ortschaften an rebenbewachsenen Klippen, und die oberitalienischen Seen sind seit je Besuchermagnete, besonders der Lago di Garda (Gardasee) westlich von Verona. Landschaftliche Schönheit und mondänes Flair bietet der Lago di Como (Comer See), der teils zur Schweiz gehörende Lago Maggiore u. a. die idyllischen Isole Borromee. Als attraktive alte Städte locken Bergamo, nördlich von Milano am Fuß der Alpen gelegen, und Mantova (Mantua), einst vom Geschlecht der Gonzaga beherrscht, deren Palazzo Ducale den architektonischen Meisterwerken der Region zuzurechnen ist.

Blick über den Lago di Como

TOP 10

Nicht verpassen!

Nach Lust und Laune!

In fünf Tagen

Die folgende Route ist eine Möglichkeit, wie Sie einige der interessantesten Sehenswürdigkeiten des Nordwestens in fünf Tagen besuchen können. Weitere Informationen finden Sie unter den Haupteinträgen (➤ 84ff).

Erster Tag

Vormittag

Beginnen Sie die Tour mit einem Ausflug zum 10 **Parco Nazionale del Gran Paradiso** (➤ 86f; links), von Aosta Richtung Süden nach Cogne zum Giardino Botanico Alpino Paradisia bei Valnontey.

Nachmittag

Von Valnontey kann man schöne Bergwanderungen unternehmen und begegnet mit etwas Glück Vertretern des hiesigen Wildtierbestands, wie dem Alpensteinbock.

Abend

Zurück im Valle d'Aosta (Aostatal), bietet Valsavarenche Gelegenheit zum Übernachten.

Zweiter Tag

Vormittag

Über die A5 und A4 geht es nach 29 **Milano** (➤ 88f), wo man zunächst die Piazza del Duomo und den Dom besichtigen sollte.

Nachmittag

Nach der Mittagspause ein Besuch der Pinacoteca di Brera oder des Castello Sforzesco und, als Höhepunkt, Leonardos *Letztes Abendmahl* in Santa Maria delle Grazie.

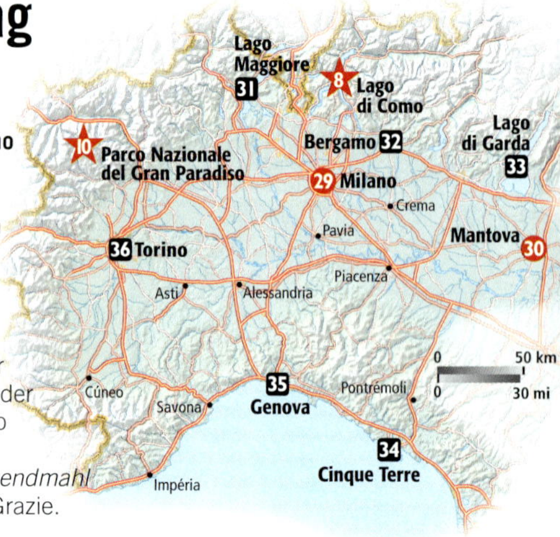

Abend
Vor dem Abendessen bietet sich ein Bummel in Mailands Shopping-Viertel Quadrilatero d'Oro (➤ 89, 103) an und ein Drink in der Galleria Vittorio Emanuele II.

Dritter Tag

Vormittag
Für 32 **Bergamo** (➤ 95; links), von Mailand nordwärts über die A4, sollte man sich einige Stunden Zeit nehmen.

Nachmittag
Weiter Richtung Norden geht es auf der SS639 zum 8 **Lago di Como** (Comer See, ➤ 84f), mit Quartier in Bellagio, Tremezzo oder Menaggio.

Abend
Bootsfahrt und Spaziergang am See machen Lust aufs Abendessen.

Vierter Tag

Vormittag
Fahren Sie am Südufer des Sees nach Como (➤ 84) und über A9, A4 und A22 westwärts nach 30 **Mantova** (Mantua, ➤ 92f).

Nachmittag
Nach Palazzo Ducale und Dom sollte man sich noch den Palazzo Te vornehmen und sich vor dem Essen ein Gläschen auf der Piazza delle Erbe gönnen.

Fünfter Tag

Vormittag
Als entspanntes Tagesziel winkt der 33 **Lago di Garda** (Gardasee, ➤ 96; rechts), Unternehmungslustigere fahren über A22 und A15 an die Westküste – zum Mittagessen in die 34 **Cinque Terre** (➤ 96).

Nachmittag
Als Alternative zu einem Nachmittag am Strand fährt man mit dem Zug nach 35 **Genova** (➤ 97) mit malerischem Jachthafen. Teile der Altstadt wurden zum Unesco Welterbe erklärt.

8 Lago di Como

Überwältigend schön gelegen ist der von bewaldeten Bergen umgebene Comer See – hier erbauten sich schon in der Renaissance lombardische Adelsgeschlechter ihre Landsitze. Später suchten Persönlichkeiten wie Johann Wolfgang von Goethe, Percy B. Shelley, Stendhal und Gustave Flaubert oder der Komponist Gioachino Rossini Erbauung, wo heute Film-Prominenz in mondänen Feriendomizilen residiert. Doch auch Normalsterblichen hat der Lago di Como Einiges zu bieten.

Das zauberhafte Bellagio am Comer Sees, »Perle des Lario«

Drei lang gestreckte Arme

Mit einer Fläche von 146 km² hat der Comer See dank seiner drei lang gestreckten Arme, die an ein auf dem Kopf stehendes »Y« erinnern, die größte Uferlänge der oberitalienischen Seen. Mit 410 m ist er der tiefste Binnensee Europas. Jeweils rund 25 km lang sind die drei Arme des Sees, die nach Orten benannt sind: der östliche *Lago di Lecco*, der westliche *Lago di Como* sowie der *Lago di Colico* im Norden. An seinen Ufern gedeihen in mildem mediterranen Klima Palmen und Zitronen. Autofähren verbinden Menaggio, Varenna, Bellagio und Cadenabbia, daneben gibt es Ausflugsschiffe, von denen man einen atemberaubenden Blick auf die Umgebung hat – aus Perspektiven, die sich von den Uferstraßen nicht erschließen.

Ortschaften und Villen

Como am Westufer hat eine hübsche Altstadt zu bieten und nette Cafés am Hafen. Sehenswert sind der Dom aus dem

15. Jh., die Kirchen San Fedele und Sant'Abbondio im Stil der lombardischen Romanik sowie der alte Gerichts- und Amtssitz Broletto im spätromanisch-gotischen Stil.

Die nördlich von Como bei **Tremezzo** gelegene, von einem Mailänder Bankier im 18. Jh. erbaute *Villa Carlotta* ist umgeben von einem herrlichen Park mit Orangenbäumen, Kamelien, Azaleen und Rhododendren, noch romantischer wirken die terrassierten Gärten der *Villa Balbianello* in **Lenno** (Halbinsel Lavedo).

Auch das hübsche mittelalterliche **Bellagio** an der Gabelung besitzt prächtige Landhäuser, die *Villa Serbelloni* (Park für Besucher zugänglich), *Villa Melzi d'Eryl* und *Villa Giulia*. Der wohl schönste Landsitz jedoch ist die *Villa d'Este* (heute Hotel) in **Cernobbio**, während man von **Menaggio** aus Ausflüge in die Berge unternehmen kann.

Eine gute Alternative als Standquartier bietet **Varenna** mit mittelalterlichem Stadtkern und bester Seelage am Ostufer.

223 E5

Touristen-Information
Piazza Cavour 17, Como
03 1 26 97 12; www.lakecomo.it
Mo–Sa 9–13, 14.30–17 Uhr

Villa Carlotta
Via Regina 2, Tremezzo
03 4 44 04 05; www.villacarlotta.it
März–Nov. tägl. 9/10–16/18 Uhr, geschl. Mitte Nov. bis Febr. 9 Euro

Villa d'Este
Via Regina 40, Cernobbio
03 1 34 81; www.villadeste.com
nur für Hotelgäste, geschl. Mitte Nov. bis Feb.

Skulpturenschmuck auf der Terrasse der Villa Balbianello

Villa Serbelloni
Via Roma 1, Bellagio
03 1 95 15 55, www.villaserbelloni.com
Park-Führungen bei schönem Wetter: Mitte März bis Anfang Nov. Di–So 11 und 15.30 Uhr, beginnend am Ufficio Promobellagio (Piazza della Chiesa 14, Bellagio) 9 Euro

BAEDEKER TIPP

- Sportliche können windsurfen, bergwandern oder klettern.
- Navigazione Lago di Como (www.navigazionelaghi.it) betreibt **Fähren und Tragflächenboote** auf dem ganzen See, außerdem gibt es zwischen Como und Colico eine Personenfähre (im Winter eingeschränkter Fahrplan).
- Zwischen den Ufergemeinden verkehren **Busse**, allerdings weniger verlässlich als die Fähren (Infos auf der Website der Touristen-Information: www.lakecomo.it).

10 Parco Nazionale del Gran Paradiso

Italiens ältester Nationalpark ist zugleich einer seiner schönsten. Das ehemalige königliche Jagdreservat um den einzigen Viertausender des Landes, den Gran Paradiso, ermöglicht Wanderungen mit herrlichem Panoramablick und Begegnungen mit rarer alpiner Flora und Fauna.

1920 übereignete König Vittorio Emanuele III. gut 2000 ha seines Jagdreviers dem italienischen Staat – zum Erhalt von Umwelt, Flora und Fauna und als künftigen Teil des Nationalparks, der 1922 eröffnet wurde. Dessen reizvolle 70 000 ha – blumenübersäte Bergwiesen, Wasserfälle und Nadelwälder mit Lärchen, Fichten und Tannen unter schneebedeckten Gipfeln und Gletschern – erstrecken sich über Valle d'Aosta und Piemont und grenzen westlich an den französischen Nationalpark Vanoise.

Alpine Fauna

Hier hat vor knapp einem Jahrhundert eine der letzten Populationen des Alpensteinbocks *(Capra ibex)* überlebt: Von den rund 20 000 Exemplaren in ganz Europa findet man allein am **Gran Paradiso** inzwischen wieder 4000. Außerdem trifft man auf Gämsen und Murmeltiere, vor

Die Plateaus rund um den Gran Paradiso wurden von Gletschern der Eiszeit geformt

Cascate di Lillaz: Wasserfälle sind die Attraktion des Fremdenverkehrsorts im Valle di Cogne

allem auf den Almen am Gran Piano di Noasca. Auf dem Weg von dort zum Nivolet hat man einen schönen Blick ins Valle Orco und erspäht vielleicht Bartgeier, Steinadler, Alpenschneehühner oder Fichtenkreuzschnäbel.

Orte im Park

Günstigsten Zugang zum Park hat man vom Aostatal aus und vom Norden, wobei **Cogne,** eine halbe Stunde von **Aosta**, sich als Standquartier anbietet. Von **Valnontey** aus führt eine der schönsten Wanderungen zu den Schutzhütten *(rifugi)* Vittorio Sella und Sella Herbetet (Ganztagestour). **Valsavarenche,** im gleichnamigen Tal südlich von Aosta gelegen, ist Ausgangspunkt für Sommerwanderungen.

In **Locana** gibt es eine Ausstellung über das Handelswesen im Valle Orco zu sehen, in **Ceresole Reale** Schautafeln zum Alpensteinbock, in **Ronco Canavese** zu Lebensraum und Brauchtum der Region. Des Weiteren erfährt man in **Degioz** (bei Valsavarenche) etwas über kleinere Raubtiere (wobei der Luchs dort leider ausgerottet ist) und in **Rhêmes Notre-Dame** über Geier und Greifvögel.

Blumenliebhaber kommen am ehesten im späten Frühjahr auf ihre Kosten, Steinbock und Gämse zeigen sich bevorzugt im Herbst, Skilanglaufen kann man am besten im Winter – und im Sommer ist am meisten Betrieb.

KLEINE PAUSE

Im **Vecchio Ristoro** in Aosta (Via Tourneuve 4, ➤ 101) wird man exzellent bekocht, zu besten Weinen des Aostatals.

---

222 B4

Touristen-Information

Via Umberto 1, Noasca (beim Rathaus) ☎ 01 24 90 10 70; www.pngp.it
Apr.–Okt. tägl. außer Mo 9–12.30, 15–18.30 Uhr

BAEDEKER TIPP

- Der **Giardino Botanico Alpino Paradisia** (www.pngp.it; www.grand-paradis.it) bei Valnontey südlich von Cogne beherbergt in etwa 2000 europäische Pflanzen und außereuropäische alpine Flora. Der Botanische Alpengarten ist tägl. geöffnet, Juni (beste Zeit!) und Sept. 10–17.30 Uhr, Juli/Aug. bis 18.30 Uhr.
- Im Sommer bieten viele Besucherzentren **Aktivitäten, Filmvorführungen** und **Ausflüge für Kinder**. Valle Orco: Ceresole Reale (Tel. 01 24 95 31 66), Noasca (Tel. 01 24 90 10 70), Locana (ehem. Kirche San Francesco, Via Roma, Tel. 012 48 35 57); Valle di Rhêmes: Chanavey, Rhêmes Notre-Dame (Tel. 01 6 57 53 01); Valsavarenche: Dégioz (Tel. 01 6 57 53 01).

29 Milano

Die mit 1,3 Mio. Einwohnern zweitgrößte Stadt Italiens ist dessen bedeutendste Wirtschaftsmetropole – mit der man edle Mode wie Armani, ein weltberühmtes Opernhaus und erstklassige Gastronomie verbindet, sich als Besucher aber auch freuen kann auf hervorragende Museen. Gut erreichbar sind zudem Lago di Como und Lago Maggiore sowie Bergamo, Brescia, Cremona und Pavia.

Schwer zerstört im Zweiten Weltkrieg, wurde Mailand großzügig und modern wieder aufgebaut. Wahrzeichen aber blieb der gewaltige gotische Dom, gefolgt vom barocken Palazzo Brera mit seiner herausragenden Kunstsammlung.

Mailänder Dom, Europas drittgrößter Kirchenbau nach dem Petersdom in Rom und der Kathedrale von Sevilla

Sehenswürdigkeiten

Herz der Stadt ist die **Piazza del Duomo**, beherrscht von einem der größten Kirchenbauten der Welt: dem 1386 begonnenen, erst 1965 ganz vollendeten gotischen Dom **Santa Maria Nascente**. Die gewaltige fünfteilige Marmorfassade des 174 m langen und 68 m breiten Bauwerks kontrastiert mit einem relativ kargen Innenraum, erleuchtet von wunderbaren Buntglasfenstern. Vom Dach kann man bis zu den Alpen sehen. Gegenüber, auf der Südseite des Platzes, lockt das 2010 eröffnete **Museo del Novecento** mit vorwiegend italienischer Kunst des 20. Jhs., darunter Werke des (hier ab 1905 mit Filippo Marinetti und Umberto Boccioni heimischen) Futurismus.

Nördlich der Piazza liegt die **Galleria Vittorio Emanuele II**, 1867 geschaffen als erste überdachte Einkaufspassage der Welt: Juwel der Belle-Époque und beliebter Treffpunkt der Mailänder, der heute neben Nobel-Boutiquen ein Luxushotel und namhafte Gastronomie aufweist, darunter die berühmte **Bar Camparino**. Durch die Galerie gelangt man zur **Piazza della Scala** mit dem illustren Opernhaus – im prächtigen **Teatro alla Scala** erlebten viele bekannte italienische Opern ihre Uraufführung.

Die **Pinacoteca di Brera**, Milanos bedeutendstes Kunstmuseum, verfügt über eine breit gefächerte Sammlung, in der Andrea Mantegnas *Beweinung Christi* (um 1480) durch seine gewagte Perspektive besticht.

Westlich des Brera-Viertels erhebt sich das trutzige **Castello Sforzesco**, erbaut im 15. Jh. von der einflussreichen Adelsfamilie Visconti und später von den Sforza erweitert. Neben einer archäologischen Sammlung beherbergt es erlesene Kunstschätze, darunter Michelangelos unvollendete Skulptur der *Pietà Rondanini* (1564).

Die Herzöge von Sforza initiierten auch den Bau des Dominikanerklosters **Santa Maria delle Grazie** mit seiner monumentalen Kirche. Hauptattraktion ist hier Leonardo da Vincis Fresko *Das letzte Abendmahl* (1498) an der Nordwand des ehemaligen Refektoriums (Einlass: max. 25 Pers. für 15 Min.).

KLEINE PAUSE

Ein kleiner Snack oder *aperitivo* mit viel Flair wartet bei **Zucca in Galleria** (Vittorio Emanuele II, Ecke Domplatz), wo schon Verdi gern einen Espresso trank.

---

223 E3

Touristen-Information

Piazza Castello 1 ☎ 02 77 40 43 43; www.visitamilano.it Mo–Fr 9–18, Sa 9–13.30, 14–18, So 9–13.30, 14–17 Uhr

Duomo di Santa Maria Nascente

Piazza del Duomo ☎ 02 72 02 33 75; www.duomomilano.it Dom: 7–19 Uhr. Dachterrasse: April–Mitte Nov. 9–21.45; Mitte Nov. bis Mitte Febr. 9–16.45; Mitte Febr. bis März 9–17.45 Uhr Dom: frei. Terrasse: 12 Euro (Aufzug), 7 Euro (Treppe); Kombi-Ticket mit Baptisterium und Schatzkammer 13/10 Euro

Museo del Novecento

Palazzo dell'Arengario, Via Marconi 1 ☎ 02 88 44 40 61; www.museodelnovecento.org Mo 14.30–19.30, Di, Mi, Fr, So 9.30–19.30, Do, Sa 9.30–22.30 Uhr 5/3 Euro

Teatro alla Scala

Via Filodrammatica 2 ☎ 028 87 91; Kartenvorverkauf 02 86 18 27; www.teatroallascala.org Museum: 9–12.30, 13.30–17.30 Uhr Museum: 6 Euro (Gruppen: 4 Euro/Person)

Pinacoteca di Brera

Via Brera 28 ☎ 027 22 63 26 42 29; www.brera.beniculturali.it Di–Sa 8.30–19.45 Uhr 6/3 Euro

Castello Sforzesco

Piazza Castello ☎ 02 88 46 37 00; www.milanocastello.it Festung: Mai–Sept. 7–19, Okt.–Apr. 7–18 Uhr; Museen: Di–So 9–17.30 (letzter Einlass 17 Uhr) Museen: 3/1,50 Euro; frei: Di–Do ab 16.30, Fr ab 14 Uhr.

Santa Maria delle Grazie

Piazza Santa Maria delle Grazie 2 ☎ 02 92 80 03 60; nur nach Anmeldung, Online-Tickets (bis 3 Mon. im Voraus) www.cenacolovinciano.net Di–So 8.15–18.45 Uhr Refektorium *(Das letzte Abendmahl)*: 6,50/3,25 Euro (+1,50 Vorverkaufsgebühr)

BAEDEKER TIPP

Luxus-Meile für Mode und Accessoires ist hier ein magisches Viereck: der **Quadrilatero d'Oro** (»Goldenes Karree«, ► 103) zwischen Via della Spiga, Via Manzoni, Via Monte Napoleone und Via Sant'Andrea.

Duomo Santa Maria Nascente

Nach dem Willen des ersten Mailänder Herzogs Gian Galeazzo Visconti wäre der Dom Santa Maria Nascente noch im 14. Jh. fertiggestellt worden, hatte er doch zu diesem Zweck die Arbeitszeiten verdoppeln, Nachtschichten anordnen und Trödelei bestrafen lassen. Erst im 20. Jh. jedoch waren die Bauarbeiten am Mailänder Dom, der zweitgrößten Kirche Italiens, abgeschlossen.

1 Himmlisches Volk aus Stein: Rund 3400 Figuren bekrönen den Dom, alle überragt von der 4 m hohen »Madonnina«, einer Marienstatue aus vergoldeten Kupfer.

2 Erste Bauabschnitte: Um 1500 waren Chor, Teile der Querhäuser und die ersten beiden Langhaus-Joche abgeschlossen.

3 Kostbare Glasfenster: Die ältesten der riesigen Buntglasfenster, die den schlichten Innenraum beherrschen, leuchten in der nördlichen Sakristei.

4 Trivulzio-Kandelaber: Der siebenarmige Bronzeleuchter im nördlichen Querschiff soll aus dem 13. Jh. stammen – was wissenschaftlich umstritten ist.

Das bronzene Hauptportal des Doms wurde um 1900 von Lodovico Poliaghi ergänzt

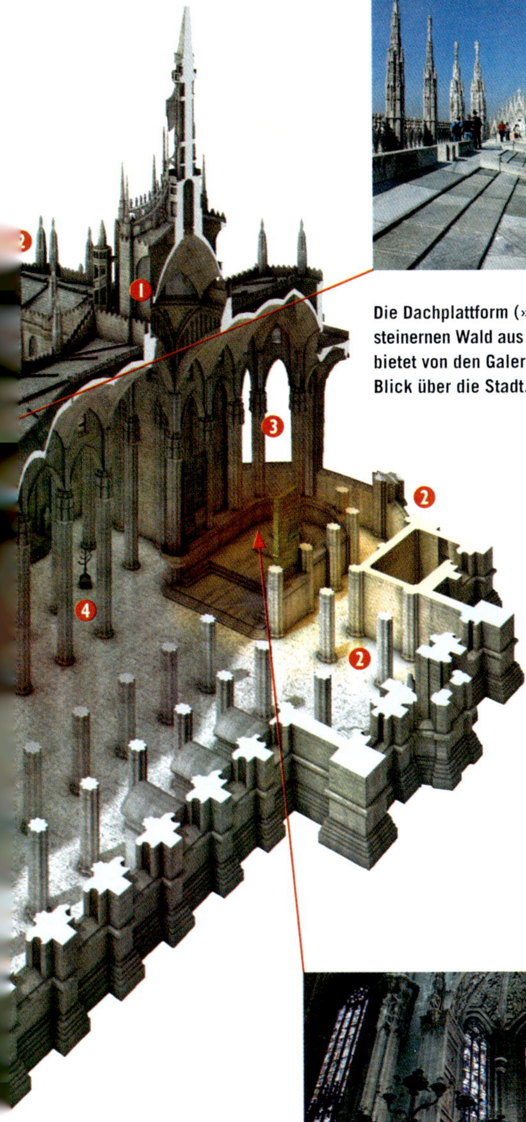

Die Dachplattform (»terrazzi«) mit einem steinernen Wald aus Türmchen und Figuren bietet von den Galerien einen prächtigen Blick über die Stadt.

Das Innere wird beherrscht von den prächtigen Buntglasfenstern: Blick in den Chor

30 Mantova

Wie eine Halbinsel vom Mincio und dessen seenartigen Ausläufern umgeben ist das von Etruskern gegründete Mantua. Seine Blüte in Renaissance und Barock erlebte es unter der Herrschaft der Adelsfamilie Gonzaga, wovon noch heute stattliche Paläste und anmutige Plätze zeugen.

Die Barockfassade des Doms (spätes 18. Jh.) dominiert die Nordseite der Piazza Sordello

Piazza Sordello

Das Herz der Stadt bildet die lang gestreckte Piazza Sordello, gesäumt vom Dom und der riesigen Anlage des **Palazzo Ducale**, der überwiegend als Herrschaftssitz der Familie Gonzaga diente. Seine ältesten Teile, Palazzo del Capitano und Magna Domus (Großes Haus), allerdings gehen noch auf die Bonacolsi zurück, die Mantova von 1271 bis 1328 regierten. Zu den schönsten Räumen gehört die *Camera degli Sposi* (Hochzeitszimmer) mit Fresken Andrea Mantegnas (1474). Barocke Fassade und Innenraum des **Duomo** (Cattedrale di San Pietro) wurden im 16. Jh. von Giulio Romano (um 1492–1546) umgestaltet, viele der wertvollen Ausstattungsstücke sind im **Museo Diocesano** an der nahen Piazza Virgiliana zu bewundern.

Piazza Broletto und Piazza delle Erbe

Durch einen Bogen gelangt man von der Piazza Sordello zur *Piazza Broletto* mit der hohen **Torre Civica** und dem **Palazzo del Podestà**. Die Verlängerung der Piazza Broletto bildet die *Piazza delle Erbe*, der hübscheste der drei Plätze: Dort (und auf der Piazza Sordello) findet am Donnerstagmorgen ein Wochenmarkt statt. Kunstausstellungen zeigt der **Palazzo della Ragione** aus dem 13. Jh. mit schmuckem Uhrenturm *(Torre dell'Orologio)*. Östlich der Piazza Broletto präsentiert sich das prachtvolle **Teatro**

Bibiena (eigtl. Teatro Scientifico dell'Accademia) von 1769 als Musterbeispiel effektvollen Theaterdekors.

Piazza Mantegna

Ein Meisterwerk lombardischer Renaissance ist die **Basilica di Sant'Andrea** von Leon Battista Alberti (1404–72), mit der Grabkapelle Andrea Mantegnas (1. Kapelle links).

Palazzo Te

Inspiriert zum Bau der äußerlich schlichten, von Giulio Romano opulent im manieristischen Stil ausgestalteten Villa wurde Federico II. Gonzaga durch seine langjährige Geliebte Isabella Boschetti. Der kunstliebende Herzog ließ seinen Sommerpalast 1525–1535 auf der Insel Te erbauen. Bis zur Trockenlegung des Sees im 18. Jh. war die Insel nur über eine Brücke erreichbar. Die Fresken zeigen lebensgroße Pferde *(Sala dei Cavalli)* neben einem Bankett Amors und Psyches *(Sala di Psiche)*, in der *Sala dei Giganti* den Triumph des Zeus/Jupiter über die Titanen.

KLEINE PAUSE

An der **Piazza Sordello** drängen sich *gelaterie*, Cafés und Restaurants.

Ein säulengetragener Portikus säumt den Palazzo Ducale

224 B2

Touristen-Information
Piazza Mantegna 6; www.comune.mantova.it
Apr.–Sept. 8–18, Okt.–März 9–17 Uhr

Palazzo Ducale
Piazza Sordello 40; www.ducalemantova.org
Di–So 8.15–19.15 Uhr 6,50/3,25 Euro

Duomo (Cattedrale di San Pietro)
Piazza Sordello 03 76 32 02 20
tägl. 7–12, 15–19 Uhr frei

Museo Diocesano
Piazza Virgiliana 55; www.museodiocesanomantova.it
Mi–So 9.30–12, 15–17.30 Uhr 6/4 Euro

Basilica di Sant'Andrea
Piazza Mantegna; www.santandreainmantova.it
Mo–Fr 8–12, 15–19, Sa 10–12.30, 15–18, So 11.45–12.15, 15–17/18 Uhr Basilika: frei. Krypta: 1 Euro

Teatro Bibiena (Teatro Scientifico dell'Accademia)
Via dell'Accademia 47 03 76 32 76 53
Di–So 9.30–12.30, 15–18 Uhr 2/1,20 Euro

Museo Civico di Palazzo Te
Viale Tè 13 03 76 32 32 66; www.palazzote.it
Mo 13–18, Di–So 9–18 Uhr 8/5 Euro

Nach Lust und Laune!

31 Lago Maggiore

Der lange, schmale Lago Maggiore (Verbano; Nordteil zur Schweiz gehörig), Italiens zweitgrößter See nach dem Lago di Garda (► 96), vereint Naturschönheit mit den Reizen einer alten Kulturlandschaft: An seinen Ufern, schon im 18. Jh. beliebtes Reiseziel, reihen sich schmucke Villen, Hotels und Parkanlagen.

Im Borromäischen Golf locken – als Juwelen des Sees vor spektakulärer Bergkulisse – die fünf **Isole Borromee**. Die nächst dem Ufer vor Stresa gelegene *Isola Bella* wurde im 17. Jh. von der Adelsfamilie Borromeo in ein Kleinod des Barock verwandelt durch Anlage eines großzügigen Palasts mit terrassiertem Park, in Auftrag gegeben durch Conte Carlo III. zu Ehren seiner Gattin Isabella d'Adda (nach der die Insel benannt ist). Auf der *Isola dei Pescatori* (auch Isola Superiore) geht man tatsächlich noch dem Fischfang nach, die bunten Boote im Hafen bilden ein hübsches Fotomotiv. Auf der größten, Verbania vorgelagerten Insel *Isola Madre* steht gleichfalls eine Villa der Borromeo.

Am Ufer des Sees reihen sich teils mondäne alte Nobelkurorte wie **Stresa** mit seinen Belle-Époque-Villen (gegenüber von Stresa liegt am Ostufer des Sees in traumhafter Lage das Kloster Santa Caterina del Sasso), **Arona** mit der Kolossal-Statue von San Carlo Borromeo (1538–84) oder **Pallanza** (Ortsteil von Verbania) mit der *Villa Taranto* und einem sehenswerten botanischen Garten. Malerisch an Felsen geschmiegt präsentieren sich Baveno und Angera.

Einen herrlichen Blick auf oberitalienische und Schweizer Alpenseen genießt man bei einer Fahrt mit Auto oder Schwebebahn auf den **Monte Mottarone** (1491 m) bei Stresa.

223 D4 Piazza Marconi 16, beim Fähranleger; www.stresaturismo.it 03 23 30 15 03 13 08 Mitte März bis Anf. Nov. tägl. 10–12.30, 15–18.30 Uhr; Anf. Nov. bis Mitte März Mo–Fr 10–12.30, 15–18.30, Sa 10–12.30 Uhr Fähren zu den Isole Borromee alle 30 Min. (Hochsaison), Verbindungen nach Angera, Stresa, Pallanza und Intra: www.navigazionelaghi.it

Santa Caterina del Sasso am Ostufer des Lago Maggiore

Blick von der Gartenterrasse der Isola Bella über den Lago Maggiore

32 Bergamo

Eine Stunde Zugfahrt von Milano entfernt thront das (von Etruskern gegründete) Bergamo auf einem Hügel mit seiner in Mittelalter und Renaissance entstandenen Oberstadt *(Città Alta)* – schon von Weitem erblickt man deren markante Türme und die massive Stadtbefestigung. Von der moderneren Unterstadt *(Città Bassa)* gelangt man mit einer Standseilbahn hinauf zur Oberstadt.

Città Alta – Herz der unter Denkmalschutz stehenden Altstadt ist die **Piazza Vecchia** mit Vicenzo Scamozzis marmorverkleideter *Biblioteca Civica* von 1594 und dem *Palazzo della Ragione* (12. Jh., barocke Umgestaltung), dessen Arkaden hinüberführen zur **Piazza del Duomo**. Der Dom wirkt bescheiden gegen die opulente Renaissance-Fassade der benachbarten **Basilica di Santa Maria Maggiore** und die angrenzende **Cappella Colleoni** als Meisterwerk lombardischer Renaissance.

Über die Via Colleoni (oder mit der zweiten Standseilbahn San Vigilio) kommt man zur **Rocca** (Kastell) aus dem 14. Jh., erbaut von Venezianern zum Schutz der Stadt und heute Heimstatt des *Museo di Scienze Naturali* und *Museo Civico Archeologico*.

Città Bassa – Sehenswert in der Unterstadt sind die Gemäldegalerie der **Accademia Carrara** (u. a. Werke Botticellis, Mantegnas, Raffaels, Bellinis, Canalettos) sowie das **Teatro Donizetti**, benannt nach dem Komponisten Domenico Gaetano Donizetti aus Bergamo (1798–1848; Grabmal in Santa Maria Maggiore), für den es auch ein Museum gibt.

223 E4
http://turismo.provincia.bergamo.it
Oberstadt: Via Gombito 13
035 24 22 26, 9–17.30 Uhr
Unterstadt: Viale Papa Giovanni XXIII 57
035 21 02 04 9–12.30, 14–17.30 Uhr

Basilica di Santa Maria Maggiore
Piazza Duomo 035 22 33 27
Apr.–Okt. tägl. 9–12.30, 14.30–18; Nov.–März Mo–Fr 9–12.30, 14.30–17, Sa 9–12.30, 14.30–18, So 9–12.45, 15–18 Uhr (außer bei Gottesdiensten) Frei

Accademia Carrara
Piazza Giacomo Carrara 82 035 39 96 77; www.accademiacarrara.bergamo.it Juni–Sept. Do–Fr, So 10–21, Sa 10–23; Okt–Mai Do–Fr 9.30–17.30, Sa–So 10–18 Uhr 5/3 Euro

Fassadendetail der Cappella Colleoni von Giovanni Antonio Amadeo (1487)

33 Lago di Garda

Schon die Römer zog es an Italiens größten See mit seinem milden Klima, und im 19. Jh. schossen Villen und Ferienorte aus dem Boden, um den Andrang betuchter Besucher zu bewältigen. Schön ist der Thermalkurort **Sirmione** mit mächtiger Scaliger-Burg und Villa *Grotte di Catullo*, der wichtigste Hafen **Desenzano** mit hübsch angelegter Promenade, seit je unter Künstlern beliebt das malerische **Malcesine**. Von dort führt auch eine Seilbahn auf das 2000 m hohe Massiv des **Monte Baldo**.

Salò lohnt sich wegen seiner gotischen Kathedrale und der pastellfarbenen Häuser; **Riva del Garda** im Norden ist Treffpunkt der Windsurfer – und aus **Bardolino** kommen namhafte Weine.

Zwar ist Verona die nächstgelegene große Stadt, historisch hat indes besonders **Garda** starke Bezüge zu Venedig, wovon der Palazzo dei Capitani und die romantische Villa Albertini zeugen.

224 A3 www.visitgarda.com
Garda: Piazza Donatori di Sangue 1
04 56 27 03 84
Malcesine: Via Capitanato 8 04 57 40 00 44

34 Cinque Terre

Ein Besuchermagnet an der Steilküste der ligurischen Levante sind die »Fünf Länder«, benannt nach den hiesigen Fischerorten. Der größte, mit betriebsamem Hafen, ist **Monterosso**, der attraktivste wohl **Vernazza** mit seinem Gewirr von Gässchen und einer Kirche (14. Jh.) mit achteckigem Glockenturm. Von hier ist es nicht weit zum Flecken **Corniglia** hoch auf dem Felsen. In **Manarola** führen steile Sträßchen hinab zum Wasser und, am Fels entlang, ein *Via dell'Amore* genannter Pfad nach **Riomaggiore**, wo man gut speisen und übernachten kann. Unten durch den Eisenbahntunnel verläuft ein Fußweg, der beide Teile des Ortes verbindet, und mit der Bahn ist man auch schnell im nahen **La Spezia** mit seinem üppigen Wochenmarkt.

223 E1 Monterosso, Via Fegina 38
01 87 81 75 06; www.cinqueterre.it
Nationalpark und Wanderwege: www.parconazionale5terre.it
La Spezia–Monterosso (Fähren)
Apr.–Okt.: regelmäßige Schiffsverbindungen durch Navigazione Golfo dei Poeti (www.navigazionegolfodeipoeti.it) zwischen allen Orten außer Corniglia.
Im Sommer Fähren und Katamarane zwischen Genova und Cinque Terre.

Blick auf Malcesine

Genua: Via Garibaldi mit Palazzo Doria Tursi

35 Genova

Die weltoffene Hauptstadt Liguriens, wo 1451 Christoph Kolumbus geboren wurde, ist nicht nur ein bedeutendes Industriezentrum und Italiens größter Hafen, sondern verfügt auch über ein reiches historisches Erbe, mit prächtigen Plätzen, Kirchen, Palästen und Museen.

Im Mittelalter war Genua eine Seemacht, was der Stadt großen Wohlstand bescherte – hiervon zeugt neben der mächtigen **Cattedrale di San Lorenzo** (13. Jh.) mit schwarzweißer Marmorfassade die Bebauung der weitläufigen *Piazza de Ferrari* als stolzes Zentrum: eindrucksvoll der **Palazzo Ducale**, einst Sitz der hiesigen Dogen. Schönstes Kunstmuseum ist der **Palazzo Reale** mit herrlichem Spiegelsaal und ausgedehntem Park, wichtigstes die **Galleria Nazionale** im Palazzo Spinola, wo Werke von Pisano, Rubens und Van Dyck ausgestellt sind. In einem hübschen Palais logiert die **Galleria di Palazzo Bianco**.

Verbundenheit mit der See demonstriert Renzo Pianos 1992 eröffnetes **Acquario di Genova**, das neben Korallenriffen und Fischen des Roten Meers Robben, Pinguine, Haie und Delfine präsentiert.

Die **Carta Musei di Genova** (beim Besucherzentrum im Palazzo Ducale, Via Garibaldi, oder der Touristen-Information am Flughafen) bietet ermäßigten Eintritt zu den meisten Sehenswürdigkeiten und Museen.

223 D2

Via Garibaldi; www.genova-turismo.it

Cattedrale di San Lorenzo

Piazza San Lorenzo; www.museodiocesanogenova.it Mo–Sa 9–12, 15–18, Juli–Sept. bis 19 Uhr Museo del Tesoro: 6/4,50 Euro

Galleria di Palazzo Bianco

Via Garibaldi 11; www.museidigenova.it Di–Fr 9–19, Sa, So 10–19 Uhr 9/7 Euro (Kombi-Ticket, auch gültig für Palazzo Rosso und Palazzo Tursi)

Galleria Nazionale

Piazza Pellicceria 1; www.palazzospinola.it 4/2 Euro; Kombi-Ticket mit Palazzo Reale: 6,50/3,25 Euro

Palazzo Reale

Via Balbi 10; www.palazzorealegenova.it ➤ Galleria Nazionale

Acquario di Genova

Ponte Spinola, Porto Antico; www.acquariodigenova.it 23/20 Euro

Galleria San Federico in Turin: Shopping in stilvollem Ambiente

36 Torino

Besucher der Hauptstadt des Piemont in der Po-Ebene sind oft angenehm überrascht von der Attraktivität Turins, das ja vorwiegend durch Industrie und Autobau ein Begriff ist, seit 1899 verknüpft mit der Marke FIAT *(Fabbrica Italiana Automobili Torino)* und seit 1906 mit Lancia. Bauwerke, Kunstschätze und Museen weisen Turin als kulturelles Zentrum von Rang aus, mit Kuriositäten wie dem (in der *Capella della Sacra Sindone* des **Doms San Giovanni Battista** aufbewahrten) Turiner Grabtuch Christi *(Sindone)*, das nur an besonderen Tagen ausgestellt wird.

Das **Museo Egizio** im barocken Palazzo dell'Accademia delle Scienze beherbergt die bedeutendste Sammlung ägyptischer Altertümer nach den Kairoer Museen, der Palazzo Reale die **Galleria Sabauda** mit einer hochkarätigen Gemäldesammlung. Im Palazzo Carignano wurde 1820 Vittorio Emanuele II. von Savoyen-Piemont geboren, der 1861 bis 1878 als Italiens erster König herrschte. An diese Epoche und Turins führende Rolle bei der Einigung des Landes erinnert dort heute das **Museo Nazionale del Risorgimento.**

Ende des 19. Jhs. gegründet wurde die heutige **Galleria Civica d'Arte Moderna e Contemporanea** mit einer 15 000 Werke umfassenden Sammlung, die von Canova bis Warhol reicht; ein Schwerpunkt liegt auf Werken der Piemonteser Schule.

Als Synagoge geplant war die 1889 vollendete **Mole Antonelliana**, Wahrzeichen Turins und mit 167 m Höhe lange eines der höchsten Bauwerke der Welt. Heute residiert hier Italien wichtigstes Filmmuseum, das **Museo Nazionale del Cinema**.

222 B3
Piazza Castello; www.turismotorino.org
tägl. 9–18 Uhr

Museo Egizio
Via Accademia delle Scienze 6; www.museoegizio.it 7,50/3,50 Euro

Galleria Sabauda
Manica Nuova di Palazzo Reale, Via XX Settembre; www.galleriasabauda.beniculturali.it 12/6 Euro (Kombi-Ticket mit Palazzo Reale, Armeria Reale und Museo di Antichità)

Museo Nazionale del Risorgimento
Via Accademia delle Scienze 5; www.museorisorgimentotorino.it 10/8 Euro

Galleria Civica d'Arte Moderna e Contemporanea (GAM)
Via Magenta 31; www.gamtorino.it
10/8 Euro (frei 1. Di im Monat)

Museo Nazionale del Cinema
Via Montebello 20; www.museocinema.it
9/7 Euro, mit Panoramaaufzug: 12/9 Euro

Wohin zum … Übernachten?

Preise
Für ein Doppelzimmer pro Nacht:
€ unter 140 Euro €€ 140–220 Euro €€€ über 220 Euro

AOSTA (GRAN PARADISO)

Albergo Milleluci €€–€€€
Großes Hotel im Chalet-Stil, nahe dem Parco Nazionale del Gran Paradiso oberhalb von Aosta gelegen. Pool, Dampfbad und Sauna. Ganzjährig geöffnet.
222 B4 Loc. Porossan Roppoz 15
01 65 23 52 78; www.hotelmilleluci.com

MILANO

Antica Locanda Leonardo €€
Zentral gelegenes Drei-Sterne-Haus mit 16 Zimmern, in einem Bau aus dem 19. Jh. nahe der Kirche Santa Maria delle Grazie (➤ 88), seit über 40 Jahren in Familienbesitz. Nett eingerichtete Zimmer, manche mit Blick in den kleinen Hof.
223 E4 Corso Magenta 78
02 48 01 41 97; www.anticalocandaleonardo.com Aug. und Jan. zeitweise geschl.

Hotel Lancaster €–€€
Hinter der historischen Fassade (19. Jh.) verbirgt sich ein modernes, komfortables kleines Hotel, günstig gelegen beim Castello Sforzesco. Einfache, bequeme Gastzimmer (Frühstück im Preis inbegriffen).
223 E4
Via Abbondio Sangiorgio 16
02 34 47 05; www.hotellancaster.it

Hotel Principe di Savoia €€€
Exquisites Fünf-Sterne-Hotel mit 400 Zimmern und Suiten (alle mit Klimaanlage und WLAN) und einem renommierten Restaurant (»Acanto«), gerne frequentiert von Prominenz und Superreichen.
223 E4 Piazza della Repubblica 17
02 62301; www.hotelprincipedisavoia.com

BELLAGIO (LAGO DI COMO)

Grand Hotel Villa Serbelloni €€€
Nobles Grand Hotel mit Marmorfußboden in der Halle, Marmortreppen und korinthischen Säulen. Die meisten Zimmer mit antiken Fliesenböden und herrlichem Seeblick. Neben zwei Restaurants gibt es einen wunderschönen Park.
223 E4 Via Roma 1
03 1 95 02 16; www.villaserbelloni.it
Nov.–März geschl.

CERNOBBIO (LAGO DI COMO)

Villa d'Este €€€
Fünf-Sterne-Hotel in einer ehemaligen Herrschaftsvilla, traumhaft am Ufer des Comer Sees gelegen inmitten eines 10 ha großen, gepflegten Parks mit alten Statuen und Pfaden zum Lustwandeln. Mehrere Restaurants und eleganter Nightclub.
223 E4 Via Regina 40, Cernobbio
03 1 34 81; www.villadeste.com
Mitte Nov.–Febr. geschl.

COMO (LAGO DI COMO)

Albergo Firenze €
Kleines modernes Hotel in der Altstadt (zwei Minuten vom See) mit leicht kosmopolitischem Flair und freundlichem Service. Barrierefreie Zimmer, Frühstücksbuffet mit Brot, Schinken und Käse.
223 D4 Piazza Volta 16
03 1 30 03 33; www.hotelfirenzecomo.it

MANTOVA

Hotel Casa Poli €–€€

Schlichtes, modernes Hotel im Herzen von Mantua, ideal als Basis zur Erkundung der Stadt. Frühstück im Zimmerpreis inbegriffen, freies WLAN und im Patio eine gemütliche Bar für den Abenddrink.

224 B2 Corso Garibaldi 32
03 76 28 81 70; www.hotelcasapoli.it

STRESA (LAGO MAGGIORE)

Grand Hotel des Iles Borromees €€€

Prunkvolles altes Luxushotel direkt am See in einem herrlichen Park, wo sich seinerzeit schon der amerikanische Schriftsteller Ernest Hemingway wohlfühlte, als er hier an seinem Roman *In einem anderen Land* (1929) schrieb. Die Zimmer verfügen über gigantische Betten, exquisite Bäder und Seeblick. An Sport kann man Golf, Tennis, Segeln und Reiten treiben oder sich in vier beheizten Pools regenerieren.

223 D4 Corso Umberto I 67
03 23 93 89 38; www.borromees.it

BERGAMO

Agnello d'Oro €

Für die Region typisches Haus in unnachahmlich ruhiger Lage an einem Plätzchen in der Oberstadt. Kleine, schlichte, komfortable Zimmer mit Balkönchen und Bad, freies WLAN. Empfehlenswertes Restaurant (mit überbordendem Dekor).

223 E4 Via Gombito 22
03 5 24 98 83; www.agnellodoro.it

LEVANTO (CINQUE TERRE)

Villa Margherita €

Schön renovierte Villa von 1906 (ohne Lift) mit lauschigem Park und Badebucht in Levanto nördlich der Cinque Terre. Geräumige, hohe Zimmer mit Fliesenböden, ansprechend eingerichtet mit bequemen Betten und hübschen Bädern, manche mit Balkon oder Patio.

223 E1 Via Trento e Trieste 31
01 87 80 72 12; www.villamargherita.net

GENOVA

NH Marina €€

Malerisch im historischen von Renzo Piano stilvoll umgestalteten Hafen liegt Genovas luxuriösestes Hotel (140 Zimmer, 7 Suiten), als Symphonie von Holz, Stahl und Glas. Die wichtigsten Sehenswürdigkeiten sind nur wenige Gehminuten entfernt. Holztribüne mit Hafenblick, wo bei schönem Wetter Frühstück und Abendessen serviert werden. Moderne Zimmer mit allem Komfort (Satelliten-TV, WLAN).

223 D2 Molo Ponte Calvi 5, Porto Antico
01 02 53 91; www.nh-hotels.com

TORINO

Starhotel Majestic €€–€€€

Modernes Haus der internationalen Hotelkette, nahe Hauptbahnhof Porta Nuova und Altstadt gelegen, mit Fitness-Raum, Babysitting-Angebot, freiem WLAN, Buchungsservice für Air-and-Rail-Tickets und internationalen Zeitungen. Erstklassiges, ebenso zeitgemäßes Restaurant und Bar im Haus.

222 B3 Corse Vittorio Emanuele II 54
01 1 53 91 53; www.starhotels.com

Victoria €€

Drei-Sterne-Hotel in Altstadtnähe mit dem Flair eines Privathauses, geschmackvoll möbliert mit Antiquitäten, floralen Stoffen und Kuschelsofas. Beheizter Pool und Spa (Sauna, Hamam). Zu Fuß erreichbar: Theater, Läden und einige der besten Restaurants der Stadt.

222 B3 Via Nino Costa 4
01 15 61 19 09; www.hotelvictoria-torino.com

Wohin zum ...
Essen & Trinken?

Preise
Für ein Drei-Gänge-Menü ohne Getränke:
€ unter 30 Euro **€€** 30–60 Euro **€€€** über 60 Euro

AOSTA (GRAN PARADISO)

Vecchio Ristoro €€–€€€
Kleine Trattoria mit kreativer regionaler Küche, wie gebackenen Zucchini-Blüten, frischen Wildpilzen und Wildkaninchen.
222 B4 Via Tourneuve 4
01 6 53 32 38; www.ristorantevecchioristoro.it
Mo 19.30–22, Di–Sa 12.30–14.30, 19.30–22 Uhr, Juni und Anf. Nov. geschl.

MILANO

Cantina della Vetra €€
Unprätenziöses Restaurant mit typisch italienischer Küche auf Spitzenniveau und mit frischesten Zutaten: von den *antipasti*, bis zu den *dolci*; eine Auswahl offener Weine kann man gleich hinter der Glastüre probieren.
223 E4
Via Pio IV 3, Ecke Piazza Vetra
02 89 40 38 43; www.cantinadellavetra.it
19.30–23 sowie Sa 12–15 Uhr, So 12–16 Uhr; geschl. 2 Wochen im Aug.

Da Gaspare €€
Bestes Fischrestaurant der Stadt, mit erfreulich zivilen Preisen. Klein, laut und voll mit Stammgästen, die sich an (marktabhängig) täglich wechselnden Gerichten delektieren. *Antipasto misto* bietet gegrillte Calamari, Schellfisch in Öl und gekochten Oktopus, empfehlenswert als Hauptgerichte sind etwa Lachs-Carpaccio oder Schwertfisch vom Grill.
223 E4 Via Carlo Ravizza 19
02 48 00 64 09; www.ristorantedagaspare.com
Do–Di 12–14.30, 19–23.30 Uhr

Innocenti Evasioni €€–€€€
Lokal mit schönem Gastgarten, wo zwei Weltenbummler am Herd stehen und »Unschuldige Kleine Fluchten« auftischen: italienische Kost mit asiatischen Einflüssen, subtil abgeschmeckt und appetitlich-ansehnlich angerichtet.
223 E4 Via Priv della Bindellina
02 33 00 18 82; http://innocentievasioni.com
Mo, Di, Do–Sa 12–15, 19.30–22.30, So 12–15 Uhr

Il Luogo di Aimo e Nadia €€€
Schmackhafte, preisgekrönte italienische Küche (auf entsprechendem Preisniveau) servieren hier Signor Aimo und seine Gattin Nadia, mit Schwerpunkt auf Gerichten Mittelitaliens und frischen Kräutern. Exzellent die hausgemachten Eiernudeln mit Trüffeln, als Einstimmung zu getrüffeltem Kalbfleisch, Schwertfisch vom Blitzgrill oder Rinder-Tatar.
223 E4 Via Montecuccoli 6
02 41 68 86; www.aimoenadia.com
Mo–Fr 12.30–14, 19.30–22, Sa 19.30–22 Uhr; im Aug. geschl.

Trattoria Ottimofiore €€
Kleiner sizilianischer Familienbetrieb im Herzen von Milanos (zunehmend angesagter) Chinatown. Aparte *antipasti* mit knusprigen Fischchen, Sardellen in Olivenöl, Ziegenkäse und sonnengetrockneten Tomaten. Zu Hauptgerichten wie Schwertfisch, Seeteufel und Thunfisch gibt es eine kleine Auswahl von Hausweinen aus Sizilien.
223 E4 Via Bramante 2
02 33 10 12 24 Mo–Sa 12.30–15, 20–23 Uhr; im Aug. geschl.

MANTOVA

Osteria da Bice la Gallina Felice €–€€

Zu den kulinarischen Spezialitäten Mantovas gehören etwa Hecht mit grüner Sauce oder Ravioli mit Kürbisfüllung, wie man sie in dieser beliebten, gemütlichen Osteria bekommt. An weiß gedeckten Tischen genießt man hier durchweg exzellente Küche.

224 B2 Via Carbonati 4/6
03 76 28 83 68 Mo geschl.

BERGAMO

Al Donizetti €–€€

Bestes Restaurant in der historischen Oberstadt, benannt nach dem berühmten Opern-Komponisten aus Bergamo. Norditalienische Gerichte: Wurst/Schinken- und Käsespezialitäten (auch als Probierteller), Pasta (*Casoncelli alle bergamasca*: Ravioli mit Fleisch-Käse-Füllung), Trüffel-Risotto, Wild oder markante Käse (Taleggio, Robiola), serviert im rustikalen Innenraum oder hübschen Innenhof. Umfangreiche Weinkarte.

223 E4 Via Gombito 17a
035 24 26 61; www.donizetti.it
tägl. 11–24 Uhr, Sa 11–0.30 Uhr

MONTEROSSO (CINQUE TERRE)

L'Ancora della Tortuga €–€€

Küche und Speisesaal dieses Lokals sind untergebracht in einem ehemaligen Weltkriegsbunker, wovon man als Gast auf der Aussichtsterrasse aber wenig merkt. Die Karte ist typisch ligurisch, mit Schwerpunkt auf Fisch und Meeresfrüchten – und gekocht wird hier ausgezeichnet: Während der italienischen Ferien ist Reservierung dringend erforderlich.

223 E1
Salita Cappuccini 6 01 87 80 00 65
tägl. mittags und abends

GENOVA

La Madeleine €–€€

Anspruchsvolle, leichte junge Küche in freundlichem Ambiente mit apartem Kunst-Dekor – hier genießt man etwa sautierte Thunfisch-Steaks, Lasagne oder *linguine alla Genovese* (Bandnudeln mit Basilikum-Pesto). Dazu italienisches Bier vom Fass oder ein Gläschen Wein aus den Flaschen an der Bar.

223 D2 Via Maddalena 103
01 02 46 53 12 Di–So 12–15, 18–3 Uhr

TORINO

Caffè al Bicerin €–€€

Eines jener kleinen, feinen Cafés (gegründet 1763), das im Laufe seiner Geschichte berühmte Persönlichkeiten anzog, wie Alexandre Dumas oder Italo Calvino. Das gleichnamige Traditionsgetränk aus dem Piemont, eine Espresso-Variation, bei der sich Schichten aus Trinkschokolade und Sahne nicht vermischen dürfen, ersetzt eine kleine Mahlzeit und lässt sich drinnen im winzigen Raum mit alles beherrschender Theke wie draußen auf dem kleinen Platz stimmungsvoll genießen.

222 B3 Piazza della Consolata 5
01 14 36 93 25; www.bicerin.it
Do–Di 8–19.30 Uhr; geschl. im Aug.

Tre Galline €€

Seit Jahrhunderten beköstigt das Restaurant »Drei Hennen« schon Gäste – im Barock-Palais nahe der Piazza Giulio werden Piemonteser Spezialitäten gereicht, neben obligatorischen *agnolotti* (gefüllte Teigtaschen) Eintöpfe wie *Bollito misto* (mit Fleisch) und *Finanziera* (mit Innereien) oder *Bagna cauda* (Gemüse im Sardellen-Knoblauch-Dip), und auch die Käse-Auswahl ist vom Feinsten.

222 B3 Via Bellezia 37
01 14 36 65 53; www.3galline.it
Mo–Fr 19.30–23, Sa 12.30–14.30, 19.30–23 Uhr; im Juli geschl.

Wohin zum … Einkaufen?

Manche Einkaufsmeilen im arbeitsamen, wohlhabenden Nordwesten zählen sicherlich zu den attraktivsten Europas – vor allem in Milano und Torino, doch findet man auch in kleineren Städtchen hinreißende Läden für Mode oder Kunstgewerbe.

Stets einen Besuch wert sind die hiesigen Lebensmittel- und großen **Wochenmärkte**, mit umfangreichem Sortiment – von Lebensmitteln über Haushaltswaren hin zu (gefälschten!) Designer-Textilien.

Milanos magisches Quadrat zum Einkaufen ist der **Quadrilatero d'Oro** um die **Via Monte Napoleone**. Alle Modemarken von Rang geben sich dort ein Stelldichein, dazu Antiquitätenläden, Juweliere und Kunstgalerien. Etwas günstiger sind die Geschäfte am **Corso Buenos Aires**. Für preisbewusste Mode-Fans lohnt ein Streifzug durch die *blochisti*, große Konfektions-Warenhäuser, die Artikel der letzten Saison zum halben Preis verkaufen. Heruntergesetzte Designer-Ware lässt sich auch auf dem Samstagsmarkt am **Viale Papiniano** erstehen.

Auch was Kaufhäuser und Edelmarkenketten angeht, sind die oberitalienischen Großstädte verwöhnt: Etagenweise Damen- und Herrenkonfektion bieten **La Rinascente** und **Coin** neben Haushaltsartikeln und Accessoires, etwas preiswerter (doch typisch italienisch) sind **Upim** und **Standa**, die auch Kosmetika und Körperpflegeprodukte im Sortiment haben. Überall vertreten sind die Mode-Marken **Max Mara**, **Benetton**, **Sisley** und **Stefanel** sowie die entzückende (und erschwingliche) Unterwäsche von **Intimissimi**, neben der (teureren) **La Perla**. Ein gutes Mitbringsel sind auch Lederwaren wie Schuhe, Taschen, Gürtel und Reisegepäck – soll es etwas Ausgefallenes sein, empfiehlt sich die Marke **Mandarina Duck**, ohne zu sehr den Geldbeutel zu schmälern.

In kleineren Städten findet sich meist eine ganze Reihe guter **Kunstgewerbeläden**, die zum Beispiel vergoldete Bilderrahmen und Spiegel führen, außerdem schönes Geschirr und typisch italienische Decken und Kissen in Samt und Brokat.

Größter Buchhändler Italiens ist die Kette **La Feltrinelli** (zugleich einer der bedeutendsten Verlage), mit großem, auch fremdsprachigem Angebot und einer immensen Auswahl prächtiger Kalender (www.lafeltrinelli.it).

Synonym für Schokolade ist **Turin**, dessen Läden oft wahre Kunstwerke darstellen – die süßen Kostbarkeiten (wie *gianduia* oder *gianduiotti*) kann man dort auch schön verpacken lassen.

Für Badesachen und lässige Freizeitmode sind die Boutiquen der **Cinque Terre** (► 96) eine gute Anlaufstelle. In den Fischerörtchen hier bekommt man auch Angel- und Tauchausrüstung, Kinderspielzeug sowie handgefertigte Keramik.

Mehr oder minder dasselbe erwartet einen in den Städten am Lago di Como, Maggiore und Garda – nur entsprechend regional gefärbt. Spezialität von **Como** ist **Seide**, die man als Stoffbahn, Schal und in anderer Form erhält.

Besucher des **Parco Nazionale del Gran Paradiso** können sich über eine reiche Auswahl an Outdoor- und Wintersport-Produkten freuen. Nicht umsonst genießen die Italiener weltweites Renommee als Hersteller von Wanderstiefeln, Skiern und Skianzügen.

Wohin zum ... Ausgehen?

Mailand, die unbestritten reichste und schnelllebigste Stadt im Norden Italiens, hat natürlich auch bei der Unterhaltung die Nase vorn. Allein aus diesem Grund kommen zahlreiche Besucher jedes Jahr hierher – besonders gern zu einer Opern-Aufführung in der berühmten »Scala« (eigtl. Teatro alla Scala, ➤ 88; Spielzeit jeweils von Dezember bis Juli, rechtzeitige Buchung unbedingt erforderlich), wo außerhalb der Saison auch Konzerte stattfinden.

Auch Cineasten hat Milano Einiges zu bieten, mit diversen **Kinos**, die Autoren-Filme oder Filme in Originalsprache zeigen. Interessante **Clubs** und **Musikbühnen** finden sich vorwiegend in den Vierteln **Brera**, **Navigli** und **Ticinese** (Näheres bei der Touristen-Information).

Torino gibt sich zwar weniger quirlig als Milano, ist hinsichtlich Live-Musik aber auch nicht von gestern, was vor allem für das **Murazzi-Viertel** am Fluss gilt.

Ein großes Ereignis ist jedes Jahr das Festival **Settembre Musica** (www.mitosettembremusica.it) mit klassischem und modernem Angebot, Jazz und Weltmusik. In Turin beheimatet ist ferner das **RAI National Symphony Orchestra** (www.orchestrasinfonica.rai.it), mit Auftritten im Centro Lingotto, einer von Renzo Piano spektakulär umgestalteten einstigen FIAT-Fabrik. Das hiesige Opernhaus **Teatro Regio** (www.teatroregio.torino.it) zählt zu den besten des Landes.

Sehenswert in der Adventszeit ist die **Illuminazione** (Weihnachtsbeleuchtung) an den Einkaufsstraßen und Plätzen am Po.

In **Genova** steht an der Piazza de Ferrari mit ihren zahlreichen Bars und Cafés das Opernhaus **Teatro Carlo Felice** (www.carlofelice.it). Über Live-Musik und Clubs orientiert man sich am besten in der lokalen Tagespresse *Il Secolo XIX* (www.ilsecoloxix.it).

Ansonsten geht es hier in punkto Abendunterhaltung nicht eben aufregend zu, abgesehen von Sommer-Konzerten, sowie verstreuten Nachtlokalen und Hotel-Bars – am besten fragt man in der Touristen-Information.

Sportlern bieten sich vielfältige Möglichkeiten: **Skilaufen** im Gebiet um den **Parco Nazionale del Gran Paradiso** nordwestlich von Aosta, besonders bei Courmayeur, und im Park selbst werden lange Loipen gespurt. Hinzu kommen im nordwestitalienischen Alpengebiet mehrere kleine Wintersportorte, wo man auch snowboarden kann.

Vielfältige Gelegenheit zu **Wassersport**, wie Schwimmen, Rudern und Segeln, findet man an der Küste wie an den meisten Seen (**Lago di Como**, **Lago di Garda** oder **Lago Maggiore**). Im umliegenden Hügelland werden auch schöne **Reit-Ausflüge** angeboten. Zudem gibt es fast überall gut markierte **Wanderwege** mit fantastischen Ausblicken (oft mit lokalen Bussen gut erreichbar) oder anspruchsvolle **Klettersteige** höher im Gebirge (Informations- und Kartenmaterial für Freizeitwanderer und Kletterprofis überall in den Besucherzentren).

Ein richtiges Wassersport-Paradies sind die **Cinque Terre**, wo man schwimmen, schnorcheln, tauchen und Boot fahren kann.

Der Nordosten

Kleine Erlebnisse

Venezianische Preziosen

Auf **Murano** (➤ 114) in der Lagune von Venedig können Sie **Glasbläsern** beim Fertigen ihrer kunstvollen Produkte zuschauen.

Shakespeare in Love?

Ein zarter Kuss in Erinnerung an Shakespeares Liebespaar Romeo und Julia unter dem Balkon der **Casa di Giulietta** in **Verona** (➤ 117).

Byzantinischer Goldrausch

Vor allem im Sonnenlicht sind sie überwältigend, die byzantinischen Goldgrund-**Mosaiken** der Basilica di San Vitale in **Ravenna** (➤ 122).

Erste Orientierung

Flach und fruchtbar, im Winter neblig und oft ausgedörrt im Sommer erstreckt sich die Po-Ebene im Nordosten Oberitaliens – vorwiegend landwirtschaftlich genutztes Gebiet, dessen Reichtümer die Gründung ansehnlicher Städte begünstigten. Im Norden wird die Landschaft hügelig, mit üppigen Weingärten, geht über ins alpine Südtirol (Alto Adige), wo auch Deutsch gesprochen wird. Ganz im Osten wiederum, in Friuli-Venezia Giulia (Friaul-Julisch Venetien), grenzt Italien an den slawischen Kulturbereich.

Synonym für die Lagunenstadt: Gondolieri in Venedig

Millionen Besucher zieht es jährlich in die Lagunenstadt Venedig – einmalig durch ihre Lage und berückend in ihrer morbiden Schönheit. Die Universitätsstadt Padova (Padua) auf dem Festland wiederum rühmt sich wunderbarer Fresken Giottos.

Noch weiter im Westen, nahe Lago di Garda, wartet das geschäftige Verona mit Opern-Festspielen in seiner römischen Arena auf, während Vicenza Heimat des genialen Renaissance-Architekten Andrea Palladio war.

Im Süden thront das stolze, historische und zugleich ganz heutige Bologna als Hauptstadt der Emilia-Romagna, das ein wenig nördlich hiervon gelegene Parma ist Namengeberin berühmter Käse und Schinken. Schon an der Adria im Osten sonnt sich Ravenna, ehemals Sitz des weströmischen Kaiserhofs und Hort schönster byzantinischer Mosaiken, und ganz im Norden prangt die bizarre Felslandschaft der Dolomiten, ein Eldorado für Wanderer und Wintersportler.

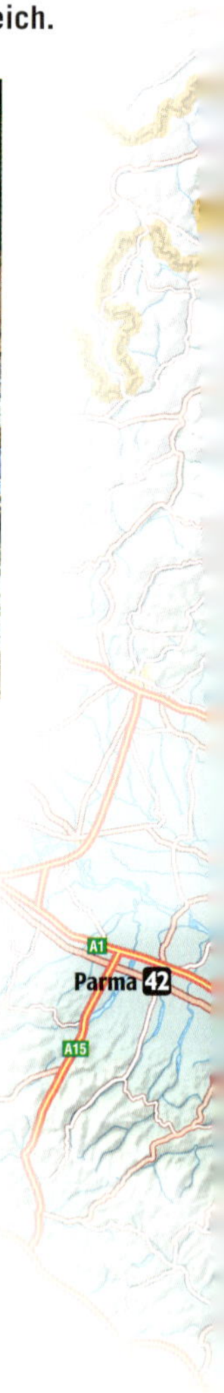

TOP 10

1 Venezia ➤ 110
6 Verona ➤ 117

Nicht verpassen!

37 Dolomiti ➤ 119

Nach Lust und Laune!

38 Vicenza ➤ 121
39 Padova ➤ 121
40 Ravenna ➤ 122
41 Bologna ➤ 122
42 Parma ➤ 122

In fünf Tagen

Die folgende Route ist eine Möglichkeit, wie Sie einige der interessantesten Sehenswürdigkeiten des Nordostens in fünf Tagen besuchen können. Weitere Informationen finden Sie unter den Haupteinträgen (➤ 110ff).

Erster Tag

Vormittag

Beginnen Sie die Tour mit einem Bummel durch das hübsche 42 **Parma** (➤ 122) und vielleicht einem Besuch des Teatro Farnese.

Nachmittag und Abend

Über die A1 geht es nach 41 **Bologna** (➤ 122) mit mittelalterlichen Türmen und Neptunbrunnen, danach zu Abendspaziergang und Übernachtung über die A13 Richtung Norden nach 39 **Padua** (➤ 121).

Zweiter Tag

Vormittag

Die Morgenvisite sollte Giottos herrlichen Fresken in der Cappella Scrovegni (Arenakapelle) gelten, bevor es auf der A4 weitergeht Richtung Palladiostadt 38 **Vicenza** (➤ 121) zu Sightseeing und Mittagessen.

Nachmittag und Abend

In ★6 **Verona** (➤ 117f; oben) Richtung Westen auf der A4 kann man nach Besichtigung von Arena, Castelvecchio und San Zeno abends entspannt die Piazza delle Erbe und die Piazza dei Signori genießen.

Dritter Tag

Vormittag und Nachmittag

Fahren Sie von Verona nordwärts über die A22 Richtung 37 **Dolomiti** (Dolomiten, ➤ 119; links), wobei sich ein Zwischen-Stopp in Trento (Trient) lohnt. Von Bolzano

(Bozen) führt die herrliche Panoramastraße **Grande Strada delle Dolomiti** weiter ins Hochgebirge – eine lange Fahrt, jedoch der Mühe wert, vor allem, wenn man insgesamt wenig Zeit für die Gegend hat.

Abend

Nehmen Sie Quartier in **Cortina d'Ampezzo** (➤ 120).

Vierter Tag

Vormittag

Frühmorgens Aufbruch nach ★ **Venezia** (Venedig, ➤ 110ff), vom Ponte delle Alpi über die A27. Parken Sie in Venedig Ihren Wagen auf dem Festland, dann geht es per Zug, Bus oder Taxi ins Zentrum.

Nachmittag

Verschaffen Sie sich entspannt einen ersten Eindruck, vielleicht durch eine *Vaporetto*-Fahrt den Canal Grande (unten) entlang.

Abend

Streifzug durch das Labyrinth der Gassen, Plätze und Brücken bis zum Abendessen.

Fünfter Tag

Vormittag

Besichtigung der Basilica di San Marco, des Campanile und des Palazzo Ducale.

Nachmittag

Genießen Sie die einmalige Kunst und Kultur Venedigs, anhand von Accademia, Collezione Peggy Guggenheim, Ca' Rezzonico oder Ca' d'Oro.

Abend

Bummeln, shoppen und entspannt zu Abend essen.

Venezia

Einmalig auf der Welt ist diese stolze, malerische Stadt im Wasser, erbaut auf Inseln der Lagune und durchzogen von zahllosen Kanälen, an denen sich Bauten aus acht Jahrhunderten reihen. Außer der Pracht weiter Plätze und monumentaler Bauten, wie an der Piazza San Marco mit dem gleichnamigen Dom oder am Canal Grande, sollte man – per Wassertaxi *(vaporetto)* und zu Fuß – auch die verborgenen Schätze Venedigs erkunden.

Rund um die Piazza San Marco

Die Piazza San Marco (Markusplatz), gesäumt von glanzvollen Arkadenbauten (16./17. Jh.), überragt von der **Basilica di San Marco** (Markusdom), ist das Herz Venedigs. Vom **Campanile** (Glockenturm, Rekonstruktion des Originals von 1514) genießt man einen herrlichen Blick über Stadt und Lagune. Der 1063–1094 erbaute Dom mit seinen fünf Kuppeln beherbergt angeblich die sterblichen Überreste des hl. Markus, des Schutzheiligen der Stadt. Zu seinen Highlights gehören neben 4000 m² prunkvollen Mosaiken die *Pferde von San Marco*, ein aus Konstantinopel geraubter vergoldeter römischer Vierspänner, und die *Pala d'Oro* (Goldaufsatz des Hochaltars).

Der südlich gelegene **Palazzo Ducale** (Dogenpalast, ➤ 112), mit opulenten Repräsentationsgemächern, Raumfluchten und Innenhöfen, war zur Blütezeit Venedigs Regierungssitz. Bemerkenswert vor allem die *Scala d'Oro* (Goldene Treppe), die in die Privaträume der Dogen führt, die von Jacopo Tintoretto ausgestaltete *Sala del Maggior Consiglio* (Ratssaal) und der berühmte **Ponte dei Sospiri** (Seufzerbrücke) hinüber ins Staatsgefängnis.

Die Basilica di San Marco entstand nach byzantinischem Vorbild als Zentralbau mit fünf Kuppeln

Gasse in Venedig

Am Canal Grande

Am besten mit einem *Vaporetto Nr. 1* erkundet man das atemberaubende Panorama des *Canal Grande* mit seinen ehrwürdigen Palazzi, wie dem **Palazzo Vendramin-Calergi** (im Winter Spielcasino) oder der stolzen **Ca' Pesaro** (1652) von Baldassare Longhena. Bedeutendstes gotisches Palais ist die **Ca' d'Oro** (Goldenes Haus) mit einem exzellenten kleinen Museum.

Venedigs berühmteste Brücke, der **Ponte di Rialto** (1588–91), ist nach dem alten Handelsviertel mit lebendigem Markt für Fisch, Obst und Gemüse benannt. Nahebei kann man die schmucken Fassaden der **Ca' Rezzonico** (Museum des 18. Jhs.) und des **Palazzo Grassi** bewundern, eines der prächtigsten Bauwerke am Kanal. In den **Gallerie dell'Accademia** ist venezianische Malerei von Gotik bis Rokoko ausgestellt, darunter Werke von Bellini, Tintoretto, Veronese, Giorgione, Carpaccio, Tizian und Tiepolo. Eine hinreißende Sammlung moderner Kunst, die **Collezione Peggy Guggenheim,** lockt wiederum Besucher ins ehemalige Domizil der amerikanischen Millionärin. Nicht weit von hier dominiert der riesige barocke Kuppelbau der Kirche **Santa Maria della Salute** (1631) von Baldassare Longhena den Übergang vom Canal Grande zum Bacino di San Marco.

Weitere Sehenswürdigkeiten

Viele Meisterwerke venezianischer Kunst findet man in Kirchen. In der gotischen Franziskaner-Kirche **Santa Maria Gloriosa dei Frari**, kurz Frari (»Brüder«, vollendet 1443), im Dorsoduro-Viertel etwa beeindrucken Tizians monumentales Hochaltargemälde *Himmelfahrt Mariä* (1518) und dessen *Madonna Pesaro* (1526) neben einer heiteren *Madonna mit Kind und Heiligen* (»Pesaro-Triptychon«) Giovanni Bellinis. Die **Scuola Grande di San Rocco** ganz in der Nähe, einst Sitz einer karitativen Bruderschaft *(scuola)*, schmücken 56 alt- und neutestamentliche Szenen ihres einstigen Mitglieds Tintoretto.

Die Dominikaner-Ordenskirche **Basilica di Santi Giovanni e Paolo** in Castello (1246–1430) glänzt mit Glasfenstern und prächtigen Dogen-Grabmalen. Weitere Gemälde Tintorettos (der hier begraben liegt) birgt **Madonna dell'Orto** im Viertel Cannaregio. Hier liegt auch das älteste Ghetto der Welt, *Campo del Ghetto Nuovo,* in das 1516 die 700 in Venedig lebenden Juden umsiedeln mussten.

Interessant sind auch Venedigs Plätze, die ***Campi***, Zentren öffentlichen Lebens im jeweiligen Quartier (Campo Santa Margherita, Santo Stefano, Santa Maria Formosa,

Venedig: Palazzo Ducale

Anfang des 9. Jhs. wurde der Verwaltungssitz Venedigs an den Canal Grande verlegt und ein erster Dogensitz errichtet, wo noch heute der Palazzo Ducale steht – Domizil des amtierenden Dogen, Regierungssitz der Serenissima, Gericht, Gefängnis und Waffenlager.

❶ **Balkon zur Piazzetta:** Der Balkon der Westfassade wurde im 15. Jh. ergänzt. Von hier aus nahm der Doge an Hinrichtungen teil, die auf der Piazzetta stattfanden.
❷ **Südfassade:** Ältester Teil und Schauseite des Dogenpalasts ist dessen Südfassade. Die beiden Gebäudeecken akzentuieren Figurengruppen aus dem 14. Jh.
❸ **Cortile:** Betrat man früher den Komplex durch die *Porta della Carta*, so gelangt man heute durch die *Porta del Frumento* (auf der der Lagune zugewandten Seite) direkt in den Innenhof mit seinen beiden Bronzebrunnen.
❹ **Arco Foscari:** Gegenüber der *Scala dei Giganti*, auf der die Krönungszeremonien für den Dogen stattfanden, öffnet sich mit dem Arco Foscari ein reich mit Skulpturen dekorierter Bogengang.
❺ **Sala del Maggior Consiglio:** Im eindrucksvollsten Raum des Palazzo fanden die Versammlungen des Großen Rates statt, wurden Dogen gewählt, Regierungsmitglieder und hohe Staatsbeamte in ihre Ämter eingeführt. Die Ausmalung entstand 1577 nach einem Brand. Ein Fries unterhalb der Decke zeigt Porträts der ersten 76 Dogen. Ein schwarzer Vorhang verdeckt die Stelle, wo das Bildnis des Marino Falier hängen sollte, der 1355 als Verräter hingerichtet wurde. Die Thronwand schmückt Tintorettos *Paradies*, eines der größten Ölgemälde der Welt.
❻ **Appartamento Ducale:** Im Ostflügel lagen die Wohnräume der Dogen, die von diesen beim Einzug mit eigenen Möbel ausgestattet wurden.
❼ **Sala dello Scrutinio:** Hier wurden die öffentlichen Wahlen durchgeführt.
❽ **Museo dell'Opera:** Im Museum zur Dokumentation der Baugeschichte sind Kapitelle (14. Jh.) ausgestellt, die einst die Palastfassaden schmückten (dort durch Kopien ersetzt).

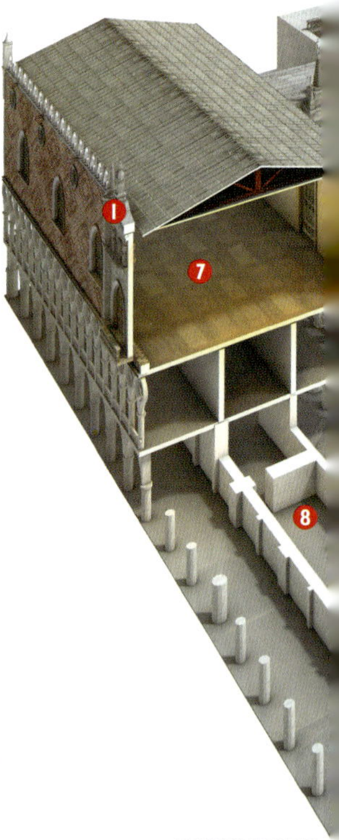

©BAEDEKER

9 Ponte della Paglia: Von der »Strohbrücke« über den Rio di Palazzo, einer der ältesten Brücken Venedigs (Mitte 14. Jh.), blickt man auf die »Seufzerbrücke« *Ponte dei Sospiri*. Über diese gelangten die Häftlinge vom Palast ins neu erbaute Staatsgefängnis.

10 »Trunkenheit Noahs«: Die prächtige Skulpturengruppe an der Südostecke (14. Jh.) als Symbol menschlicher Schwäche ist nur eines von zahllosen prächtigen Fassadendetails.

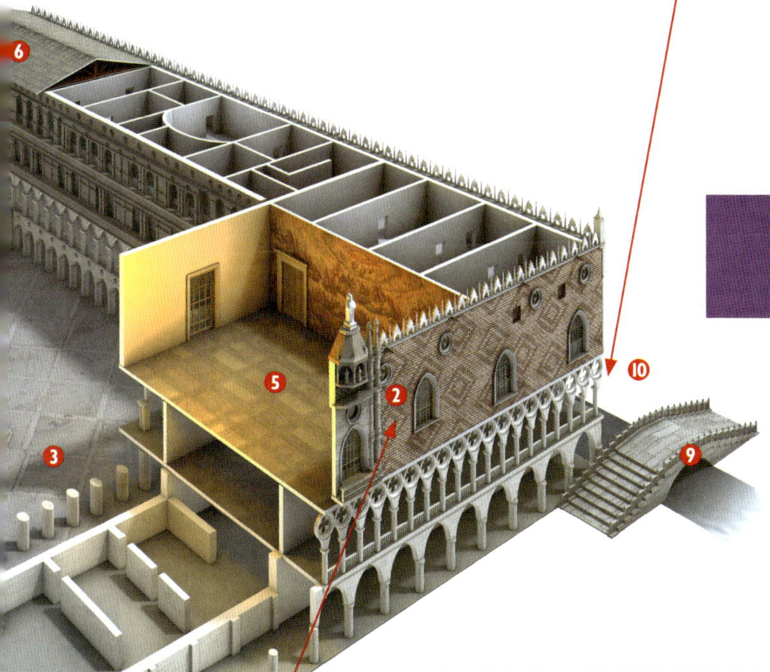

Von der Lagune aus schaut man auf die Südfassade des Dogenpalastes

San Polo oder San Giacomo dell'Orio). Man sollte sich Zeit nehmen für einen Bummel entlang der Kais an der Lagune – den Sonnenuntergang genießt man am besten von der Uferpromenade **Zattere**.

Die Inseln in der Lagune

Die gut 500 km² große Lagune ist übersät mit Inseln und Inselchen – viele bewohnt und manche eigene Mikrokosmen, wie die im Norden gelegenen Inseln Murano, Burano und Torcello. **Murano** ist seit Jahrhunderten Zentrum der Glasbläserei: 1291 errichtete die Republik Venedig dort den ersten Brennofen, und im *Museo del Vetro* sowie in vielen Manufakturen erfährt man eine Menge über die örtliche Geschichte dieses Handwerks. 40 Schiffsminuten nördlich gelangt man zur winzigen Insel **Burano**, mit Fischerbooten und bunt gestrichenen Häusern. Der Fang kommt in den Lokalen auf den Tisch, und in den Läden findet man als handwerkliche Spezialität Buranos feine Nadelspitze.

Nur fünf Minuten mit dem Vaporetto sind es nach **Torcello**, Venedigs ältester Siedlung aus dem 5. Jh., als Bewohner des Festlands Zuflucht suchten vor marodierenden Barbaren. Später wurden die Bewohner durch Malaria dezimiert. Vom einstigen Glanz künden nur noch zwei Kirchen aus dem 11. Jh.: **Santa Fosca** (mit Reliquien der Märtyrerin) und **Basilica di Santa Maria Assunta** (herrliche Mosaiken der *Jungfrau mit Kind* und des *Jüngsten Gerichts*).

---

225 D2

Touristen-Information
Piazza San Marco 71f · tägl. 9–15.30 Uhr · Vallaresso, San Zaccaria
www.veniceconnected.com/de (dort auch Hinweise zu Museumspässen und Angeboten für Kinder); www.visitmuve.it; www.chorusvenezia.org

Blick von Torcello über die Lagune auf die vom Campanile di San Martino überragte Insel Burano

Basilica di San Marco
Piazza San Marco; www.basilicasanmarco.it
Basilica, Pala d'Oro: Ostern bis Mitte Nov. Mo–Sa 9.45–19, So 14–17; Mitte Nov. bis Ostern Mo–Sa 9.45–17, So 14–16 Uhr Vallaresso, San Zaccaria
Basilica: frei; Museo di San Marco: 4/2 Euro; Pala d'Oro: 2/1 Euro; Schatzkammer: 3/1,50 Euro

Campanile
Piazza San Marco; www.basilicasanmarco.it
Juli–Sept. tägl. 9–21; Ostern–Juni, Okt. 9–19; Nov.–Ostern 9.30–15.45 Uhr. Geschl. drei Wochen im Jan.
Vallaresso, San Zaccaria 8/4 Euro

Seit dem 13. Jh. ist Murano berühmt für kunstvoll geblasenes, kostbares Glas

Palazzo Ducale
Piazza San Marco 1 04 12 71 59 11; palazzoducale.visitmuve.it
Apr.–Okt. 8.30–19; Nov.–März 8.30–17.30 Uhr
Vallaresso, San Zaccaria 16/8 Euro

Ca' d'Oro
Cannaregio 3932 04 15 20 03 45; www.cadoro.org
Mo 8.15–14, Di–Sa 8.15–19.15, So 10–18 Uhr Ca' d'Oro
12/9 Euro (+1,50 Vorverkaufsgebühr)

Ca' Rezzonico
Dorsoduro 3136 04 12 41 01 00; carezzonico.visitmuve.it
Apr.–Okt. Mi–Mo 10–18 (Einlass bis 17 Uhr); Nov.–März 10–17 Uhr (Einlass bis 16 Uhr) Ca' Rezzonico 8/5,50 Euro

Gallerie dell'Accademia
Campo della Carità, Dorsoduro 1050; www.gallerieaccademia.org
Mo 8.15–14, Di–So 8.15–19.15 Uhr (Einlass bis 45 Min. vor Schließung)
Accademia 9/6 Euro (+1,50 Vorverkaufsgebühr)

Collezione Peggy Guggenheim
Palazzo Venier dei Leoni, Dorsoduro 701 04 12 40 54 11; www.guggenheim-venice.it
Mi–Mo 10–18 Uhr
Accademia, Salute 14/11 Euro

Basilica di Santa Maria della Salute
Campo della Salute 04 12 41 10 18; www.seminariovenezia.it
tägl. 9–12, 15–17.30 Uhr
Salute Basilica: frei. Sakristei: 3 Euro

Basilica di Santa Maria Gloriosa dei Frari
Campo dei Frari 3072; www.basilicadeifrari.it
Mo–Sa 9–18, So 13–18 Uhr
San Tomà 3/1,50 Euro

Scuola Grande di San Rocco
San Polo 3052
www.scuolagrandesanrocco.it
San Tomà 10/8 Euro

Basilica dei Santi Giovanni e Paolo
Castello 6363; www.basilicasantigiovanniepaolo.it
Mo–Sa 9–18, So 12–18 Uhr Ospedale 2,50/1,25 Euro

Madonna dell'Orto
Cannaregio 3512 04 1 71 99 33; www.madonnadellorto.org
Mo–Sa 10–17 Uhr Orto 2,50/2 Euro

Museo del Vetro, Murano
Fondamenta Giustinian 8 04 1 73 95 86; museovetro.visitmuve.it
Apr.–Okt. tägl. 10–18; Nov.–März 10–17 Uhr (Einlass bis 30 Min. vor Schließung) Murano 8/5,50 Euro

Basilica dei Santa Maria Assunta, Torcello
Piazza di Torcello; www.venetoinside.com
März–Okt.tägl. 10.30–18; Nov.–Febr. 10–17 Uhr (Einlass bis 30 Min. vor Schließung) Torcello 5/4 Euro

Santa Maria Gloriosa dei Frari: Das aufwendig geschnitzte Chorgestühl wurde 1468 vollendet

BAEDEKER TIPP

- Den **Vaporetto Pass** gibt es für 12, 24, 36 und 48 Stunden, 3 oder 7 Tage. Vor dem ersten Fahrtantritt im gelben Kasten an der Anlegestelle entwerten. Auch im Voraus online zu erwerben unter: www.hellovenezia.it.
- Erkunden Sie auf alle Fälle auch das **authentische Venedig** jenseits ausgetretener Touristenpfade, selbst auf die Gefahr, sich ein wenig zu verlaufen!

6 Verona

Die schöne Altstadt von Verona (seit 2000 Unesco-Weltkulturerbe), malerisch an einer Schleife der Adige (Etsch) gelegen, geht zurück auf die römische Antike, was sofort ins Auge fällt durch das monumentale Amphitheater, alljährlich im Sommer überlaufen bei den beliebten Opern-Aufführungen.

Stimmungsvolle Altstadt

Größter Platz im schmucken Häuserensemble der historischen Altstadt ist die turbulente Piazza Brà, dominiert vom römischen Amphitheater der **Arena** (1. Jh.). Mit seinen 44 Stufenreihen bietet es 22 000 Zuschauern Platz. Über die Via Mazzini gelangt man zur lang gestreckten, **Piazza delle Erbe**, wo vor der Kulisse malerischer Palazzi aus unterschiedlichen Epochen wochentags ein Markt stattfindet. Nicht weit, die Via Cappello hinunter, wartet als Attraktion die **Casa di Giulietta** (Haus der Julia) – angeblich Schauplatz von Shakespeares Tragödie *Romeo und Julia* um die verliebten Kinder verfeindeter Familien (der berühmte Balkon wurde erst 1935 angebaut!).

Die östlich gelegene **Piazza dei Signori** war das weltliche Machtzentrum mit dem 1194 erbauten **Palazzo del Comune**. Er wird von der 83 m hohen **Torre dei Lamberti** (mit schöner Aussicht) überragt. Die die Ostseite des Platzes abschließenden gotischen Loggienbauten der **Arche Scaligere** beherbergen Grabstätten der einst in Verona herrschenden Scaliger-Familie.

Piazza delle Erbe in Verona

Richtung Norden

Nördlich erheben sich die elegante gotische Bettelordenskirche **Sant'Anastasia** (1290–1481) und der **Dom** Santa Maria Matricolare (12. Jh.). Als Rekonstruktion einer römischen Brücke führt der **Ponte della Pietra** zum **Römischen Theater** am anderen Ufer, Aufführungsort sommerlicher Veranstaltungen.

Richtung Westen

Auf die Scaliger gehen auch das trutzige **Castelvecchio** (heute Kunstmuseum) und der zinnengekrönte **Ponte Scaligero** zurück. In der Nähe liegt die romanische **Basilica San Zeno Maggiore**, die mit ihrem Glockenturm als eine der schönsten Kirchen Norditaliens gilt.

KLEINE PAUSE

Empfehlenswert das **Caffè Coloniale** (Piazza Francesco Viviani 14/c).

Blick ins gotische Hauptschiff von Sant'Anastasia

224 C4–D5

Touristen-Information
Via degli Alpini 9 (Piazza Brà); www.turism.verona.it/de; Infos zu Verona Card, Provinz Verona, Gardasee u. a.
Mo–Sa 9–18/19, So 9–16 Uhr

Arena
Piazza Brà 04 58 00 32 04; Kartenvorverkauf 04 58 00 51 51; www.arena.it
tägl. 8.30–19.30, Mo ab 13.30 Uhr, an Tagen mit Vorstellung bis 17 Uhr ermäßigt Okt.–Mai jeden 1. So im Monat Okt.–Mai

Casa di Giulietta
Via Cappello 23 04 58 03 43 03
Di–So 8.30–19.30, Mo ab 13.30 Uhr
6/4,50 Euro; ermäßigt Okt.–Mai jeden 1. So im Monat

Torre dei Lamberti
Via della Costa 1 04 59 27 30 27
Juni–Sept. tägl. 8.30–20.30, Fr 8.30–23, Okt.–Mai tägl. 8.30–19.30 Uhr
6/4,50 Euro; ermäßigt Okt.–Mai jeden 1. So im Monat

Sant'Anastasia
Corso Sant'Anastasia; www.chieseverona.it
März–Okt. Mo–Sa 9–18, So 13–18, Nov.–Febr. Di–Sa 10–13, 13.30–17, So 13–17 Uhr 2,50 Euro, Familienkarte 5 Euro

Duomo
Piazza del Duomo; www.chieseverona.it
März–Okt. Mo–Fr 10–17.30, Sa bis 16, So 13.30–17.30, Nov.–Febr. Mo–Sa 10–13, 13.30–17, So 13–17 Uhr 2,50 Euro, Familienkarte 5 Euro

Museo di Castelvecchio
Corso Castelvecchio 2; serviziinternet.comune.verona.it/Castelvecchio/cvsito Di–So 8.30–19.30, Mo ab 13.30 Uhr 6/4,50 Euro

BAEDEKER TIPP

- **Hochgeschwindigkeitszüge** zwischen Verona Porta Nuova und Venezia Santa Lucia (ein- bis zweimal stdl.; Fahrzeit ca. 1 Std.).
- **Busse ins Zentrum** halten vor dem Bahnhof (dort die Tickets kaufen und im Bus entwerten).
- Bei längerem Aufenthalt ermöglicht die **Verona Card** (2 oder 5 Tage; www.veronacard.it) ermäßigten Eintritt für Sehenswürdigkeiten und Museen sowie freie Fahrt mit öffentlichen Verkehrsmitteln (erhältlich bei allen Teilnehmern).

37 Dolomiti

Die bizarren Gipfel der Dolomiten haben kaum ihresgleichen in den Alpen – als Landschaft von markanter Schönheit, aber auch als Paradies für Wanderer, Bergsteiger und Skiläufer. Richtung Süden wird die Szenerie lieblicher, mit grünen Tälern, blumenübersäten Wiesen und anmutigen Bergdörfchen, wo noch viele der typischen Holzhäuser stehen. Es ist eine gastliche Gegend, die Besuchern eine Menge zu bieten hat.

Im Nordwesten von Trentino-Alto Adige (Trient-Südtirol) und Veneto (Venetien) haben tektonische Kräfte, Eis, Wind und Wetter die unverwechselbaren Felsnadeln der Dolomiten geformt, unterfangen von Almen, wo sommers die Kühe grasen, und Bergwäldern über fruchtbaren Tälern, in denen Weinreben und Apfelbäume gedeihen.

Bei St. Magdalena oberhalb von Bozen

Im Laufe des 20. Jhs. entwickelte sich hier ein ausgedehntes Feriengebiet mit zahlreichen Wintersportorten, die neben Pisten aller Schwierigkeitsgrade auch Langlaufloipen und Rodelhänge bieten. Im Sommer kann man sich in einem ausgedehnten Netz von Wanderpfaden tummeln (u. a. zehn mehrtägig begehbare Dolomiten-Höhenwege), wobei viele Hochgebirgsregionen durch Hütten, Seilbahnen und Sessellifte erschlossen sind (in Betrieb meist Juni bis Sept.). Die meisten Berghütten *(rifugi alpini)* bieten Übernachtung und Verpflegung an.

In den (italienischsprachigen) Dolomiten um das Cadore-Tal nördlich von Belluno liegt **Cortina d'Ampezzo**, 1956 Ausrichter der Olympischen Winterspiele, umgeben von herrlichen Gipfeln und besten Ski-Hängen (was seinen Preis hat).

Auf großer Tour im Val Pusteria (Pustertal) in den Dolomiten

Bedeutendste Städte in den westlichen Dolomiten sind **Trento** (Trient) und **Bolzano** (Bozen), dessen Archäologisches Museum die Mumie des legendären Ötzi beherbergt: ein Bewohner dieses Landstrichs vor fünf Jahrtausenden, 1991 aufgefunden im Gletschereis. Bester Ausgangspunkt für Wanderungen in den **Dolomiti di Brenta** (Brentner Dolomiten) westlich von Trento ist der Wintersportort **Madonna di Campiglio**.

Herz der alten ladinischen Kultur Südtirols ist das **Val di Fassa** östlich von Bolzano – deren Tradition und Erhalt widmet sich das **Museum Ladin Ćiastel de Tor** (San Martino in Badia). Ladinische Sprache und Brauchtum werden vielerorts gepflegt, mit kleinen Unterschieden von Tal zu Tal. Landschaftlicher Höhepunkt hier ist das **Rosengarten**-Massiv (auf Italienisch schnöde *Catinaccio* = Riegel), und im fruchtbaren **Val Sugana** recken sich Burgen über schmucken Dörfchen mit Kirschbäumen.

---

224 C4

Touristen-Informationen

Piazzetta San Francesco 8, Cortina d'Ampezzo; www.dolomiti.it, www.infodolomiti.it Ostern–Nov. Mo–Sa 9–12.30, 15.30–18.30, So 9–12.30, Dez.–Ostern tägl. 9–12.30, 15.30–18.30 Uhr

Piazza Marconi 5, Molveno; www.visitdolomitipaganella.it
Mo–Sa 9–12, 16–18.30, So 9.30–12, 16–18.30 Uhr

Strada Rezia 10, Vigo di Fassa; www.fassa.com (häufig wechselnd) Mo–Sa 8.30–12.30, 15–19, So 8.30–12.30 Uhr (bis Mitte Sept.)

BAEDEKER TIPP

- Versorgen Sie sich mit Informationen und Material beim fachkundigen Personal der örtlichen **Touristen-Informationen**.
- Für Wanderungen sollte man sich ordentliches **Kartenmaterial** besorgen (am besten von Kompass!) und passend ausgerüstet sein.
- In Südtirol kann man sich allgemein recht gut auf **Deutsch** verständigen.

Nach Lust und Laune!

38 Vicenza

Grünflächen und architektonische Eleganz von Hand des Renaissance-Baumeisters Andrea Palladio bestimmen das Bild der Provinzhauptstadt. Seine **Basilica** und Loggia del Capitaniato dominieren die zentrale *Piazza dei Signori*, als sein Meisterwerk hier gilt indes das **Teatro Olimpico** als freie Adaption eines antiken Theaters mit raffiniertem Bühnenraum (von Vincenzo Scamozzi). Sehenswert auch Palladios **Palazzo Chiericati** mit *Pinacoteca* (bedeutende Gemäldesammlung).

Einige der legendären **Palladio-Villen** in der Umgebung kann man besichtigen.

224 C3 Piazza Matteotti 12; www.vicenzae.org 9–13, 14–18 Uhr

Palladio-Route
Infos bei der Touristen-Information (s. o.).

Pinacoteca di Palazzo Chiericati
Piazza Matteotti; www.museicivicivicenza.it
6/4 Euro; Kombi-Ticket (Teatro Olimpico, Museo Naturalistico Archeologico, Museo del Risorgimento e della Resistenza, Museo Diocesano, Gallerie di Palazzo Leoni Montanari und Palladio Museum): 8 Euro

Teatro Olimpico
Piazza Matteotti 11; www.teatrolimpicovicenza.it 6,50/5 Euro; Kombi-Ticket
➤ Pinacoteca di Palazzo Chiericati

39 Padova

Täglich von Markttreiben belebt sind die drei schönsten Plätze der alten Universitätsstadt, worauf bei *Piazza delle Frutta* und *delle Erbe* (mit imposantem **Palazzo della Ragione**, 13. Jh.) schon die Namen hindeuten. Die *Piazza dei Signori* war lange Machtzentrum. Sehenswert sind auch die Universität (wo Galileo Galilei 20 Jahre wirkte) und die gewaltige **Basilica di Sant' Antonio** (Pilgerkirche mit Hochaltar von Donatello, der auch das *Reiterstandbild des Gattamelata* vor dem Gotteshaus schuf). Giottos Fresken (1305–08) in der **Cappella degli Scrovegni** (Arenakapelle) gelten als Geburtsstunde der Renaissance-Kunst.

224 C2 Stazione Ferroviaria
04 98 75 20 77; www.turismopadova.it
Mo–Sa 9–19, So 9.15–12.30 Uhr

Cappella degli Scrovegni und Musei Civici
Piazza Eremitani 8; www.cappelladegliscrovegni.it
10/8 Euro, inkl. Vorverkaufsgebühr. Nur Vorausbuchung (3 Tage, 1 Tag mit Kreditkarte online oder per Telefon)

Palazzo della Ragione
Piazza delle Erbe; padovacultura.padovanet.it 4/2 Euro

Basilica di Sant'Antonio
Piazza del Santo; www.basilicadelsanto.org
frei

Ein eleganter Kanal säumt das riesige Oval des Prato della Valle in Padua

Rechts: Basilica di San Vitale in Ravenna

40 Ravenna

Ab 401 war das damals an der Adria liegende Ravenna Sitz des weströmischen Kaiserhofs. Daran erinnern Bauten wie die Basiliken **San Vitale** und **Sant'Apollinare Nuovo** oder das **Mausoleo di Galla Placidia** – einmalig durch ihren kostbaren, wundervoll erhaltenen Mosaikschmuck.

227 E4 Via Salara 8–12
054 43 54 04; www.turismo.ravenna.it; siehe auch: www.romagnavisitcard.it

Basilica di San Vitale/ Mausoleo di Galla Placidia
Via Fiandrini Benedetto; www.ravennamosaici.it 9,50/8,50 Euro (Kombi-Ticket mit Museo Arcivescovile, Cappella di Sant'Andrea, Battistero Neoniano, Basilica di Sant'Apollinare Nuovo, Basilica di San Vitale, Mausoleo di Galla Placidia)

Basilica di Sant'Apollinare Nuovo
Via di Roma; www.ravennamosaici.it
Kombi-Ticket (s. o.)

41 Bologna

Bologna rühmt sich einer der ältesten Universitäten der Welt und stattlicher historischer Bauten. Zentrale Plätze sind *Piazza del Nettuno* und *Piazza Maggiore* mit der **Basilica di San Petronio**. Die Silhouette der Stadt wurde im Mittelalter dominiert von rund 180 Geschlechtertürmen *(torri pendenti)*, von denen die »sich neigenden« **L'Asinelli** und **La Garisenda** erhalten sind.

Durch die Via Zamboni gelangt man an **San Giacomo Maggiore** vorbei zur **Pinacoteca Nazionale**, ebenso einen Besuch wert wie das **Museo Civico Archeologico**. Vom Sightseeing genussreich erholen kann man sich in einem der zahlreichen Lokalen der kulinarischen Hauptstadt Italiens!

227 D4 Piazza Maggiore 1
05 1 23 96 60; www.bolognawelcome.com
Mo–Sa 9–17 Uhr

Basilica di San Petronio
Piazza Maggiore; www.basilicadisanpetronio.it frei

Museo Civico Archeologico
Via dell'Archiginnasio 2; www.comune.bologna.it/museoarcheologico
Di–Fr 9–3, Sa, So 10–18.30 Uhr 5/3 Euro

Pinacoteca Nazionale
Via delle Belle Arti 56; www.pinacotecabologna.beniculturali.it
Di–So 9–19 Uhr 4/2 Euro

42 Parma

Neben Kunstgalerien und Designer-Läden hat Parma den **Duomo** Santa Maria Assunta (11. Jh.) mit Antonio Allegri Correggios Fresko *Himmelfahrt Mariä* (1534) zu bieten, den *Palazzo della Pilotta* mit **Teatro Farnese** und **Galleria Nazionale** sowie das Museo Archeologico Nazionale gegenüber. Zum Flanieren lädt jenseits des Flusses der Parco Ducale ein, zu lukullischem Genuss die berühmten Schinken und Käse *(Parmigiano)*.

226 B5 Piazza Garibaldi 1
05 21 21 88 89; turismo.comune.parma.it
Mo 13–19, Di–Sa 9–19, So 9–13 und 14–18 Uhr

Galleria Nazionale di Parma
Piazza della Pilotta 9/A; www.archeobo.arti.beniculturali.it/parma
Di–Sa 8.30–19, So 8.30–14 Uhr 4/2 Euro

Wohin zum … Übernachten?

Preise
Für ein Doppelzimmer pro Nacht:
€ unter 140 Euro **€€** 140–220 Euro **€€€** über 220 Euro

DOLOMITI

Hotel Cortina €€

Eines der alteingesessenen Hotels (seit 1870) von Cortina d'Ampezzo, im typisch rustikalen Design der Gegend mit Holzdecken und Wandpaneelen. Moderner kleiner Spa, Bar und Restaurant, freies WLAN. Der Vier-Sterne-Bau liegt zentral im Herzen des lebendigen Urlaubsortes, sodass man viele Lokale und Geschäfte gleich um die Ecke hat. Behaglich-luxuriös eingerichtete, großzügige Zimmer, teils mit Balkon.

225 D4
Corso Italia 92, Cortina d'Ampezzo
04 36 42 21; www.hotelcortina.com

Schlosshotel Korb €€

Traumhaft in den Weinbergen um Bozen gelegenes Luxus-Hotel mit teils besonderen (Turmzimmer), teils traditionell-opulent eingerichteten Zimmern. Zwei Swimmingpools, Türkisches Bad und Sauna sowie Tennisplätze und eine herrliche Terrasse mit Blick auf die Berge.

224 C4 Missiano, Via Castel d'Appiano 5, Missiano/Appiano 047 16 36 0 00; www.schloss-hotel-korb.com geschl. Jan.–März

VERONA

Hotel Torcolo €

Nicht weit von der Piazza Brà an einem ruhigen Platz gelegenes kleines Hotel mit entspannt freundlicher Atmosphäre. Gut ausgestattete Zimmer, eingerichtet mit unprätentiöser Eleganz. Im Sommer schöne Frühstücksterrasse.

224 B2 Vicolo Listone 3
04 58 00 75 12; www.hoteltorcolo.it geschl. 3. Dez.-Woche, Mitte Jan. bis Anf. Febr.

VENEZIA

Agli Alboretti €€

Ruhig und beschaulich in schöner Umgebung der Accademia in einer kleinen Allee gelegen, bietet das Hotel 19 eher kleinere, nett eingerichtete Zimmer zur Straße oder zum Garten – alle mit Bad, Klimaanlage TV und WLAN. Frühstück wird im hübschen Restaurant gereicht. Besonders beliebt bei englischen und amerikanischen Touristen.

225 D2 Dorsoduro 884
04 15 23 00 58; www.aglialboretti.com
Accademia

Cipriani €€€

Luxus-Hotel mit fantastischem Blick auf Lagune und Markusplatz, Zimmern in venezianischem Stil und opulente Suiten. Wer hier ankommt (mit dem stets am Markus-Platz wartenden Hotel-Boot), den erwarten ein herrlicher Park, ein Restaurant von Weltklasse (immerhin steht Cipriani auch für Harry's Bar und die Erfindung des Carpaccio!) und ein Swimmingpool von olympischen Dimensionen. Für allerhöchste Ansprüche!

229 D2 Giudecca 10 04 1 24 08 01; www.hotelcipriani.com Zitelle

Locanda San Barnaba €–€€

Fernab der Touristenströme, zwischen den *Vaporetto*-Anlegestellen Campo San Barnaba und Ca' Rezzonico, findet man in einem

historischen Palazzo (16. Jh.) dieses Kleinod mit Antiquitäten, Fresken und Parkettböden. Manche Zimmer mit Blick in den üppigen Garten, alle mit Bad und Klimaanlage (Frühstück im Preis inbegriffen). Achtung: kein Lift!
225 D2 Calle del Traghetto 2785–6
04 12 41 12 33; www.locanda-sanbarnaba.com Ca' Rezzonico

Hotel Al Ponte Mocenigo €€
Außergewöhnliches kleines Hotel in einem traditionellen venezianischen Anwesen nahe der *Vaporetto*-Anlegestelle San Stae. Mit Antiquitäten eingerichtete Zimmer, teils mit Balkendecke und Bodenfliesen. Architektonisch wunderschöner Innenhof, wo auch das Frühstück gereicht wird und man sich nach dem Sightseeing herrlich entspannen kann. Türkisches Bad und High Speed Internet.
225 D2 Santa Croce 2063 04 15 24 47 97; www.alpontemocenigo.com San Stae

Splendid Venice €€€
Komfortables modernes Hotel zentral bei der Rialto-Brücke, mit großen, ansprechend möblierten Zimmern (teils mit herrlichem Blick auf Stadt und Kanal). Im hauseigenen Restaurant »Le Maschere« wird echte venezianische Küche serviert, zudem gibt es eine Cocktail-Bar.
225 D2 San Marco Mercerie 760
04 15 20 07 55; http://splendidvenice.starhotels.com Rialto

VICENZA

Cristina €
Zentral gelegene Familienpension mit gut ausgestatteten Zimmern (unterschiedlicher Größe) und Parkmöglichkeit (gegen Gebühr). Das Frühstücksbuffet ist im Preis inbegriffen, und man kann Fahrräder ausleihen.
224 C3 Corso SS Felice e Fortunato 32
www.hotelcristinavicenza.com
geschl. 24. Dez.–2. Jan.

PADOVA

Majestic Toscanelli €–€€
Familiengeführtes Hotel im Zentrum mit gut ausgestatteten Gastzimmern und Extras wie privaten Stadtführungen und Kinderbetreuung. Im Preis inbegriffen sind Parkservice, Frühstücksbuffet und freies WLAN.
224 C2 Via dell'Arco 2
04 9 66 32 44; www.toscanelli.com

Sant'Antonio €
Ordentliche, preiswerte Unterkunft nahe der Steinbrücke am Nordrand der Stadt. Geräumige, freundliche (mitunter etwas abgewohnte) Zimmer. Bar und Lift. Auch Haustiere sind willkommen.
224 C2 Via San Fermo 118
049 87 513 93; www.hotelsantantonio.it

BOLOGNA

Hotel Porta San Mamolo €–€€
Schönes Haus in der Altstadt, in fußläufiger Distanz zu den wichtigsten Sehenswürdigkeiten. Die Zimmer sind hübsch eingerichtet mit gemusterten Tapeten und bedruckten Stoffen. Zur Verfügung stehen auch Bar und Garten, außerdem Fitness-Center, Garage und freies WLAN.
227 D4 Vicolo del Falcone 6/8
05 1 58 30 56; www.hotel-portasanmamolo.it

PARMA

Verdi €€
Elegante rosa Villa am Rande des Parco Ducale, gediegen eingerichtet mit Antiquitäten, Orientteppichen, feinem Porzellan und herrlichen Leuchtern. Großzügige, bequeme, schön ausgestattete Zimmer mit Marmor-Bädern. Kostenlose Parkplätze. Angrenzend das empfehlenswerte Restaurant »Santa Croce«, wo man auch im glasüberdachten Innenhof serviert.
226 B5 Via Pasini 18
05 21 29 35 39; www.hotelverdi.it

Wohin zum ...
Essen und Trinken?

Preise
Für ein Drei-Gänge-Menü ohne Getränke:
€ unter 30 Euro **€€** 30–60 Euro **€€€** über 60 Euro

DOLOMITI

Wirtshaus Vögele €
Seit den 1870er-Jahren wird in den teils rustikal, teils biedermeierlich eingerichteten Stuben des Bozener Traditionswirtshauses am Obstmarkt hervorragende Südtiroler Küche mit heimischen Bioprodukten veredelt, ob »Erdäpfelblattln« oder »Zwetschgen Röster«. Es gibt auch Gastzimmer zum Übernachten.

224 C4 Via Goethe 3, Bolzano
04 71 97 39 38; www.voegele.it
Mo–Sa 11–16, 18–23 Uhr

VERONA

Trattoria alla Colonna €
In diesem netten Lokal nahe der Piazza delle Erbe – mit einer Säule mitten im Raum, woher der Name rührt – speist man zum Festpreis ein Tagesmenü in Gesellschaft von Einheimischen und Touristen (ab neun Uhr abends wird es voll). Spezialitäten hier sind etwa Kaninchen und *bigoli* (Vollkornnudeln), dazu werden Weine aus dem Veneto gereicht.

224 B2 Largo Pescheria Vecchia 4
04 5 59 67 18
Mo–Sa 12–14.30, 19.30–2 Uhr

VENEZIA

Ai Gondolieri €€€
Durch die Nähe zur Collezione Peggy Guggenheim sitzen oft Hollywood-Stars in dem Restaurant, dessen Karte – ungewöhnlich für Venedig – keinen Fisch anbietet! Dafür abwechslungsreiche Küche (Fleisch, Wild, Gemüse, Käse) des venezianischen Hügellands: wie Ente, Lamm oder Rind, gegart mit Kräutern, serviert mit mariniertem Gemüse, Käse aus der Manufaktur, beste Weine und köstliche Desserts.

225 D2 Dorsoduro 366
04 15 28 63 96; www.aigondolieri.com
Mi–Mo 12–15, 19–22 Uhr (Juli/Aug. nur 19–22 Uhr) Accademia

Algiubagiò €€
Restaurant am Wasser, wo man neben Pasta, Rind und Fisch auch *tramezzini* bekommt, neben einer Auswahl feiner *dolci*. Eine ausgefallene Delikatesse sind die *Ravioli di mare*, gefüllt mit Meeresfrüchten und Kohl.

225 D2 Cannaregio 5039, Fondamenta Nuove 04 1 5 23 60 84; www.algiubagio.net
tägl. 6.30–23.30 Uhr Fondamenta Nuove

Caffè Florian €€
Stil und Charme vergangener Zeit begegnen in Italiens ältestem Café (gegr. 1720), dessen opulentes Dekor – Fresken, Spiegel, poliertes Holz – teils aus dem 19. Jh. stammt. Marmortische und Polsterstühle beleben auch Arkaden und Piazza, zur Cocktail-Stunde spielt ein kleines Orchester auf. Zum Besten (und Nahrhaftesten) auf der Karte gehört heiße Schokolade mit Sahne *(cioccolata calda con panna)*.

225 D2 Piazza San Marco 56/59
04 15 20 56 41; www.caffeflorian.com
März–Nov. So–Fr 10–23, Sa 10–24; Dez.–Febr. Do–Di 10–23 Uhr San Marco

Harry's Bar €€€

Unweit der Piazza San Marco findet man eine der wohl berühmtesten Bars der Welt, die nach der Eröffnung im Jahre 1931 Prominente wie Charlie Chaplin, Truman Capote oder Orson Welles zu ihren Gästen zählte, später auch den Schriftsteller Ernest Hemingway. Nach wie vor geben sich hier Größen aus Film und Gesellschaft die Klinke in die Hand, obwohl es keine Terrasse gibt und der Service manchmal zu wünschen übrig lässt. Erfunden wurde hier der legendäre *Bellini*-Cocktail (Pfirsichsaft mit Prosecco), zu dem man etwa *polpette* (gebackene Fleischbällchen) verzehrt oder à la carte speist.

225 D2 Calle Vallaresso 1323
04 15 28 57 77; www.harrysbarvenezia.com
tägl. 10.30–23 Uhr San Marco

VICENZA

Antica Trattoria Tre Visi €–€€

In einem Renaissance-Gebäude am Corso Palladio in der Altstadt zelebriert man auf hohem Niveau venezianische Küche mit besten saisonalen Zutaten. Als Spezialitäten empfehlen sich zum Beispiel *Porca l'orca in pignatti con funghi* (Gans mit Wildpilzen) oder *Bigoli al radicchio di Treviso con acciughe* (Buchweizen-Spaghetti mit Radicchio und Sardellen).

224 C3 Corso Palladio 25
04 44 32 48 68 Di–Sa 12.30–14.30, 19.30–22.30, So 12.30–14.30 Uhr

PADOVA

Belle Parti €€–€€€

Im Palazzo Prosdocimi, im Herzen der Altstadt von Padova, speist man in ehrwürdigen Mauern, umgeben von Spiegeln und Gemälden, ganz modern: Auf den Tisch kommen kreative Variationen alter Rezepte der regionalen Küche, wie Safran-Risotto mit Jakobs-Muscheln und Erbsen oder Kalbfleisch mit Spargel, Ei und Parmesan.

224 C2 Via Belle Parti 11
04 98 75 18 22; www.ristorantebelleparti.it
Mo–Sa 12.30–14.30, 19–22.30 Uhr. Im Aug. geschl.

BOLOGNA

Cesari €–€€

Seit mehr als 50 Jahren existiert dieser Familienbetrieb im Zentrum, wo in rustikalem Ambiente traditionelle Gerichte der Bologneser Küche angeboten werden: neben weißen Trüffeln mit Sellerie und Parmesan etwa apart mit Kaninchenfleisch gefüllte Ravioli *(Ravioli di coniglio)*, dazu bevorzugt Weine der Umgebung. Reservierung wird dringend empfohlen.

227 D4 Via de' Carbonesi 8
05 1 23 77 10; www.da-cesari.it
Mo–Sa 12.30–14.30, 19.30–23 Uhr. Geschl. 3 Wochen im Aug., 1. Woche im Jan.

Trattoria Leonida €

Familiengeführtes Lokal im Osten der Altstadt nahe dem Palazzo della Mercanzia, spezialisiert auf lokale Küche: Pasta wie *Tortellacci ai porcini* (mit Steinpilz-Farce gefüllte Teigtaschen) oder deftige Fleischgerichte *(Bollito misto)*.

227 D4 Vicolo Alemagna 2
05 1 23 97 42; www.trattorialeonida.com
Mo–Sa 12.30–14.30, 19–22.30 Uhr. Geschl. 3 Wochen im Aug.

PARMA

Restaurant Leon d'Oro €–€€

In der 1917 gegründeten Trattoria wird wunderbarer Parma-Schinken am Tisch aufgeschnitten – als Vorspeise etwa zu einem exzellenten Grillgericht. Die drei traditionell eingerichteten Speisesäle sind meist gut besucht, ohne dass man sich eingeengt fühlt. Das dazugehörige Hotel bietet 16 Zimmer.

226 B5 Viale Antonio Fratti 4A
05 21 77 31 82; www.leondoroparma.com
tägl. 12.30–15, 19.30–23 Uhr. Wechselnde Urlaubszeiten zwischen Juni und Aug.

Wohin zum ... Einkaufen?

Ob in größeren Städten wie Bologna, Verona und Venedig oder kleineren Ortschaften: Der Nordosten Italiens ist ein Einkaufsparadies.

In den Geschäften **Venedigs** findet man alles, was das Herz begehrt, von üblicher Mainstream-Ware bis zu regionalen Spezialitäten. Auch die bekannten **Mode-Designer** des Landes, wie Armani, Missoni, Prada, Gucci, Bottega Veneto sind vertreten um die *Calle Vallaresso* westlich des Markusplatzes. Etwas preiswerter sind die Läden links und rechts der Rialto-Brücke, darunter **Benetton** oder das Kaufhaus **Coin**, sowie diverse Konfektions- und Accessoire-Geschäfte.

Interessanter sind natürlich die Adressen mit typisch venezianischem Angebot, wie Murano-Glas, Buntpapier und Karnevals-Masken alter Art. Bei **Masken** muss man sich vorsehen, keine billige Importware (also letztlich Fälschungen) zu erwerben – am besten kauft man dort, wo originale Masken hergestellt werden. Ähnliches gilt für Glas – soll es authentisch sein, hat es seinen Preis, etwa bei **Venini** (www.venini.it) und **Pauly & C.** (www.pauly.it). Überall in Venedig kann man handgeschöpftes **Papier** in verschiedenster Form und Verwendung erstehen. Gängig sind auch Accessoires wie Schlüsselanhänger mit Quasten, Schreibunterlagen, Kissen und Decken. Groß ist die Auswahl an schönen **Stoffen**, darunter plissierte Seide im Fortuny-Stil, Samt oder Brokat. Für den Hobby-Gondoliere gibt es Hüte, gestreifte Hemden (und handgefertigte Rudergabeln).

Außer in Venedig kann man auch in Bologna, Padua und Verona gut einkaufen: alles größere Städte mit entsprechendem Konsumbedarf. **Bolognas** Shopping-Meile erstreckt sich entlang und nahe der *Via dell'Indipendenza*, doch auch anderswo in der Stadt findet man beispielsweise *salumerie* und *gastronomie* (Delikatess-Läden), die zu den besten Italiens gehören.

Ausgezeichnete Delikatess-Geschäfte gibt es auch in **Padua**, das als Universitätsstadt zudem über flotte Läden für Mode und Accessoires und exzellente Buchhandlungen verfügt.

Ein breit gefächertes Angebot ohne Großstadthektik bietet **Verona** dem Besucher, besonders auf der *Via Mazzini* zwischen der Arena und der *Piazza delle Erbe*, wo sich teils teure Geschäfte mit gutem Sortiment reihen und man zudem auf dem Platz einen lebendigen, attraktiven Markt vorfindet.

In **Parma** wiederum hat man Gelegenheit, Delikatessen wie *prosciutto di Parma* (Parma-Schinken) und *parmigiano* (Parmesan) an ihrem Ursprungsort zu kaufen.

In den Dolomiten und Südtirol ist man in einer ganz anderen Welt, auch was das Einkaufen angeht – so bringt man sich aus **Bolzano** oder **Merano** vielleicht Trachtenjanker und einen Lodenmantel mit oder schöne Strickjacken, Dirndl und Spitzengeklöppeltes für die Damen und für beide Geschlechter Hausschuhe aus Filz mit dicker Korksohle für kalte Winterabende. An diesen wärmt auch hervorragend ein Bergkräuter-Likör, wozu dann bestens luftgetrockneter Schinken oder Speck schmeckt, und Süßmäuler streichen sich Bergblüten-Honig aufs Brot.

Wohin zum ... Ausgehen?

Mit Städten wie Bologna, Verona und Venedig ist der Nordosten von Oberitalien auch kulturell ein lohnendes Reiseziel, vor allem für Opernfreunde.

Wichtigstes Ereignis der Sommersaison sind alljährlich von Juni bis August die Opern-Festspiele von **Verona**, im einmaligen Ambiente einer zweitausend Jahre alten Freilichtbühne. Reservierung dringend empfohlen (www.arena.it) – sowie bequeme Sitzkissen!

In **Venedig** ist rund ums Jahr etwas geboten, angefangen mit dem weltberühmten **Carnevale** (www.carnevale.venezia.it). Er beginnt jeweils zwei Wochen vor Aschermittwoch mit ausgelassenem Maskentreiben in der ganzen Stadt und endet am Faschingsdienstag.

Ähnlich lebhaft geht es im Juli zu beim Festival **Il Redentore** (www.redentorevenezia.it), mit einer Pontonbrücke über die Giudecca und spektakulärem Feuerwerk. Im September sprenkelt die **Regata Storica** (www.regatastoricavenezia.it) die Lagune mit schmucken historischen Schiffen, und alle zwei Jahre zieht die **Biennale Internazionale d'Arte** zuhauf die internationale Kunstwelt an. Ein Event von Weltgeltung sind auch die **Internationalen Film-Festspiele** (www.labiennale.org) zwei Wochen im September.

Während der Wintermonate lohnt ein Opernbesuch in Venedigs exzellent renoviertem **Teatro La Fenice** (www.teatrolafenice.it), das tatsächlich (seinem Namen gemäß) einmal mehr aus der Asche auferstand. Selbstverständlich finden in der Lagunenstadt übers ganze Jahr Konzerte statt (oft in einer der schönen Kirchen). **Klassische Musik** und **Oper** haben auch Orte wie Padua, Ravenna, Parma und Vicenza zu bieten.

Für **Nachtschwärmer** ist **Rimini** die beste Adresse der Gegend – eine Art italienisches Pendant zu Ibiza, mit endlosen Stränden, coolen Café-Bars und quirligen Clubs (www.riminifiera.it oder www.riminiturismo.it).

Abseits ausgetretener Touristenpfade ist oft wenig los, dafür kann man umso besser die typische Atmosphäre italienischer Abende auf sich wirken lassen – mit einem Bummel durch schmale Gässchen und einem Glas Wein an der Piazza oder mit Blick aufs Wasser.

Noch gesünder, in frischer Bergluft, kommt man in den **Dolomiten** auf seine Kosten, sei es im Sommer beim Wandern oder im Winter zum Skilaufen (► 119f): Die größeren Urlaubsorte haben das ganze Jahr Saison und sind touristisch bestens erschlossen, von markierten Wanderwegen bis zu Skiliften, Seilbahnen und Schutzhütten – und im Tal warten Pferde zum Reiten.

An der **Küste** finden Sportbegeisterte neben Tennisplätzen mit Flutlicht auch Golfplätze, Reitausflüge durch Pinienwälder und Wassersportmöglichkeiten vor. Sehr populär sind **Sailboarding** und **Windsurfing** – in größeren Badeorten kann man dazu Kurse buchen und Ausrüstung mieten.

Was immer man vor hat, der erste Weg sollte stets zur örtlichen **Touristen-Information** führen, wo man Information und Beratung erhält (was mitunter viel Zeit spart).

Mittelitalien

Kleine Erlebnisse

Picknick am Palazzo

Im **Giardino di Boboli** (➤ 136) am Palazzo Pitti in Florenz ein Picknick mit Brot, Wein und Käse vom *alimentari*.

Chianti classico

Edlen roten Rebensaft verkosten in herrlicher toskanischer Landschaft, wie den berühmten **Brunello** aus **Montalcino** (➤ 203).

Anrührende Schlichtheit

Die **Casa di Raffaello** (➤ 144) in **Urbino** ist Geburtsstätte des genialen Renaissance-Künstlers.

Erste Orientierung

Sanfte Hügel, Bauernhöfe und Villen, Bergdörfchen, Weingärten, Olivenhaine und Zypressen – geradezu wie ein Traum von Italien wirkt die typische Landschaft der Toskana im Zentrum von Italien. Einst war sie Geburtsort der Renaissance, deren Kunstschätze diese liebliche Gegend umso einzigartiger machen.

Lebendiges Zentrum der Toskana ist die Hauptstadt Firenze (Florenz), deren Architektur und Kunst alljährlich zahllose Besucher anzieht, in bescheidenerem Maß auch das westlich hiervon gelegene Pisa (mit Dom und Schiefem Turm) und Lucca, mit mittelalterlichem Kern und Stadtmauer. Im Süden beeindruckt San Gimignano mit markanten Geschlechtertürmen und blumengeschmückten Gassen, lockt Siena in reizvoller Landschaft mit dem vielleicht schönsten Platz Italiens, der Piazza del Campo.

Malerische Bergdörfchen krönen die Hügel der südlichen Toskana, während der östliche Nachbar Umbrien, mit Hauptstadt Perugia, als grünes Herz Italiens gilt: Über Weingärten und Sonnenblumenfeldern etwa erhebt sich Assisi, die Heimat des hl. Franziskus. Berühmt für seinen edlen, auf vulkanischem Boden gedeihenden Rebensaft ist auch Orvieto, Spoleto hingegen bildet das Eingangstor zum zentralen Apennin. Über Gubbio im Nordosten gelangt man in die Marche (Marken) mit der Hauptstadt Urbino und ihrem herrlichen Renaissance-Palast.

TOP 10

4 Firenze ➤ 134
7 Siena ➤ 141

Nicht verpassen!

43 Pisa ➤ 143

Nach Lust und Laune!

44 Urbino ➤ 144
45 Gubbio ➤ 144
46 Perugia ➤ 145
47 Assisi ➤ 145
48 Spoleto ➤ 146
49 Orvieto ➤ 147
50 San Gimignano ➤ 147
51 Lucca ➤ 148

Der marmor-verkleidete Florentiner Dom

In fünf Tagen

Die folgende Route ist eine Möglichkeit, wie Sie einige der interessantesten Sehenswürdigkeiten Mittelitaliens in fünf Tagen besuchen können. Weitere Informationen finden Sie unter den Haupteinträgen (➤ 134ff).

Erster Tag

Vormittag

Nach der Besichtigung der Piazza dei Miracoli (samt Schiefem Turm) in 43 **Pisa** (➤ 143) geht es weiter nach 51 **Lucca** (➤ 148) zum Mittagessen.

Nachmittag

Ausgiebiger Bummel durch Lucca (auch entlang der Stadtmauer und über die Piazza Anfiteatro), anschließend über die A11 Richtung 4 **Firenze** (➤ 134ff).

Abend

Spazieren Sie um die Florentiner Piazza della Signoria (links) und über den Ponte Vecchio.

Zweiter Tag

Vormittag

Möglichst früh zum Dom aufbrechen, später (mit vorgebuchtem Ticket!) für ein paar Stunden in die wunderbare Kunstsammlung der Uffizien.

Nachmittag

Nach einem späten Mittagessen locken weitere Highlights, wie Accademia oder Palazzo Pitti – vor dem Aufbruch nach 50 **San Gimignano** (➤ 147f).

Abend

Vor dem Abendessen ein Bummel durch San Gimignano, wenn die Tagestouristen schon wieder fort sind.

Dritter Tag

Vormittag

Nach Besuch der Collegiata weiter nach 7 **Siena** (➤ 141f, rechts oben) mit der imposanten Piazza del Campo und dem Palazzo Pubblico.

Nachmittag
Besichtigung von Dom und angrenzenden Museen, dann durch die landschaftlich traumhafte Süd-Toskana (➤ 203ff) nach **49 Orvieto** (➤ 147).

Abend
Den abendlichen Stadtbummel beschließt eine Erfrischung mit Blick auf den erleuchteten Dom.

Vierter Tag

Vormittag und Nachmittag
Nach Besichtigung Orvietos geht es via **46 Perugia** (➤ 145) oder **48 Spoleto** (➤ 146f) Richtung Assisi.

Abend
Ankunft in **47 Assisi** (➤ 145f) am frühen Abend – dann lässt sich die friedvolle Schönheit des Wallfahrtsortes wunderbar genießen.

Fünfter Tag

Vormittag
Möglichst früh (vor dem Ansturm der Massen) zur Basilica di San Francesco, dann geht es nach Norden Richtung **45 Gubbio** (➤ 144f).

Nachmittag und Abend
Durch den Apennin führt die Reise nach **44 Urbino** (➤ 144), zeitig genug für den Besuch von Palazzo Ducale und Dom.

4 Firenze

Beiderseits des Arno in anmutigem Hügelland gelegen, präsentiert sich die Hauptstadt der Toskana als einmaliges Museum der Renaissance: Unter der Herrschaft der Adelsfamilie de' Medici erlebten Kultur und Kunst im 14. und 15. Jh. eine wahre Explosion – mit eindrucksvollen Bauten auf engstem Raum, dicht gefüllt mit den berühmtesten italienischen Kunstwerken jener Epoche.

Einer der legendären Blicke auf Florenz vom Piazzale Michelangelo, im 19. Jh. von Giuseppe Poggi entworfen

Duomo, Museo dell'Opera del Duomo, Battistero und Campanile

1436 vollendete Filippo Brunelleschi mit der gewaltigen Kuppel den Neubau des **Duomo** (Basilica di Santa Maria del Fiore). Während das Gotteshaus innen schlicht gehalten ist, prangt die Fassade opulent in grün-weißem Marmor. Zur Ausstattung gehören zwei gemalte Reiterstandbilder berühmter *Condottieri* (Söldner) von Andrea del Castagno und Paolo Uccello – andere Schätze aus Dom und Baptisterium sind ausgelagert in das **Museo dell'Opera del Duomo** an der Rückseite des Gebäudes.

Auch die frei stehende (wohl auf Vorgängerbauten des 5./6. Jh. errichtete) achteckige Taufkirche **Battistero** (11. Jh.) ist mit farbigem Marmor verkleidet. Die Bronzeportale (Originale im Dommuseum) stammen von Andrea Pisano (1330er-Jahre) und Lorenzo Ghiberti (1452, von Michelangelo *Porta del Paradiso*, »Paradiespforte«, genannt). In der Kuppel leuchtet die einzig erhaltene Folge von Florentiner Mosaiken (1225).

Gegenüber erhebt sich der **Campanile** (1334) nach Entwurf Giottos, 1337 umgestaltet mit rotem, grünem und weißem Marmor, sowie Skulpturen und Reliefs. Einen schönen Blick auf die Stadt genießt man von seiner Galerie (414 Stufen hinauf).

Galleria dell'Accademia

Das Gebäude beherbergt eines der herausragenden Meisterwerke der Renaissance: Michelangelos Skulptur des sich zum Kampf gegen Goliath rüstenden *David*. 1504 geschaffen als Symbol der freiheitlichen Republik Florenz für die Piazza della Signoria, bedeutete sie für den damals 26-Jährigen den künstlerischen Durchbruch. Sechs weitere hochrangige seiner Werke sind hier ausgestellt, darunter ein *Hl. Matthäus*, die *Pietà aus Palestrina* und vier unvollendete *Sklaven*-Figuren. Andere Säle zeigen Gemälde des 13. und 14. Jh. sowie historische Musikinstrumente.

Galleria degli Uffizi

Als Verwaltungssitz mit Büros *(uffizi)* der Florentiner Regierung diente einst der riesige Komplex mit der weltgrößten Sammlung an Renaissance-Gemälden – zusammengetragen und 1737 der Stadt übereignet von der Herrscherfamilie de' Medici. Die frühesten Bilder zeugen noch vom Einfluss der byzantinisch geprägten Gotik, wie Giottos *Maestà* oder die *Anbetung der Könige* von Gentile da Fabriano. Den eigentlichen Auftakt zur Renaissance bilden Filippo Lippis *Madonna mit Kind und Fngeln* (1465) und Piero della Francescas *Porträt des Herzogs und der Herzogin von Urbino.*

Skulpturen aus Antike und Renaissance in den Korridoren der Uffizien

In den nächsten Räumen (10–14) trifft man auf Hauptwerke Sandro Botticellis – seine *Allegorie des Frühlings* und die anmutige *Geburt der Venus* – neben frühen Werken Leonardo da Vincis: die heitere *Verkündigung* und eine symbolträchtige *Anbetung der Könige*. In der oktogonalen Tribuna sind neben Porträts von Bronzino Skulpturen der Antike zu sehen, als prominenteste die *Venus von Medici* (1. Jh. v. Chr.). In Raum 25 hängt Michelangelos einziges Staffelei-Bild, der *Tondo Doni* (1504). Weitere Säle sind Manierismus und Barock gewidmet, mit Werken von Bellini, Veronese, Tintoretto, Caravaggio, Rubens, Rembrandt und van Dyck.

Museo Nazionale del Bargello

Der Palazzo di Bargello, 1255 erbaut als Sitz der Stadtbehörden, ist heute ein bedeutendes Skulpturenmuseum. Über den arkadengesäumten Innenhof mit Wappen des *Podestà* (Stadthauptmanns) gelangt man in den **Saal des Michelangelo** mit dessen *Trunkenem Bacchus* und *Tondo Pitti* neben Werken Benvenuto Cellinis und Giambolognas. Oben im ehem. Ratssaal **Salone del Consigilio Generale** warten Skulpturen Donatellos: sein *Drachenkampf des hl. Georg* (1416) und Bronze-*David* (1430–40), erste frei stehende Aktfigur seit der Antike. Ferner sind hier Reliefs von Donatello und Ghiberti für das Portal des Baptisteriums zu sehen sowie die *Madonna delle Rose* von Luca della Robbia aus glasierter Terrakotta. Die oberste Etage versammelt Bronzearbeiten, Porträtbüsten und Kunsthandwerk der Renaissance.

Palazzo di Bargello: Blick in die Loggia

Palazzo Pitti

Der weiträumige Palazzo mit dem **Giardino di Boboli** war vormals Residenz der Herzöge von Medici. Heute ist hier die **Galleria Palatina** untergebracht, die in gedrängter, nicht chronologischer Hängung (wie im Barock üblich) Gemälde aus Renaissance und Barock zeigt. Sehenswert sind etwa elf Werke Raffaels (wie die *Madonna della Seggiola*), 14 von Tizian, 17 von Andrea del Sarto und Caravaggios *Schlafender*

Via dei Magazzini nicht weit vom Palazzo Vecchio

Amor. Besichtigen kann man außerdem die **Apartamenti Reali** (Prunkgemächer) und das **Museo degli Argenti** mit hochwertiger Sammlung von Silberschmiedearbeiten und anderem Kunstgewerbe.

Piazza della Signoria und Palazzo Vecchio

Die **Piazza della Signoria** im Herzen der Altstadt ist gesäumt von eindrucksvollen Bauten, wie dem **Palazzo Vecchio** als ehemaligem Regierungssitz, vor dem eine Kopie von Michelangelos *David* steht. Einen Besuch wert ist die große mosaikengeschmückte Versammlungshalle im Turm, der *Salone dei Cinquecento* sowie die Privatgemächer der Medici.

Die **Loggia dei Lanzi** (1382), ehemalige Zeremonienhalle an der Südseite, ist geschmückt mit erstrangigen Renaissance-Skulpturen (Originale oder Kopien), wie Cellinis *Perseus* (1545) mit triumphierend erhobenem Medusenhaupt, Giambolognas *Raub der Sabinerinnen,* Donatellos *Judith und Holofernes.*

Nordöstlich des Arno

Östlich der Piazza della Signoria dominiert die Franziskaner-Kirche **Santa Croce** einen weiträumigen Platz. Erbaut wurde sie zwischen 1294 und 1450. Sie beherbergt die Grabstätten von Michelangelo, Dante, Niccolò Machiavelli und Ghiberti sowie in Seitenkapellen Fresken Giottos. Nebenan steht Brunelleschis strenge **Cappella dei Pazzi** (1446) als Inkunabel der Frührenaissance, nicht weit nördlich Michelozzos Kirche **Santissima Annunziata** (1444–81) mit Gemälden von Perugino, Pontormo und Rosso Fiorentino. Im **Museo di San Marco** des gleichnamigen Klosters finden sich reizvolle Fresken Fra Angelicos. Farbige Terrakotta-Medaillons mit Findelkindern von Andrea della Robbia zieren den Portikus des früheren Waisenhauses **Ospedale degli Innocenti**. Ägyptische und etruskische Antiken zeigt das landesweit bedeutende **Museo Archeologico Nazionale**.

Arkaden und Innenhof des Palazzo Vecchio sind geschmückt mit Groteskenmalereien und Ansichten des Habsburger-Reiches

Der Ponte Vecchio überspannt den Arno an seiner schmalsten Stelle innerhalb der Stadt

Nordwestlich des Arno

Westlich des Museums errichtete Brunelleschi 1425 **San Lorenzo**, die Hauskirche der Medici, wo viele von ihnen begraben liegen – die aufwendigeren Grabmäler allerdings befinden sich in den angrenzenden **Cappelle Medicee**, der opulenten **Cappella dei Principi** sowie der **Sagrestia Nuova** mit herrlichen Skulpturen Michelangelos: *Morgenröte und Abenddämmerung* auf dem Grab Lorenzos des Prächtigen, auf dem Giulianos *Tag und Nacht*.

Unweit hiervon gelangt man zum **Palazzo Medici-Riccardi**, 1444 von Michelozzo erbaut. Grandios ist die **Kapelle** mit Fresken Benozzo Gozzolis, darunter der *Zug der Hl. drei Könige*, die in leuchtenden Gewändern zu Pferde eine toskanische Landschaft durchqueren. Einen Blickpunkt in der gotischen Kirche **Santa Maria Novella** in der nordwestlichen Altstadt bildet Masaccios *Dreifaltigkeits*-Fresko *(Trinità)*, das als erstes Beispiel perspektivischer Darstellung in der Kunstgeschichte gilt.

Südlich des Arno

Zum **Oltrarno**, dem Bezirk um den Palazzo Pitti »jenseits des Flusses«, gelangt man am besten über den Ponte Santa Trinità, der zudem schönste Sicht auf den **Ponte Vecchio** von 1345 und die Reste seiner mittelalterlichen Bebauung bietet. In diesem Viertel gibt es zwei bemerkenswerte Kirchen: **Santo Spirito** mit grau-weißer Fassade (erbaut von Brunelleschi 1444–1481) und westlich davon **Santa Maria del Carmine**, mit reichem Freskenschmuck. Diejenigen der **Cappella Brancacci** stammen von zwei damals als revolutionär geltenden Künstlern der Früh-Renaissance, Masolino (1383–1447) und Masaccio (1401–28).

Vom Oltrarno ist es nur ein kurzer Weg hinauf zum **Piazzale Michelangelo** (Abb. ➤ 134, von wo man einen herrlichen Blick auf die Stadt genießt.

KLEINE PAUSE

Empfehlenswert: **Rivoire** mit schöner Terrasse (Piazza della Signoria) oder **Baldovino** (➤ 151, Via San Giuseppe nahe Santa Croce).

---

227 D3

Touristen-Information

Via Cavour 1/r; www.firenzeturismo.it Mo–Sa 8.30–18.30 Uhr
Siehe auch: www.firenzecard.it

Duomo, Museo dell'Opera del Duomo, Battistero, Campanile

Piazza del Duomo 05 52 30 28 85; www.duomofirenze.it
Duomo: Mo–Mi, Fr 10–17, Do 10–16.30 (Juli–Sept. Do 10–17; Mai, Okt. 10–16); Sa 10–16.45, So 1.30–16.45 Uhr. Museum: Mo–Sa 9–19.30, So 9–13.40 Uhr. Battistero: Mo–Sa 12.15–19, So 8.30–14, 1. Sa im Monat 8.30–14 Uhr. Campanile: tägl. 8.30–19.30 Uhr Duomo: frei, Kuppel: 8 Euro. Battistero: 3 Euro. Museum, Campanile: je 6 Euro. Kombi-Tickets erhältlich.

Galleria dell'Accademia

Via Ricasoli 58–60; www.firenzemusei.it (Vorbuchung unter 05 5 29 48 83)
Di–So 8.15–18.50 Uhr (im Sommer Di und Do längere Öffnungszeiten)
6,50/3,25 Euro. Kombi-Ticket mit Sonderausstellungen: 11/5,50 Euro

Galleria degli Uffizi

Piazzale degli Uffizi 6; www.uffizi.firenze.it (Vorbuchung unter 05 5 29 48 83)
Di–So 8.15–18.30 (Juli–Sept. Di 8.15–22 Uhr) 6,50/3,25 Euro. Kombi-Ticket mit Sonderausstellungen: 11/5,50 Euro

Museo Nazionale del Bargello

Via del Proconsolo 4; 05 52 38 86 06 (Vorbuchung unter 05 5 29 48 83); www.firenzemusei.it tägl. 8.15–13.50 Uhr (Mai–Sept. meist 8.15–16.50 Uhr)
4/2 Euro. Kombi-Ticket mit Sonderausstellungen: 6/3 Euro

Optischer Fixpunkt in Florenz: Brunelleschis gewaltige Kuppel des Doms Santa Maria del Fiore

Palazzo Pitti

Piazza Pitti; www.firenzemusei.it
Palatina, Appartamenti Reali: Mo geschl.
8,50/4,25 Euro
Giardino Boboli, Museo Argenti, Galleria Costume, Giardino Bardini, Museo Porcellane: geschl. 1. und letzter Mo im Monat
7/3,50 Euro

Palazzo Vecchio

Piazza della Signoria; museicivicifiorentini.comune.fi.it
10/8 Euro; Turm: 6,50 Euro

Santa Croce

Piazza Santa Croce; www.santacroceopera.it
6/4 Euro (Kirche und Museum, Familienticket: 6 Euro). Kombi-Ticket mit Casa Buonarroti: 8,50 Euro

Santissima Annunziata
✉ Piazza SS Annunziata; www.firenzeturismo.it
🕓 16–17.15 Uhr ✋ frei

Museo di San Marco
✉ Piazza San Marco 3; www.firenzeturismo.it
🕓 Mo–Fr 8.15–13.50, Sa–So 8.15–16.50 Uhr
✋ 4/2 Euro

Ospedale degli Innocenti
✉ Piazza SS Annunziata 12;
www.firenzeturismo.it 🕓 Mo–Sa 10–16, So
10–14 Uhr ✋ 3,50 Euro

Museo Archeologico Nazionale
✉ Piazza SS Annunziata 9/b;
www.firenzeturismo.it 🕓 Di–Fr 8.30–19,
Mo, Sa 8.30–14 Uhr ✋ 4 Euro

San Lorenzo
✉ Piazza San Lorenzo; www.firenzeturismo.it
🕓 Mo–Fr 10–17.30, So 13.30–17 Uhr;
Nov.–Feb. So geschl. ✋ 4,50 Euro (Kombi-Ticket mit Schatzkammer)

Eine der skurrilen Figuren im Boboli-Garten

Cappelle Medicee
✉ Piazza Madonna degli Aldobrandini 2; www.firenzeturismo.it
🕓 8.15–13.50 Uhr ✋ 6 Euro (mit Sonderausstellung: 9 Euro)

Palazzo Medici Riccardi – Cappella di Benozzo Gozzoli
✉ Via Cavour 3; www.palazzo-medici.it 🕓 9–18 Uhr, Mi geschl.
(Einlass in die Kapelle: nur 10 Besucher alle 7 Min.) ✋ 7/4 Euro

Santa Maria Novella
✉ Piazza Santa Maria Novella; www.chiesasantamarianovella.it
✋ 5,50/3,50 Euro

Santo Spirito
✉ Piazza Santo Spirito; www.basilicasantospirito.it
🕓 Mo, Di, Do, Sa 9.30–12.30, 16–17.30, So 11.30–12.30, 16–17.30 Uhr ✋ frei

Cappella Brancacci
✉ Piazza del Carmine ☎ Vorbuchung obligatorisch unter 05 52 76 82 24
🕓 Mi–Sa, Mo 10–17, So 13–17 Uhr ✋ 6 Euro (Kombi-Ticket mit Palazzo Vechio: 8 Euro)

BAEDEKER TIPP

- **Vorausbuchung** von **Eintrittskarten** für Uffizien, Museo Nazionale del Bargello, Accademia u. a. unter www.ticketsflorence.com.
- Die Touristen-Information vermittelt **Führungen** durch die schönen Kunsthandwerks- und Antiquitätengeschäfte des **Oltrarno** (mit Werkstattbesuchen).

7 Siena

Schon seit dem Mittelalter konkurrieren Florenz und Siena miteinander. Dem heutigen Besucher kommt das zugute. Welche Stadt die eindrucksvolleren Sehenswürdigkeiten hat, entscheide jeder selbst.

Abendstimmung auf der Piazza del Campo in Siena

Piazza del Campo

Beherrscht wird der weiträumige Platz vom gotischen Rathaus **Palazzo Pubblico**, in dem das **Museo Civico** logiert: Ambrogio Lorenzettis Freskenzyklus in der *Sala della Pace* zeigt die Auswirkungen der *Guten und Schlechten Regierung* (1338). Ein Aufstieg auf die **Torre del Mangia** belohnt mit herrlichem Ausblick. Im Juli und August ist die Piazza del Campo Schauplatz des legendären *Palio*-Rennens (➤ 22, 154).

Piazza del Duomo

Den Domplatz schmücken drei der schönsten Gebäude Sienas, allen voran der imposante **Duomo** Santa Maria Assunta mit schwarz-weißer Marmorfassade und einmaligem intarsierten Marmorfußboden im Innern. Am Eingang zur *Biblioteca Piccolomini* im Seitenschiff finden sich Fresken Pinturicchios zum Leben Papst Pius' II.

Gegenüber erhebt sich das Krankenhaus **Santa Maria della Scala**, mit Fresken von Vecchietta, Domenico di Bartolo und anderen zur bald tausendjährigen Geschichte des Hauses. Zu den Attraktionen des **Museo dell'Opera del Duomo** zählen Donatellos Marmortondo *Madonna mit Kind* (1456–59) und Duccios monumentale *Maestà* (1308–11).

Die **Pinacoteca Nazionale** besitzt hochkarätige Beispiele der Sieneser Schule, von Guido da Siena, Duccio, Simone Martini, Sassetta, Vecchietta oder Giovanni di Paolo.

KLEINE PAUSE
Zur genüsslichen Abkühlung lädt die **Bar-Gelateria La Costarella** (kein Schild) in der Via di Città 33, Ecke Costa dei Barbieri/Via di Fontebranda.

227 D2

Touristen-Information
Piazza del Campo 56; www.terresiena.it tägl. 9–19 Uhr (Infos zur TerrediSiena Card)

Museo Civico, Torre del Mangia
Piazza del Campo; www.comune.siena.it
März–Okt. tägl. 10–19; Okt.–März 10–18 (Turm bis 16) Uhr
Museum: 8 Euro; Kombi-Ticket mit Turm: 13 Euro

Duomo, Museo dell'Opera del Duomo
Piazza del Duomo; www.operaduomo.siena.it
Dom u. Libreria Piccolomini: 4 Euro; Museo dell'Opera und Panorama dal Facciatone: 7 Euro; Krypta: 6 Euro; Baptisterium: 4 Euro; Opa Si Pass (alles inkl. ohne Panorama-Terrasse) 12 Euro (März–Okt.), 8 Euro (Nov.–Feb.)

Santa Maria della Scala
Piazza del Duomo 1; www.santamariadellascala.com
6/3,50 Euro

Pinacoteca Nazionale
Palazzo Buonsignori, Via San Pietro 29; pinacotecanazionale.siena.it
So, Mo 9–13 Uhr, Di–Sa 8.15–19.15 Uhr 4/2 Euro

Romulus und Remus, die mythischen Gründer Roms, an den Zitzen der Wölfin – eines der 56 Marmorbilder, die den Boden des Doms zieren

BAEDEKER TIPP

Das Zentrum Sienas lässt sich gut **zu Fuß** erkunden – wer mit der Bahn ankommt, ist allerdings gut beraten, vom Vorplatz den **Bus** zu nehmen (um einen anstrengenden Marsch bergauf zu vermeiden).

43 Pisa

Im Mittelalter war die Universitätsstadt am Arno eine bedeutende Seemacht. Von einstigem Reichtum zeugen die Altstadt (mit schönen Kirchen und in Pisaner Gelb getünchten Fassaden) sowie die Piazza dei Miracoli mit dem legendären Schiefen Turm, einem für Italien typischen frei stehenden Glockenturm.

Piazza dei Miracoli

Der »Platz der Wunder« wird beherrscht von einem mittelalterlichen Marmorensemble: Dom mit schiefem Glockenturm, Baptisterium und Monumentalfriedhof **Camposanto** in Form eines lang gestreckten Kreuzgangs mit Rundbogenarkaden.

Schon beim Bau 1173 geriet der **Campanile** (Glockenturm) in Schieflage und wurde in den 1990er-Jahren grundlegend renoviert (► 29). Der im 11. Jh. begonnene **Dom** Santa Maria Assunta galt lange als gewaltigster Kirchenbau der Christenheit, seine gestreifte Marmorfassade diente in ganz Italien als Vorbild. 1595 wurden bei einem Brand viele Kunstschätze zerstört, erhalten blieben das Apsis-Mosaik *Christus als Pantokrator* von Cimabue und die reich verzierte Kanzel von Giovanni Pisano.

Bauplastik u. a. präsentiert heute das **Museo dell'Opera del Duomo**.

Längst stabilisiert: der Schiefe Turm aus dem 12. Jh.

KLEINE PAUSE

Eine alteingesessene, noble Adresse für Kaffee und Gebäck ist **Salza** (Borgo Stretto 46) in der Altstadt (www.salza.it).

226 B3

Touristen-Information

Piazza Vittorio Emanuele II 16

05 04 22 91; www.pisaunicaterra.it

tägl. 9.30–16.30 Uhr

Piazza dei Miracoli

Piazza dei Miracoli; www.opapisa.it

Dom: frei; Schiefer Turm (unter boxoffice.opapisa.it/Turisti 12–20 Tage im Voraus oder direkt am Schalter auf dem Platz): 12 Euro; Baptisterium, Camposanto, Museo dell'Opera del Duomo, Museo delle Sinopie: Einzeln 5 Euro, Kombi-Ticket für zwei Museen: 7 Euro; für drei Museen: 8 Euro; alle vier Museen: 9 Euro.

Nach Lust und Laune!

44 Urbino

Das malerische Urbino wird geprägt von Renaissance-Architektur (einem der besterhaltenen Ensembles in Italien), mit dem zweitürmigen **Palazzo Ducale** des Herzogs Federico da Montefeltro als markantestem Gebäude (Unesco Welterbe). Es beherbergt die **Galleria Nazionale delle Marche**, mit meisterlichen Gemälden: Piero della Francescas *Madonna di Senigallia* und *Geißelung Christi*; Raffaels bekanntes *Porträt einer Dame (Die Stumme)* neben Werken von Uccello und Tizian. Eine der Hauptsehenswürdigkeiten im (1997 nach Erdbebenschäden renovierten) **Duomo** Santa Maria Assunta ist das *Letzte Abendmahl* des Urbiner Meisters Federico Barocci. In Raffaels (1483–1520) Geburtshaus **Casa di Raffaello** werden Reproduktionen seiner Gemälde gezeigt sowie Werke des Vaters Giovanni Santi und befreundeter Künstler, wie Timoteo Viti and Giulio Romano.

Das **Oratorio di San Giovanni Battista** schmücken Fresken zum Leben Johannes' des Täufers (1416) von Jacopo und Lorenzo Salimbeni.

227 F3 Piazza Rinascimento 1
07 22 26 13; www.turismo.pesarourbino.it
9–13.30, 14.30–18.30 Uhr, So nur vormittags

Galleria Nazionale delle Marche
Piazza Duca Federico 107; www.galleriaborghese.it Mo 8.30–14, Di–So 8.30–19.15 Uhr 5/2,50 Euro

Casa di Raffaello
Via Raffaello Sanzio 57 07 22 32 01 05; www.accademiaraffaello.it März–Okt. Mo–Sa 9–13, 15–19, So 10–13; Nov.–Feb. Mo–Sa 9–14, So 10–13 Uhr 3,50 Euro

45 Gubbio

Auf Terrassen vor der Kulisse des Monte Ingino (auf den eine Seilbahn führt) winden sich die schmalen mittelalterlichen Gassen von Gubbio, dessen zentrale Piazza della Signoria vom **Palazzo dei Consoli** (14. Jh.) dominiert wird. Stolz des dortigen **Museo Civico** sind die bronzenen *Tavole eugubine* (Eugubinischen Tafeln): Im 15. Jh. entdeckt, vermitteln ihre religiös-liturgischen Texte einen Eindruck des alten umbrischen Dialekts. Die frühesten Exemplare stammen aus dem 3. Jh. v. Chr.

Seit Jahrhunderten feiert man in Gubbio am 15. Mai, dem Tag des hl. Ubaldo, die **Corsa dei Ceri** (Kerzenrennen): In einem Wettlauf werden drei 200 kg schwere »Kerzen«

Dom und Palazzo Ducale von Urbino

Steiler Aufstieg zum Palazzo dei Consoli in Gubbio

auf hölzernen Haltern die Via Sant' Ubaldo hinauf zur Basilica di Sant' Ubaldo nahe dem Gipfel des Monte Ingino getragen (wo die Gebeine des Heiligen ruhen).

227 F2 **Via della Repubblica 15; www.comune.gubbio.pg.it**
tägl. 8.30/9/9.30–13/13.45, 15/15.30–18/18.30 Uhr; Okt.–März bis 18 Uhr

Museo Civico

Palazzo dei Consoli, Piazza Grande; www.comune.gubbio.pg.it **5/2,50 Euro**

46 Perugia

Studenten der hiesigen Universität beleben das Straßenbild der umbrischen Hauptstadt – sie treffen sich gern bei der alten **Fontana Maggiore** (13. Jh.) am Corso Vannucci zwischen Piazza Italia und Piazza IV Novembre: Einst wurde der Brunnen gespeist mit Wasser aus dem Monte-Pacciano-Aquädukt. Zu den Schätzen des **Duomo** di San Lorenzo zählt die Reliquie des Verlobungsrings der Jungfrau Maria, aufbewahrt in einer Schatulle in der Cappella del Sant'Anello. Die Cappella San Bernardino ziert eine *Kreuzabnahme* von Federico Barocci (1569).

Der mächtige gotische **Palazzo dei Priori** beherbergt die **Galleria Nazionale dell'Umbria** mit Werken umbrischer oder auswärtiger Maler (Fra Angelico, Piero della Francesca oder Perugino) und Bildhauer (Arnolfo di Cambio) aus dem 12. bis 16. Jh.

Perugias ehemalige Hauptkirche, die **Chiesa di San Pietro**, geht ins 10. Jh. zurück. Neben einer prächtigen Holzdecke (1564) und dem Chorgestühl von Maestro Stefano (1526) besitzt sie Werke Peruginos (*Pietà*, linker Gang) und Eusebios da San Giorgio *(Anbetung der Könige)*.

Offizinale Pflanzen und Kräuter kann man im hübschen Klostergarten **Orto Botanico Medievale** anschauen.

228 C4 **Loggia dei Lanari, Piazza Matteotti 18; turismo.comune.perugia.it**
07 55 73 64 58 **9–19 Uhr**

Galleria Nazionale dell'Umbria

Corso Vannucci 19; www.gallerianazionaleumbria.it
Mo geschl. **6,50/3,25 Euro**

47 Assisi

Assisi ist verbunden mit dem Namen des hl. Franziskus (1182–1226), der hier in der **Basilica di San Francesco** begraben liegt. Das

Fontana Maggiore in Perugia

Gotteshaus (13. Jh.) überragt die Altstadt an den Hängen des Monte Subiaso – nach verheerendem Erdbeben 1997 musste es samt den berühmten Fresken grundlegend renoviert werden. Allegorien über dem Hauptaltar der *Unterkirche* zeigen die Regeln des Franziskanerordens: Keuschheit, Armut und Gehorsam, im rechten Querschiff findet sich Cimabues Porträt des Ordensgründers. Die *Oberkirche* schmückt Giottos 28-teiliger Freskenzyklus zum Leben des Heiligen (1300).

Die gotische **Basilica di Santa Chiara** (1257–1265) ist einer einheimischen Vertrauten des Franziskus gewidmet, der hl. Clara (1194–1253). Neben Fresken beherbergt die Kirche ein Kruzifix, das einst zu dem Heiligen gesprochen haben soll.

Die Hauptstraße Via di San Francesco führt zur Piazza del Comune. Von der Kathedrale lohnt ein Aufstieg zum Kastell **Rocca Maggiore** mit herrlichem Panoramablick.

229 D4 Piazza del Comune 22; www.conoscerelumbria.regioneumbria.eu Apr.–Sept. Mo–Sa 8–14, 15–18, So 10–13, 14–17 Uhr (Okt.–März So nur vormittags)

Basilica di San Francesco

Piazza San Francesco 07 5 81 90 01; www.sanfrancescoassisi.org Unterkirche: Apr.–Okt. Mo–Sa 6–18.45; Nov.–März 6–17.45 Uhr. Oberkirche: Apr.–Okt. Mo–Sa 8.30–18.45; Nov.–März 8.30–17.45 Uhr frei

Basilica di Santa Chiara

Piazza Santa Chiara; www.assisisantachiara.it frei

48 Spoleto

Kulturellen Ruf genießt die umbrische Stadt aufgrund des seit 1958 jeweils im Juni/Juli stattfindenden *Festival dei Due Mondi* (Festival der zwei Welten, ➤ 154) und antiker Bauwerke wie dem **Arco di Druso** und der **Casa Romana** (beide 1. Jh.), mutmaßliches Domizil der Mutter Kaiser Vespasians, Vespasia Polla. Eindrucksvoll ist auch der Aquädukt **Ponte delle Torri** (14. Jh.), der 230 m lang in 80 m Höhe zwischen Spoleto und Monteluco die Schlucht des Tessino überspannt.

Der **Duomo** Santa Maria Assunta mit schönem Renaissance-Portikus und acht Fensterrosen besitzt Fresken Filippo Lippis (1406–69, der hier begraben ist) und Pinturicchios (1454–1513).v

Das Archäologische Museum im ehem. Kloster Sant'Agata in der Oberstadt zeigt Funde der Bronzezeit aus der **Rocca**, der 1355 er-

Pittoresk schmiegt sich Assisi an den Monte Subiaso

Krönung der Jungfrau – **Apsisfresko Filippo Lippis im Dom zu Spoleto**

bauten päpstlichen Burg, wo einst Lucrezia und Cesare Borgia lebten. In der Unterstadt lohnen die **Pinacoteca** sowie die Kirchen San Salvatore und San Ponziano einen Besuch.

229 D3 Piazza della Libertà 7
07 43 21 86 20; www.regioneumbria.eu
Mo–Fr 8.30–13.30, 14–19, Sa 9.30–12.30, 16–19, So 9.30–12.30 Uhr

Rocca Albornoziana
Piazza Campello 1 07 43 22 30 55
Di–So 9–17.45 Uhr 6/4 Euro

Museo Diocesano
Via Aurelio Saffi 13; www.museogubbio.it
10.30–17 Uhr 5/3 Euro

49 Orvieto

Auf einem Tuffstein-Hochplateau liegt die Stadt, umgeben von Weinbergen, wo ihre berühmten Tropfen gedeihen. Der Bau des gotischen **Duomo** Santa Maria mit prächtiger schwarzweiß gebänderter Fassade wurde im 13. Jh. begonnen zur Feier eines Wunders im benachbarten **Bolsena**: Dort war Blut von einer Kommunions-Hostie auf ein Altartuch getropft (aufbewahrt in der *Cappella del Corporale*).

Im Inneren birgt die *Cappella di San Brizio* (Cappella Nuova) einen bedeutenden Freskenzyklus (1447 begonnen von Fra Angelico und Benozzo Gozzoli, 1504 vollendet von Luca Signorelli): *Geschichte des Antichristen – Das Ende der Welt*. Die Darstellung des *Jüngsten Gerichts* beeinflusste Michelangelos Arbeit in der Sixtinischen Kapelle (► 54).

Im sorgsam restaurierten **Palazzo Faina** gegenüber dem Dom findet man eine sehenswerte etruskische Sammlung mit Grabbeigaben aus der Umgebung der Stadt.

Ein außergewöhnliches Relikt kriegerischer Zeiten ist der von Papst Clemens VII. 1527 angelegte **Pozzo di San Patrizio**, ein 60 m tiefer Brunnen mit raffiniertem Zugangssystem, der im Belagerungsfall Orvietos Wasserversorgung sicherstellen sollte (Zugang über Piazza Cahen).

228 C3 Piazza del Duomo 24; www.comune.orvieto.tr.it Mo–Do 8–13, 16–19, Sa, So 10–13, 15–18 Uhr

Duomo/Cappella di San Brizio
Piazza del Duomo; www.opsm.it
3 Euro; Kombi-Ticket (Duomo, Cappella di S. Brizio, Palazzi Papali, Chiesa S. Agostino): 5 Euro

50 San Gimignano

Das Weichbild des mittelalterlichen Stadtkerns wird beherrscht von 15 der (einst über 50) Geschlechtertürme, die auch die **Collegiata** (Domkirche Santa Maria Assunta, um 1300) an der Piazza del Duomo überragen. An deren reichem Freskenschmuck besticht vor allem das *Jüngste Gericht* (1410) von Taddeo di Bartolo. Im Palazzo del Popolo (1288) nebenan (mit **Museo Civico** und **Torre Grossa**) kann man in der *Sala del Consiglio* (auch Sala di Dante) Lippo Memmis Monumentalbild der *Thronenden Madonna* (1317) bewundern.

Die romanisch-gotische Kirche **Sant'Agostino** ziert ein 17-teiliger

Markante Geschlechtertürme prägen das Bild San Gimignanos

Freskenzyklus zum *Leben des hl. Augustinus* von Benozzo Gozzoli, den Hauptaltar eine *Krönung der hl. Jungfrau* von Pieros del Pollaiuolo. Die *Cappella di San Bartolo* (Bartholomäus-Kapelle) birgt sterbliche Überreste des Heiligen (1228–1300) und einen schönen Altar von Benedetto da Maiano.
226 C2 Piazza del Duomo 1; www.comune.sangimignano.si.it März–Okt. 9–13, 15–19; Nov.–Feb. 9–13, 14–18 Uhr

Collegiata di Santa Maria Assunta
Piazza del Duomo; www.sangimignano.com
Dom und Cappella di Santa Fina: 3,50; Kombi-Ticket mit Museo d'Arte Sacra: 5,50 Euro

Pinacoteca und Torre Grossa
Palazzo del Popolo, Piazza del Duomo 2; www.sangimignano.com April–Okt. 9.30–19; Okt.–März 11–17.30 Uhr
Museum und Turm: jeweils 5/4 Euro; Kombi-Ticket (mit Palazzo Comunale, Museo Archeologico, Spezieria di Santa Fina, Galleria d'Arte Moderna e Contemporanea, Museo Ornitologico): 7,50/5,50 Euro

Sant'Agostino
Piazza Sant'Agostino; www.sangimignano.com 7–12 Uhr, 15–19 Uhr (Nov.–März bis 18 Uhr) frei

51 Lucca

Zentrum der toskanischen Provinzhauptstadt ist die Piazza San Michele mit der romanischen Kirche **San Michele in Foro**, deren Name sich auf das einstige römische Forum bezieht. Das Hauptportal des **Duomo** di San Martino zieren Hauptwerke romanischer Reliefkunst von Nicola Pisano. Interessant im Innern ist das achteckige Sakramentshäuschen *(Tempietto)* mit dem *Volto Santo* (Heiligen Antlitz), einem Kruzifix aus Zedernholz – angeblich mit den wahren Gesichtszügen Christi von Nicodemus geschaffen. Das Chorgestühl ist geschmückt mit Stadtansichten.

Eine Mischung aus Gemälden, Skulpturen und Kunsthandwerk vereint die Sammlung des **Museo Nazionale di Villa Guinigi** (Via della Quarquonia, Tel. 05 83 49 60 33).
226 C3 Piazza Guidiccioni 2; www.luccaturismo.it Mo–Fr 9–13, Di, Do auch 14–17.30 Uhr

San Michele in Foro
Piazza San Michele 05 83 41 96 89 tägl. 7.40–12, 15–18 Uhr (außer bei Gottesdiensten) frei

Duomo di San Martino
Piazza San Martino; www.museocattedralelucca.it
Dom: frei, Ausgrabungen: 4 Euro; Sakristei: 3 Euro; Dom-Museum und Schatzkammer: 4 Euro; Kombi-Ticket: 5–7 Euro

Wohin zum ... Übernachten?

Preise
Für ein Doppelzimmer pro Nacht:
€ unter 140 Euro **€€** 140–220 Euro **€€€** über 220 Euro

FIRENZE

Brunelleschi €€–€€€
Vier-Sterne-Haus in zentraler, ruhiger Lage zwischen Dom und Piazza della Signoria in von Italo Gamberini umgestalteten historischen Gebäuden: einer byzantinischen Kapelle und der Torre della Pagliazza (5. Jh.). Im hauseigenen Mini-Museum sind Funde aus der Bauzeit ausgestellt. Freigelegte Mauern und anderes verweisen in den modernen Zimmern auf die alte Substanz – Name und Stil sind als Hommage an den prominentesten Architekten der Stadt zu verstehen!
227 D3 Piazza Santa Elisabetta 3
05 52 73 70; www.hotelbrunelleschi.it

Casci €
Eines der besten Zwei-Sterne-Häuser von Florenz, aufgrund der Lage unweit der Piazza del Duomo, netten mehrsprachigen Inhabern, hübschen Zimmern und gutem Frühstücksbuffet (freies WLAN). Die wenigen Zimmer zur Straße verfügen über Schallschutzfenster.
227 D3 Via Cavour 13
05 5 21 16 86; www.hotelcasci.com

Gallery Hotel Art €€–€€€
Dunkles Holz, zurückhaltendes Kolorit und moderne Kunst auch in den 65 Zimmern prägen das Ambiente des Vier-Sterne-Hotels beim Ponte Vecchio. Komfortable Lounge, Cocktail Bar und Restaurant mit Fusion-Cuisine.
227 D3 Vicolo dell'Oro 5
05 52 72 63; www.lungarnohotels.com

Hermitage €–€€
Gleichfalls nahe dem Ponte Vecchio ist dieses charmante Drei-Sterne-Hotel gelegen. Freundlicher Service, gute Ausstattung und 28 Zimmer teils mit Blick auf Fluss und Brücke (die dann allerdings laut sind; ruhiger diejenigen zum Hof). Bei schönem Wetter wird das Frühstück auf der Dachterrasse serviert.
227 D3 Vicolo Marzio 1, Piazza del Pesce 05 5 28 72 16; www.hermitagehotel.com

PISA

Royal Victoria €
Seit 1839 in Familienbesitz, wirkt dieses nette Hotel wie ein Stück guter, alter Zeit und ist durch seine Lage zwischen Bahnhof und Piazza dei Miracoli (10 Min. Fußweg) ein idealer Ausgangspunkt für Besichtigungen und Einkaufsbummel. 48 saubere, bequeme Zimmer mit und ohne Bad (auch Drei- und Vierbettzimmer). Parken gegen Gebühr.
226 B3
Lungarno Pacinotti 12
05 0 94 01 11; www.royalvictoria.it

SIENA

Antica Torre €
In einem alten Turm aus dem 16. Jh. (unweit der Piazza del Campo und der Kirche Santa Maria dei Servi) wohnt man in hübschen Zimmerchen, wobei man in den nach hinten gelegenen der oberen Stockwerke den schönsten Blick hat. Es gibt kein Restaurant, doch wird das Frühstück stilvoll im

mittelalterlichen Kellergewölbe serviert.

227 D2 Via di Fiera Vecchia 7
05 77 22 22 55; www.anticatorresiena.it

Hotel Santa Caterina €€

Ein Stück außerhalb der Stadtmauern (und 15 Min. von der Piazza del Campo) erwarten den Gast in einem ehemaligen Patrizier-Palais 22 komfortable kleine Zimmer mit altem Gebälk, Fliesenböden, Klimaanlage und freiem WLAN. Frühstück bei schönem Wetter im ruhigen Gärtchen.

227 D2 Via E S Piccolomini 7
05 77 22 11 05; www.hscsiena.it

URBINO

Albergo Italia €

Moderne Pension nahe dem Dom mit eher schlicht wirkenden, aber komfortablen Gastzimmern. Frühstück ist im Preis inbegriffen und wird auch im schönen Garten serviert. In der Umgebung findet man zahlreiche Bars und Restaurants.

227 F3 Corso Garibaldi 32
07 22 27 01; www.albergo-italia-urbino.it

PERUGIA

Hotel Fortuna €–€€

Stolzes Palais im Herzen der Altstadt, dessen historischer Charakter in den Zimmern indes weniger spürbar ist – dafür umso mehr beim Frühstück in der Halle aus dem 14. Jh. Draußen lockt eine sonnige Terrasse, und in der Umgebung findet man jede Menge Cafés und Bars, wo man vom Sightseeing pausieren und Leute beobachten kann.

228 C4 Via Luigi Bonazzi 19
07 55 72 28 45; www.hotelfortunaperugia.com

ASSISI

Hotel Berti €

Im Herzen von Assisi und in fußläufiger Entfernung zu allen Sehenswürdigkeiten wohnt man hier eher schlicht, aber bequem mit Klimaanlage und Föhn. Sommers wird das Frühstück in der blumengeschmückten Vorhalle aufgetragen.

Die von denselben Inhabern betriebene Trattoria »Da Cecco« in der Nähe bietet in mittelalterlichem Ambiente traditionelle umbrische Küche mit Schwerpunkt auf Pasta (Spezialität des Hauses: *cannelloni*).

229 D4
Piazza San Pietro 24
07 5 81 34 66; www.hotelberti.it

SAN GIMIGNANO

La Cisterna €–€€

Das 1918 von Arturo und Gino Salvestrini gegründete Hotel in einem historischen Haus am gleichnamigen Platz zählt im Ort zu den besten seiner Kategorie und hat obendrein mit dem »Le Terrazze« ein exzellentes Restaurant zu bieten. Frühstück ist im Zimmerpreis inbegriffen.

226 C2
Piazza della Cisterna 23
05 77 94 03 28; www.hotelcisterna.it
geschl. 6. Jan bis Mitte März

LUCCA

Palazzo Alexander €€–€€€

Elegante, charmante Residenz (und ehemaliges Mädchen-Internat) im Herzen der Stadt, mit den Sehenswürdigkeiten und mehreren guten Restaurants in unmittelbarer Nähe. Das Haus stammt aus dem 12. Jh. und wurde später opulent barock umgestaltet, mit viel Gold und Gelb. Großzügige Zimmer mit glänzendem Parkett, vergoldeten Spiegeln, bequemen Sitzmöbeln und Marmorbädern. Frühstück vom Buffet im Rezeptionsbereich.

226 C3
Via Santa Giustina 48 05 83 58 35 71; www.hotelpalazzoalexander.it

Wohin zum ...
Essen und Trinken?

Preise
Für ein Drei-Gänge-Menü ohne Getränke:
€ unter 30 Euro **€€** 30–60 Euro **€€€** über 60 Euro

FIRENZE

Baldovino €–€€
Mit einer unprätentiösen Melange aus Tradition und Innovation präsentiert sich dieses Lokal nahe Santa Croce. In geschmackvollem Ambiente und legerer Atmosphäre serviert junges Personal abwechslungsreiche Kost – von toskanischen Klassikern über neapolitanische Pizzen bis zu ausgefallenen Salaten und anderen aparten kulinarischen Einfällen jenseits der italienischen Küche. Gegenüber befindet sich als Dependance eine *enoteca*.
227 D3 Via San Giuseppe 22r
05 5 24 17 73; www.baldovino.com
Di–So 12–14.30, 19–24 Uhr

Enoteca Pinchiorri €€€
Dies ist keine preiswerte Wein-Bar, sondern eines des besten und teuersten Restaurants am Platz – in dessen bestens bestücktem Weinkeller absolute Raritäten lagern. Gastronomisch lässt sich in Florenz kaum Besseres finden, astronomisch sind die Preise für die exquisite italienisch-internationale Kost. Herren der Schöpfung sollten dort mit Schlips und Jackett Platz nehmen.
227 D3 Via Ghibellina 87
05 5 24 27 57; www.enotecapinchiorri.it
Do–Sa 12.30–14, 19.30–22, Di 19.30–22; geschl. im Aug.

Osteria del Caffè Italiano €€
Einen Steinwurf von Santa Croce, in den Mauern des Palazzo Salviati, hat man in einer Kombination von Enoteca, Restaurant und Trattoria reichlich Auswahl unter verschiedenen lukullischen Genüssen und Preisklassen. Letztlich ist es aber durchweg toskanische Kost, die in den alten Gewölben serviert wird, ob Mehrgang-Menü oder nur ein Snack zu einem Gläschen Wein.
227 D3 Via dell'Isola delle Stinche 11r
055 28 93 68; www.caffeitaliano.it
Di–So 12–1 Uhr

Osteria del Cinghiale Bianco €
Das »Weiße Wildschwein« ist eine Trattoria alten Stils in einem ruhigen Sträßchen am Arno, seit einem halben Jahrhundert in Familienbesitz und mit verlässlich guter toskanischer Küche, von der *Ribollita* (Bohneneintopf) bis zum zarten Wildschwein aus der Maremma.
227 D3 Borgo San Jacopo 43r, Oltrarno
05 5 21 57 06; www.cinghialebianco.com
Mo, Di, Do, Fr 18.30–22.30, Sa 12–15, 18.30–22.30, So 12–18 Uhr

Vivoli €
Seit drei Generationen unbestritten die beste Eisdiele von Florenz, in einem Seitensträßchen der Via Ghibellina bei Santa Croce. Beste Zutaten und handwerkliche Zubereitung – was der Kunde schmeckt.
227 D3 Via dell'Isola delle Stinche 7r
05 5 29 23 34; www.vivoli.it
Di–Sa 7.30–21/24, So 9–21/24 Uhr

PISA

Osteria dei Cavalieri €€
Traditionsreiches Lokal in der Altstadt nahe der Piazza dei Cavalieri mit klassisch toskanischer Küche,

wie *Pasta fritta* (gebratene Nudeln), *Oossobucco con fagioli* (Ossobuco mit Bohnen) oder *Trippa alla pisana* (Kutteln mit Speck, Karotten, Zwiebeln und Kräutern). Preiswerter Mittagstisch mit Einzelgerichten und Festpreis-Menüs.
226 B3 Via San Frediano 16
05 0 58 08 58; www.osteriacavalieri.pisa.it
Mo–Fr 12.30–14, 19.45–22, Sa 19.45–22 Uhr; geschl 1. Jan.-Woche und Aug.

SIENA

Sotto le Fonti €–€€

Beste Adresse für authentische Gerichte und Weine der Region ist diese Osteria mit schlichtem Ambiente und profundem kulinarischen Anspruch. Sie hat sich dem Slow-Food-Gedanken verschrieben, wo sie ausgezeichneten Ruf genießt. Kein Zufall also, dass hier nur Hausgemachtes saisongerecht auf den Tisch kommt! Unbedingt probieren sollte man die hiesige Schinken-Spezialität *Cinta Senese* und im Herbst die göttlichen frischen Trüffel.
227 D2 Via Esterna Fontebranda 118
05 77 22 64 46; www.sottolefonti.it
Mo–Sa 12.30–14.30, 19–22 Uhr

PERUGIA

Osteria il Gufo €–€€

Kreativ bereitet man in diesem lebendigen Lokal typische Gerichte der Gegend zu, mit täglich wechselnder Speisekarte: Was der Markt gerade Gutes hergibt, landet schmackhaft zubereitet auf dem Teller. Schön ist es auch, glasweise die Weinkarte zu erforschen und dazu Häppchen zu verzehren.
228 C4 Via della Viola 18
07 55 73 41 26; www.osteriailgufo.it
Mi–Fr 18.15–1, Sa, So 12–15, 18.15–1 Uhr

ORVIETO

Grotte del Funaro €–€€

Außergewöhnliches Restaurant in den Gewölben einer ehemaligen Seilerei (daher der Name). Die Küche ist teils deftig, mit Schweinefleisch vom Grill, versteht sich aber auch auf Feines wie Trüffel und Fleisch vom Chianina-Rind. Von der Terrasse herrlicher Blick ins umbrische Hügelland.
228 C3 Via Ripa Serancia 41
07 63 34 32 76; www.grottedelfunaro.it
Di–So 12–15, 19–24 Uhr

SAN GIMIGNANO

Dorandò €€–€€€

In den kühlen Gewölben eines alten Palazzo speist man nach Rezepten des Mittelalters und der Etrusker – ein ausgefallenes, aber gelungenes Experiment. Dies wiederum hat seinen (selbst für hiesige Verhältnisse) stolzen Preis.
226 C2 Vicolo dell'Oro 2
05 77 94 18 62; www.ristorantedorando.it
Ostern–Okt. tägl. 12–14.30, 19–21.30; Nov.–Ostern Mo geschl. Geschl. Dez./Jan.

LUCCA

Buca di Sant'Antonio €€–€€€

Eines der besten Restaurants im Zentrum, mit traditioneller Küche und etwas steifem Ambiente. Empfehlenswert etwa *Tordelli Lucchesi* (Teigtaschen mit Rind- und Schweinefleisch, Borretsch und Muskat); *Zuppa di farro* (Gemüsesuppe mit Dinkel); *Capretto allo spiedo* (Zicklein vom Spieß) oder *Semifreddo Buccellatto*, (Halbgefrorenes mit Waldbeeren).
226 C3 Via della Cervia 3
05 8 35 58 81; www.bucadisantantonio.com
Di–So 12.30–14.30, Di–Sa 19.30–22.30

Restaurant Giglio €–€€

In stilvoller Atmosphäre eines Palazzo aus dem 18. Jh. genießt man saisonale Gerichte aus heimischen Zutaten, wie Lamm vom Rost mit knoblauchgewürzten Rübstielen, gegrillten Dorsch mit Kichererbsen und rohen Schinken der Region.
226 C3 Piazza del Giglio 2
05 83 49 40 58; www.ristorantegiglio.com
Di–Mo 12–14, 19.30–22, Mi 19.30–22 Uhr

Wohin zum ... Einkaufen?

Beim Einkaufen hat man in Mittelitalien meist die Qual der Wahl – das gilt natürlich vor allem für die Städte. Von guter Qualität sind auch die kunstgewerblichen Artikel, die in Spezialgeschäften und Touristenläden angeboten werden. Typische Mitbringsel von hier sind, neben Keramik, Mode, Schmuck, Lederwaren und Wäsche, auch Kulinaria wie Olivenöl, Wein und Süßigkeiten.

Am interessantesten zum Einkaufen ist sicherlich das Zentrum der toskanischen Hauptstadt **Florenz**, mit zahlreichen Designer-Läden entlang der **Via de' Tornabuoni** und Warenhäusern wie **Coin** und **La Rinascente** sowie etwas preiswerteren Geschäften um die Piazza della Repubblica und an der Via dei Calzaiuoli.

Unter den Märkten der Stadt sticht der quirlige von **San Lorenzo** hervor, wo man alles vom Ledergürtel bis zum Fußball-T-Shirt bekommt. In der Nähe befindet sich auch die riesige alte Markthalle, der **Mercato Centrale**, wo lukullische Genießer auf ihre Kosten kommen.

Sehr touristisch gibt sich der **Mercato Nuovo** westlich der Piazza della Signoria.

Florenz ist seit je berühmt für seinen Schmuck und die seit 1593 auf dem **Ponte Vecchio** residierenden Juwelierläden. Dort wird Gold noch nach Gewicht veräußert, und neben kostbaren Steinen ist auch Modeschmuck im Angebot.

Schön ist ein Bummel durch die Kunstgewerbe-Lädchen des Altstadtviertels **Oltrarno**, mit breit gefächertem Sortiment von Möbeln und Antiquitäten bis zu Marmorpapier und qualitätvollen Papeteriewaren.

Nicht ganz so groß ist das Angebot in **Siena** (mit der **Via di Città** als Haupt-Shopping-Meile), wo man aber auch leicht fündig wird bei Lederwaren, Schuhen und Mode, Keramik oder Papierwaren. Eine süße Spezialität ist das *Panforte di Siena*, ein lebkuchenartiges Mandelgebäck auf Oblaten mit kandierten Früchten – oft sehr hübsch verpackt und so ein ideales Souvenir.

In **San Gimignano** hingegen herrschen Läden vor mit Töpferwaren, Artikeln aus Olivenholz sowie Tisch- und Bettwäsche, während in **Lucca** Juweliere und Modegeschäfte das Bild prägen.

Die umbrische Hauptstadt **Perugia** ist Einkaufszentrum für die gesamte Region, mit dem betriebsamen **Corso Vannucci** und schönen Geschäften in der Bahnhofsgegend. Ein nettes Mitbringsel von hier ist Schokolade!

In **Spoleto** ist vorwiegend die Unterstadt empfehlenswert zum Shopping, aber auch der tägliche Markt auf der Piazza del Mercato in der Altstadt und deren Boutiquen und Antiquitätenläden.

In **Assisi** lassen sich gut Devotionalien und Keramik erwerben, Letztere auch in **Orvieto** und natürlich in **Deruta**, wo sie in großem Stil hergestellt wird.

Toskana und Umbrien sind kulinarische Paradiese mit hochwertigen **Lebensmitteln** – von Weinen (die man oft direkt beim Produzenten einkaufen kann) und Olivenöl bis zu Käse, Schinken und Wurstwaren aller Art.

Wohin zum … Ausgehen?

Was Besucher an Mittelitalien besonders schätzen, sind die vielen historischen und kulturellen Feste, wie sie hier vor allem im Sommer stattfinden.

Bereits auf das Mittelalter zurück geht der berühmte ***Palio*** in **Siena** (➤ 22; www.ilpalio.org), ein Pferderennen auf der Piazza del Campo in historischen Kostümen (jeweils am 2. Juli und 16. August) – mit sehr viel Zulauf, weshalb man einen Besuch sorgsam planen sollte.

An Ostern feiert man in **Florenz** den ***Scoppio del Carro***, die »Verbrennung« eines blumengeschmückten Fuhrwerks mit Prozession und Feuerwerk vor dem Dom, gefolgt am 15. Mai von der ***Corsa dei Ceri*** in **Gubbio** (➤ 144; www.ceri.it), wo in einem verrückten Lauf riesige »Kerzen« aus Holz zum Gipfel des Monte Ingino getragen werden.

Hier hat sozusagen jede Stadt und jedes Dorf einen besonderen Festtag, gewöhnlich dem örtlichen Schutzheiligen gewidmet und begangen mit Prozessionen, Musik und kleinen Gelagen. Daneben gibt es rein **kulinarische Feste *(Sagre)***, die sich um lokale Spezialitäten drehen (Auskunft erteilen die Touristen-Informationen).

Musik-Festivals gibt es zuhauf, wobei das älteste, der in **Florenz** von April bis Juni stattfindende ***Maggio Musicale Fiorentino*** (www.maggiofiorentino.it), internationalen Ruf genießt – mit einer breiten Palette an Oper, Ballett und Konzerten im dortigen **Teatro Comunale.** Beliebt ist auch das sommerliche Musik- und Tanz-Festival ***Estate Fiesolana in Fiesole***, mit Aufführungen im antiken Amphitheater (www.estatefiesolana.it).

Im Juni/Juli lockt im umbrischen **Spoleto** das ***Festival dei Due Mondi*** (www.festivaldispoleto.com) und in **Perugia** der ***Umbria Jazz*** (www.umbriajazz.com), während **Arezzo** bei der Großveranstaltung ***Arezzo Wave*** mit über 100 Veranstaltungen (www.italiawave.com) rockt.

Über viele kleinere Sommerveranstaltungen informieren die örtlichen Touristen-Informationen.

Nachtleben mit **Clubs** und **Live-Musik** gibt es vorwiegend in Universitätsstädten wie Florenz, Siena und Perugia, im Sommer tobt das Party-Leben an einem der längsten Sandstrände Italiens im Badeort **Viareggio**.

Vor allem im Frühling, wenn die Wiesen blühen und es noch nicht so heiß ist, präsentiert sich Mittelitalien als Paradies für **Wanderer** – in der Toskana bestens erschlossen durch das System der *strade bianche* (weißen Straßen). Wer höher hinaus möchte, ist gut aufgehoben im umbrischen Hügelland, auch im Herbst. Hinweise für bestimmte Routen erteilen die Touristen-Informationen, besonders empfehlenswert ist die von **San Gimignano**.

Agriturismo-Einrichtungen bieten häufig auch **Reitausflüge** an, auf denen sich die schöne Landschaft wunderbar erkunden lässt, verfügen zuweilen über **Tennisplätze** und Swimmingpools. Badeanstalten gibt es praktisch in jeder Stadt, und immer wieder lauschige Rastplätze an einem Flüsschen.

Unternehmungslustige sollten sich aufs **Fahrrad** schwingen (örtliche Verleiher nennt die Touristen-Information). Soll es richtig abenteuerlich sein, erkundet man Umbrien (vor allem die Monti Sibillini südöstlich von Perugia) beim **Paragliden**.

Süditalien

Kleine Erlebnisse

Kunst im Untergrund

Die **Metrò dell'Arte** (Linie 1) in **Neapel** (➤ 166) besitzt spektakulär gestaltete Bahnhöfe.

Geheime Kuriosa

Exzentrisch: das **Gabinetto Segreto** (Museo Archeologico Nazionale in **Neapel**, ➤ 166), mit Erotik aus dem antiken Pompeji.

Felsenfest schlafen

Ganz archaisch lässt sich Italien erleben bei einer Übernachtung in den uralten **Felsenwohnungen** *(Sassi)* von **Matera** (➤ 169).

Erste Orientierung

Rauer, ärmlicher erscheint Italien südlich von Rom, das Klima ist trockener und heißer, und die Landschaft wechselt zwischen sprödem Fels und üppig fruchtbaren Tälern. Von außergewöhnlicher Schönheit präsentieren sich manche Partien der Küste, wo eine Vielzahl antiker Ruinen von bedeutenden Ansiedlungen der Griechen und Römer zeugt.

Als wichtigste Stadt des heutigen Süditalien erstreckt sich, zu Füßen des Vesuvs, in unvergleichlicher Lage am gleichnamigen Golf das quirlige Napoli (Neapel), Hauptstadt Kampaniens und drittgrößte Stadt Italiens. Die einst vom Vulkan zerstörten Städte Pompeji und Herculaneum künden detailreich wie kaum eine andere Ausgrabungsstätte vom Alltagsleben vor zweitausend Jahren. Südwärts schließt sich, gesprenkelt mit idyllischen Orten wie Ravello, die Halbinsel Sorrento an, von wo man auf die berühmte Insel Capri gelangt.

Noch weiter südlich hinterließen griechische Siedler die großartigen Tempelanlagen von Paestum, ein Stück tiefer in die Vergangenheit führen die Höhlen von Matera, und einmalig sind die kegelförmigen *Trulli* bei Alberobello. Auf der Ostseite, in Apulien, glänzt Lecce mit schöner Barock-Architektur, locken die pinienbestandenen Kreidefelsen des Gargano und ganz im Norden der Parco Nazionale d'Abruzzo, wo Gämsen, Wölfe und Braunbären hausen.

Torre Annunziata, überragt vom Vesuv

Erste Orientierung

TOP 10

- 5 Sorrento & Amalfitana ➤ 160
- 9 Pompei & Monte Vesuvio ➤ 162

Nicht verpassen!

- 52 Parco Nazionale d'Abruzzo ➤ 164
- 53 Napoli ➤ 166

Nach Lust und Laune!

- 54 Ercolano ➤ 168
- 55 Ravello ➤ 168
- 56 Paestum ➤ 169
- 57 Matera ➤ 169
- 58 Lecce ➤ 170
- 59 Alberobello ➤ 170
- 60 Parco Nazionale del Gargano ➤ 171
- 61 Capri ➤ 172

In fünf Tagen

Die folgende Route ist eine Möglichkeit, wie Sie einige der interessantesten Sehenswürdigkeiten Süditaliens in fünf Tagen besuchen können. Weitere Informationen finden Sie unter den Haupteinträgen (➤ 160ff).

Erster Tag

Vormittag
Bummel über die Spaccanapoli durch die Altstadt von 53 **Napoli** (➤ 166f), mit Besuch von Santa Chiara und Dom sowie des Museo Archeologico Nazionale.

Nachmittag
Nach dem großartigen, in einem herrlichen Park gelegenen Museo di Capodimonte geht es hinauf zum ehem. Kloster Certosa di San Martino mit schönem Rundblick.

Abend
Vor einem typisch neapolitanischen Abendessen ein kurzer Bummel durch die belebten Straßen und Geschäfte.

Zweiter Tag

Vormittag und Nachmittag
Mit Besichtigung der Orte ★9 **Pompeji** (Fresko rechts; ➤ 162f) und 54 **Ercolano** (➤ 168) gehört der Tag der Antike, vielleicht ergänzt durch die Fahrt zum noch aktiven Krater des ★9 **Vesuvio.**

Abend
Nachtquartier bietet das hübsche Küstenstädtchen **Sorrento** (➤ 160).

Dritter Tag

Vormittag
Die Panoramafahrt führt entlang der ★5 **Halbinsel von Sorrento** (➤ 160f), von Positano nach **Amalfi** (➤ 161; rechts unten), auf einer der anspruchsvollsten und schönsten Küstenstraßen des Mittelmeerraums. Wer Zeit und Lust hat, unternimmt einen Abstecher per Schiff nach 61 **Capri** (➤ 172).

Nachmittag und Abend
Durch malerische Küstenorte geht es zum nächstem Übernachtungsquartier, hinauf auf die Klippen zum idyllischen Bergstädtchen 55 **Ravello** (➤ 168f).

Vierter Tag

Vormittag

Ein früher Aufbruch ermöglicht es, die griechischen Tempelruinen von **56 Paestum** (➤ 169) zu erkunden, bevor es via Potenza nach **57 Matera** (➤ 169) mit seinen Höhlenbehausungen im Kalktuff *(sassi)* geht.

Nachmittag und Abend

Spätnachmittags erreicht man von Matera über die A14 Richtung Norden den **60 Parco Nazionale del Gargano** (➤ 171). Man muss sich entscheiden zwischen der Erkundung dieses Naturschutzgebietes oder dem **52 Parco Nazionale d'Abruzzo** (➤ 164f). Alternativ kann man von Matera über **59 Alberobello** (➤ 170f) die hübsche Provinzhauptstadt **58 Lecce** (➤ 170) ansteuern und von dort einen Abstecher in den Gargano unternehmen.

Fünfter Tag

Bleibt man länger im **Gargano**, sollte man sich neben der spektakulären Küste und den Fischerorten auch Zeit nehmen für das Landesinnere. Soll es in die Abruzzen gehen, empfiehlt sich das Besucherzentrum im hübschen **Pescasseroli** (➤ 164).

5 Sorrento & Amalfitana

Am südlichen Ende des Golfs von Neapel liegt auf einem Tuffstein-Plateau, umgeben von Zitronen- und Orangenhainen, der beliebte Badeort Sorrento. Von hier aus lässt sich bestens die gleichnamige Halbinsel erkunden, samt der Amalfi-Küste mit ihren steilen, bizarren Felsen.

Sorrent

Im Hafen von Sorrento herrscht reger Schiffsverkehr: Vom »Großen« Alten Hafen **Marina Grande** sind Fischerboote unterwegs, Fähren nach Napoli, Ischia und Capri verkehren von der zentraler gelegenen Marina Piccola. Touristen bietet das Städtchen jeden erdenklichen Komfort, einschließlich Grand Hotels und interessanten Restaurants. Nach einem Cappuccino am Hauptplatz, der belebten **Piazza Torquato Tasso** mit Statue des in Sorrent geborenen Dichters (1544–95), kann man schön durch die Gässchen schlendern und Läden mit Keramik, Holzintarsien und dergleichen durchstöbern. Und allerorten wird als hiesige Spezialität der Zitronen-Likör *limoncello* angeboten.

Malerisch schmiegen sich die Häuser von Positano an den Steilhang über dem Meer

Sorrento & Amalfitana

Amalfitana

Der 80 km lange Küstenstreifen zwischen Positano und Salerno zählt zu schönsten Landschaften Süditaliens: Durch zahllose Nadelkurven führt die Straße an schroffen Felsen vorbei, auf denen waghalsig kleine Ortschaften in den blauen Himmel ragen. Pastellfarbene Häuser mit roten Ziegeldächern wechseln mit steilen Gartenterrassen, wo Wein, Oliven und Zitrusfrüchte gedeihen. Lohnend ist ein Aufenthalt im Künstlerstädtchen **Positano**, dessen Häuser äußerst malerisch an zwei Berghängen hinaufklettern. Nicht minder eindrucksvoll ist **Amalfi** mit seinem außergewöhnlichen Dom in arabisch-normannischem Stil. Auf einem Sträßchen mit vielen Windungen und Kehren durch Zitronen- und Olivenhaine gelangt man nach **Ravello** (➤ 168f) in einzigartiger Lage 300 m über dem Meer.

Kühn thront diese Villa auf schroffer Klippe bei Sorrento

KLEINE PAUSE

Das Restaurant **'O Parrucchiano** in Sorrento (Corso Italia 71, Tel. 08 18 78 13 21, www.parrucchiano.com) bietet seinen Gästen das Ambiente eines historischen Gewächshauses und als hiesige Spezialität *Peperoni ripieni alla Sorrentina* (gefüllte Paprikaschoten).

---

230 C2 (Sorrento); 231 D2 (Amalfi)

Touristen-Information
Via delle Repubbliche Marinare 27, Amalfi 08 9 87 11 07; www.amalfitouristoffice.it Mo–Fr 8.30–13, 14–18, Sa 9–13 Uhr
Sorrento (Circumvesuviana: Linien und Fahrpläne unter www.eavcampania.it)

BAEDEKER TIPP

- Das **Fahren auf der engen, kurvigen Küstenstraße** erfordert so viel Aufmerksamkeit, dass kaum ein Blick für die schöne Szenerie bleibt – weshalb sich stattdessen – mit höherer Sitzposition – eine **Tour mit dem Ausflugsbus** oder dem öffentlichen von SITA (www.sitabus.it) empfiehlt.
- Wer dem sommerlichen Trubel in Amalfi entfliehen möchte, unternimmt eine Wanderung durch das **Valle dei Mulini** mit seinen alten Wassermühlen, einst Teil der örtlichen Papierindustrie (Auskunft bei der Touristen-Information).
- Zwei der schönsten **Strände** der Amalfi-Küste findet man bei dem Fischerdorf **Cetara** östlich von Amalfi.

Außerdem: Sehenswert ist die Grablege der amalfitanischen Aristokratie neben dem Dom, der **Chiostro del Paradiso** (»Paradies-Kreuzgang«) – obendrein eine Oase der Stille, mit Palmen und Spitzbogenarkaden im normannisch-arabischen Stil.

9 Pompei & Monte Vesuvio

Der Vulkankegel des Vesuv und die antike Stadt, die unter seinen Eruptionen 79 n. Chr. begraben wurde, bilden gemeinsam eine der eindrucksvollsten Sehenswürdigkeiten Süditaliens.

Monte Vesuvio

Weithin sichtbar ist die markante Silhouette des Vesuv, dessen Flanken bis an Neapel heranreichen. Der letzte Ausbruch des Vulkans ist Jahrzehnte her (1944) – da er unter ständiger Beobachtung von Seismologen steht, hat man nichts zu befürchten, wenn man den Weg zum Kraterrand erklimmt über steiles, mit Schlacken bedecktes Terrain. So abenteuerlich übrigens der Blick in den Kessel ist: Noch überwältigender wirkt an klaren Tagen die Panoramasicht vom Gipfel des heute als Schutzzone ausgewiesenen Bergs (www.vesuviopark.it).

Attraktionen von Pompeji: Fresken der freigelegten Häuser (hier im Thermopolium des Vetutius Placidus)

Pompei (Pompeji)

Ein einzigartiges Schicksal widerfuhr Pompeji mit der radikalen Zerstörung im Ascheregen, der zugleich den darunter begrabenen Ort anderthalb Jahrtausende konservierte. Seit Beginn der systematischen Freilegung entfaltete sich allmählich das authentische Bild einer römischen Provinzstadt mit Straßen, Plätzen, Tempeln, Thermen, Theatern, Villen und anderen Gebäuden, die vom damaligen Alltagsleben zeugen (kleinere Funde im Museo Archeologico Nazionale von Neapel, ➤ 166). Bemerkenswert sind etwa die *Villa dei Misteri*, das *Haus der Vetti* (mit schönen Fresken), das *Forum* mit Kolonnaden sowie das stattliche *Haus des Fauns* (mit wieder angelegtem Garten).

Grabungsgelände von Pompeji mit dem Vesuv im Hintergrund

AUGENZEUGENBERICHT
Dank brieflicher Aufzeichnungen des römischen Schriftstellers Plinius d. J. (um 62–113) verfügt die Nachwelt über einen Bericht aus erster Hand über den 18-stündigen Vesuv-Ausbruch. Sein Onkel Plinius d. Ä., der zu Schiff Hilfe bringen wollte, starb vor Stabiae in den Schwefeldämpfen.

Im Bimsstein-Ascheregen des Vulkanausbruchs 79 starben viele Einwohner, wo sie gerade standen oder lagen – vielerorts sieht man in der Ascheschicht Abdrücke ihrer Körper, oft mit vergebens emporgestreckten Armen: Wer nicht erstickte, verglühte später in der immensen Hitze.

KLEINE PAUSE
Im Ausgrabungsareal selbst finden sich **Caféterias**, unzählige Restaurants in direkter Umgebung.

---

230 C2
Scavi di Pompei, Zugänge: Porta Marina, Piazza Esedra, Piazza Anfiteatro
01 85 77 53 47; www.pompeiisites.org April–Okt. tägl. 8.30–19.30 (letzter Einlass 18) Uhr; Nov.–März 8.30–17 (letzter Einlass 15.30) Uhr Pompei Villa dei Misteri oder Pompei Santuario (www.eavcampania.it) 11/5,50 Euro

Touristen-Information
Porta Marina, Pompei 08 18 57 53 47
Apr.–Okt tägl. 8.30–18, Nov.–März 8.30–15.30 Uhr

BAEDEKER TIPP

- Wichtig aufgrund der Ausdehnung des Areals sind ein **detaillierter Plan** – und gutes Schuhwerk. Die **Via dell'Abbondanza** als wichtigste Durchgangsstraße führt von der Porta Marina (Eingang von der Hafenseite aus) an **Foro** (Hauptplatz) und **Terme** (Öffentlicher Badeanlage) vorbei bis zur Porta di Sarno und dem **Anfiteatro** (Amphitheater; Seiteneingang am östlichen Ende).
- Bei warmer Witterung unbedingt eine **Flasche Wasser** mitnehmen.

Außerdem: Überall stößt man auf die Tierdarstellung mit der Warnung ***Cave Canem*** (»Hüte dich vor dem Hund«) als beliebtestes Souvenir. Das Original-Mosaik im Museo Archeologico Nazionale in Neapel (➤ 166) zierte einst die Schwelle der *Casa del Poeta tragico* (Haus des Tragischen Dichters) abseits der Via di Nola.

52 Parco Nazionale d'Abruzzo

Einst königliches Jagdrevier, ist der 1923 gegründete Nationalpark heute Schutzgebiet für die typische Flora und Fauna der südlichen Abruzzen, einer der schönsten Landschaften Italiens.

Im dem 44 000 ha großen Areal des Naturparks dehnen sich Buchen- und Walnusswälder aus, durchsetzt mit Eschen, Weißdorn und Hainbuchen. Hier leben zahlreiche bedrohte Tierarten wie Gämse, Bergziege, Luchs, Apenninen-Wolf (➤ **TIPP**) und Marsikanischer Braunbär *(Ursus arctos marsicanus)*.

Wenn im Frühsommer die Bergwiesen buchstäblich in Farborgien explodieren, ertönen darüber die Schreie von Steinadler, Hühnerhabicht und Wanderfalke – wie der Park ohnehin ein Eldorado für Ornithologen ist, mit über 300 verschiedenen Vogelarten. Auch die Pflanzenwelt ist vielfältig, mit 1200 Spezies, darunter allein 250 verschiedene Pilze.

GÄMSEN

Gämsen mit kurzen, gebogenen Hörnern, die zu den Paarhufern gehören, sind in der Bergwelt Mittel- und Südeuropas heimisch. Im Park lebt eine Population von rund 500 Exemplaren. Früher stand ihr weiches, geschmeidiges Leder *(Chamois)* hoch im Kurs – was man heute unter der Bezeichnung bekommt, stammt meist von Ziege oder Schaf.

Pescasseroli

Ein guter Ausgangspunkt für die Erkundung des Parks ist das Besucherzentrum in der hübschen Gemeinde Pescasseroli (1167 m), mit kleinem **Naturkundemuseum** zum Lebensraum der Abruzzen und einer Pflegestation für verletzte Tiere. Die hier erhältliche Wanderkarte verzeichnet 150 Routen und diverse Schutzhütten, wo man übernachten kann. Außerdem lässt sich der Park auch auf dem Pferderücken oder per Mountainbike erobern.

Flusslauf durch die spärlich bewaldete Ebene des Nationalparks, vor der Kulisse schneebedeckter Berge

Ein Erlebnis: Wanderungen im Abruzzen-Nationalpark

Außerhalb des Parks

Lohnend sind auch die kleinen Ortschaften der Umgebung, wie das mittelalterliche **Scanno** (nordöstlich Pescasseroli) oder **Opi** (südöstlich) mit einem Gämsenmuseum. Das nordöstlich von Scanno gelegene **Sulmona** bietet als Spezialität zuckerüberzogene Mandeln *(confetti)* und ist stolzer Geburtsort des römischen Dichters Ovid (43 v.–17 n. Chr.).

KLEINE PAUSE

Empfehlenswert: das **Hotel Ristorante Il Bucaneve** (Via Colli dell'Oro; www.hotelbucaneve.net) in Pescasseroli, wo man Forellen, Lamm vom Grill und andere Gerichte der Saison serviert.

---

230 C4

Touristen-Information, Centro Visita di Pescasseroli – Museo Naturalistico

Besucherzentrum, Via Colli dell'Oro, Pescasseroli; www.parcoabruzzo.it; www.pescasseroli.net April–Sept. tägl. 10–18.30; Okt.–März 10–17.30 Uhr

Avezzano, dann Bus bis Pescasseroli

Centro Natura – Museo Naturalistico: 6/4 Euro

Museo del Lupo Appenninico

Besucherzentrum, Via Santa Lucia, Civitella Alfedena; www.parcoabruzzo.it April–Sept. 10–13.30, 15–18.30, sonst 10–17.30 Uhr

3/2 Euro

BAEDEKER TIPP

- Im Dörfchen **Civitella Alfedena** südöstlich von Pescasseroli gibt es das **Museo del Lupo Appenninico**, wo man viel über den hiesigen Apenninen- oder Italienischen Wolf *(Canis lupus italicus)* erfährt.
- Aus **Pescasseroli** stammte der Philosoph, Dichter und Politiker **Benedetto Croce** (1866–1952), dessen Geburtshaus, den Palazzo Sipari (Piazza Benedetto Croce), man besichtigen kann.

53 Napoli

An einem hinreißenden Küstenstreifen erstreckt sich das stolze, oft als laut, schmutzig und chaotisch gescholtene Neapel. Seine Altstadt (Unesco Welterbe) erweist sich bei intensiverem Hinsehen als recht attraktiv, und die nahe gelegenen Grabungsstätten am Vesuv bescherten der Stadt eine der besten archäologischen Sammlungen der Welt.

Das quirlige Chaos im Herzen der Stadt trägt nicht unwesentlich zu deren spezifischem Charme bei. Bei der Orientierung hilft die Touristen-Information (Piazza del Gesù), am Ende der **Spaccanapoli** – einer Magistrale durch die Altstadt, die parallel zum Hafen verläuft, gesäumt von Kirchen, kleinen Plätzen, Läden, Bars und Restaurants. Nördlich davon sind **Duomo** San Gennaro und Archäologisches Museum zu finden, südwestlich liegt auf einem Hügel das von einem Park umgebene ehem. Kartäuserkloster **Certosa di San Martino**.

Östlich stößt man in einem stillen Klostergarten auf die gotische, von Domenico Vaccaro 1742 barock umgestaltete Basilika **Santa Chiara**, Grablege der Könige von Neapel.

Museo Archeologico Nazionale

Das auch mit Funden aus Pompeji (➤ 162f) und Herculaneum (➤ 168) bestückte Museum verfügt zudem über oft exzellent erhaltene Exponate aus dem 8. Jh. v. Chr. bis zum 5. Jh. n. Chr. Neben Wandgemälden (die berühmte Warnung vor dem Hund *Cave Canem*) sind Mosaiken, Skulpturen, Glas- und Silberarbeiten ausgestellt. Eine Besonderheit bildet das *Gabinetto Segreto* (Geheime Kabinett) mit seiner Sammlung gewagter Erotica. Zu den Glanzstücken des Hauses gehören Skulpturen eines Stiers und Herkules aus Besitz der römischen Adelsfamilie Farnese.

Majolikageschmückte Säulen im Kreuzgang des ehem. Klarissinnenklosters Santa Chiara

Museo e Parco di Capodimonte

Einen interessanten Kontrast zur Antike bildet der Mitte des 18. Jh. von Karl III. von Spanien, König beider Sizilien, als Sommerresidenz der Bourbonen erbaute Palast, der die riesige Kunst- und Porzellansammlung seiner Mutter Elisabetta Farnese beherbergte (mit Arbeiten der hiesigen Manufaktur Capodimonte). Unter den Gemälden finden sich Porträts Raffaels und Tizians sowie der *Blindensturz* (1568) Pieter Brueghels d. Ä. und Caravaggios *Geißelung Christi* (1609).

Brunnen im Park um den Palazzo Reale di Capodimonte

KLEINE PAUSE

Ideal als kleine Mahlzeit in deren »Geburtsort« ist eine Pizza – etwa in der **Pizzeria di Matteo** (Via dei Tribunali 94).

---

230 C2

Touristen-Information

Piazza del Gesù; www.inaples.it (mit Link zur: www.campaniartecard.it)
Mo–Sa 9–19.30, So 9–14 Uhr Napoli Centrale

Museo Archeologico Nazionale

Piazza Museo Nazionale 19 08 14 42 21 49; cir.campania.beniculturali.it/museoarcheologiconazionale tägl. außer Di 9–19.30 Uhr 8/4 Euro

Museo e Parco di Capodimonte

Via Miano 2 08 17 49 91 11; www.polomusealenapoli.beniculturali.it
tägl. außer Mi 8.30–19.30 Uhr 7,50/3,75 Euro

BAEDEKER TIPP

- **Seien Sie auf der Hut vor Taschendieben** – immer nur das Notwendigste mitführen und spärlich beleuchtete Gassen meiden!
- **Autofahren** in Neapel ist chaotisch und zeitaufwändig. Benutzen Sie lieber öffentliche Verkehrsmittel.
- Eine gute Wahl ist die klassische *Pizza Margherita* mit Tomaten, Mozzarella und Basilikum – den italienischen Nationalfarben, angeblich im 19. Jh. kreiert zu Ehren der gleichnamigen Königin.

Außerdem: Porzellansammlung des **Museo Duca di Martina** in der Villa La Floridiana (Via Cimarosa 77, Tel. 08 15 78 84 18, www.polomusealenapoli.beniculturali.it, tägl. außer Di 8.30–14 Uhr, freier Eintritt).

Nach Lust und Laune!

54 Ercolano

Beim Vesuvausbruch 79 n. Chr. wurde neben Pompeji auch die Küstenstadt **Herculaneum** so stark zerstört, dass sie ein Jahrtausend unbewohnt blieb. Der Ascheregen richtete hier weniger Schaden an hölzernen Bauteilen an, weshalb oft mehrere Stockwerke stehen blieben, vor allem an die Hauptstraße Cardo IV. In der *Villa dei Papiri* überlebten 1700 antike Schriftrollen (heute im Museo Archeologico Nazionale in Neapel, ➤ 166). Vielzahl und Qualität der in Herculaneum erhaltenen Wandgemälde und Mosaiken lassen auf ein blühendes Gemeinwesen schließen, allen voran das *Casa di Nettuno* genannte Haus eines Weinhändlers, wo man auf ein prächtiges Mosaik des Meeresgottes Neptun und seiner Gattin Amphitrite stieß. Ausgezeichnete Zugverbindungen von Sorrent und Neapel machen Ercolano selbst gegenüber Pompeji attraktiv, weil es nur einen halben Tag kostet.

230 C2 Scavi di Ercolano; www.pompeiisites.org Ercolano (Circumvesuviana: Linien/Fahrpläne unter www.eavcampania.it) 11/5,50 Euro; 3 Tage Kombi-Ticket (Pompei, Ercolano, Oplonti, Stabia, Boscoreale): 20/10 Euro

55 Ravello

Hoch über dem Meer thront das idyllische Städtchen mit mittelalterlichem Marktplatz und prächtiger, löwengetragener Kanzel (13. Jh.) im romanischen **Dom** San Pantaleone. Im terrassierten Park der maurisch inspirierten **Villa Rufolo** (13. Jh.) erging sich schon Giovanni Boccaccio, Autor des *Decameron;* Richard Wagner fand hier 1880 Anregungen zu einem Bühnenbild des *Parsifal.* Seit 1953 finden alljährlich Festspiele zu Ehren des Komponisten statt (www.ravellofestival.com). Die Villa ist heute Sitz des Centro Universitario Europeo per i Beni Culturali (Europäisches Universitätszentrum für das Kulturelle Erbe). 2010 wurde von der Fondazione Ravello das Oscar-Niemeyer-Auditorium eingeweiht, ein futuristischer Konzertsaal auf der Klippe. Etwas außerhalb liegt die **Villa Cimbrone** (18. Jh., heute Hotel) mit prächtigem Belvedere *(Terrazza dell'infinito).*

231 D2 Via Roma 18 bis
08 9 85 70 96; www.ravellotime.it
Mo–Sa 9–13, 14–18, So 9–14 Uhr

Villa Rufolo
Piazza Duomo; www.villarufolo.it
9–20 Uhr 5/3 Euro

Herculaneum: Casa di Nettuno mit Mosaik der Götter Neptun und Amphitrite

Pinienbeschattet: Blick vom Park der Villa Rufolo bei Ravello

Villa Cimbrone

Via Santa Chiara; www.villacimbrone.com
Park: 9 Uhr bis Sonnenuntergang 7 Euro

56 Paestum

Das 35 km südlich Salerno gelegene Paestum (Unesco Welterbe) wurde im 6. Jh. v. Chr. als *Poseidonia* von griechischen Siedlern gegründet, im 3. Jh. v. Chr. von den Römern erobert. Aus der Frühzeit stammen drei dorische Tempel, wie der des Meergottes Poseidon/Neptun *(Tempio di Nettuno)*, Schutzpatron des Ortes. Im 11. Jh. wurde er von seinen Einwohnern aufgegeben und erst im 18. Jh. wiederentdeckt. Die Funde der Ausgrabungsstätte kann man im **Museo Nazionale Archeologico** besichtigen. Besonders schön ist das Wandgemälde aus der *Tomba del Tuffatore* (Grab des Tauchers, um 480 v. Chr.).

231 D1 Via Magna Grecia; www.infopaestum.it; www.campaniartecard.it
tägl. 9–13, 13.30–17.30 Uhr

Ausgrabungsstätte

www.campaniartecard.it Paestum (www.sitabus.it) 6/3 Euro; Kombi-Ticket mit Museum: 7/3,50 Euro

Museo Nazionale Archeologico

Via Magna Grecia; www.campaniartecard.it
6/3 Euro Kombi-Ticket mit Park: 7/3,50 Euro

57 Matera

Seit etwa 7000 Jahren existieren in den Kalksteinschluchten bei Matera, Hauptstadt der östlichen Basilicata, die ***Sassi*** (»Steine«) genannten, höhlenartigen Behausungen. Heute gehören sie zum Unesco Welterbe und sind am besten erreichbar über die Panoramastraße zwischen Sassa Caveoso und Barisano. Nicht nur Wohnungen, auch 120 Kirchen *(chiesi rupestri)* wurden in den Fels getrieben, darunter die Kathedrale **Santa Maria della Bruna** (13. Jh., Fresko des Jüngsten Gerichts), San Pietro Caveoso und Santa Maria de Idris (jeweils Wandmalereien aus dem 14. Jh.).

Manche der spartanischen Behausungen wurden mittlerweile in schicke Apartments umgewandelt – in den 1950er-Jahren sah man die Sassi dagegen als »nationale Schande« an.

232 C4 Via de Viti de Marco 9
08 3 55 33 19 83; www.aptbasilicata.it
Mo–Fr 9–13, Mo, Do auch 16–17.30 Uhr

Paestum, Tempel der Athena

Einer der prächtigen Barockbauten in Lecce: die Chiesa del Rosario

58 Lecce

Barocke Heiterkeit bestimmt die Architektur des gerne »Florenz des Südens« genannten Lecce auf der apulischen Halbinsel Salento. Sakrale wie profane Bauten sind meist aus dem örtlichen goldgelben Tuffstein (*Pietra leccese*) erbaut, der auch die Haupteinnahmequelle der Stadt bildet. Die vornehmeren Gebäude zieren prächtige Bildhauerarbeiten: Blumengirlanden, Cherubim, mythologische Figuren sowie stilisierte Säulen und Schnörkel. Das opulente Stadtbild entstammt vorwiegend dem 16. bis 18. Jh., als Lecce unter spanisch-bourbonischer Herrschaft seine Blüte erlebte.

Entlang der Via Palmieri und Via Libertini stehen stolze Palazzi, errichtet von wohlhabenden Bankiers und Kaufleuten. Einer der wichtigsten Baumeister jener Periode war Giuseppe Zimbalo, als dessen Meisterstück die Fassade der Basilica di **Santa Croce** (1646) an der Via Umberto I gilt. Zimbalo schuf auch den Neubau des Doms Sant'Oronzo (1659–70); sein letztes, höchst aufwendiges Werk war die **Chiesa del Rosario** (1691; Via Giuseppe Libertini).

Im über 2000 Jahre alten Lecce stößt man auch auf Bauwerke früherer Epochen, so auf ein römisches **Amphitheater** aus dem 1. Jh.

Einen ausgezeichneten Ruf genießt die einheimische Küche, mit Lamm *(agnello)* und Zicklein *(capretto)* als Spezialitäten, begleitet von Weinen wie Leverano, Alezio und Copertino.

233 F3

Via Monte San Michele 20 ☎ 08 32 24 80 92; www.viaggiareinpuglia.it Mai–Sept. tägl. 8.30–13, 16–20.30; Okt.–Apr. Mo–Sa 8–14, 15–18, So 10–13 Uhr

59 Alberobello

Zu den eigenartigsten Sehenswürdigkeiten des italienischen Südens gehören die ***Trulli*** genannten Rundhäuser von Alberobello (Unesco Welterbe) mit kegelförmigem Dach. Für dieses wurden Steinplatten überkragend – ohne Mörtel! – aufeinander geschichtet. Den Abschluss bilden Schlusssteine, deren vielfältige Formen noch nicht gedeutet werden konnten. Hunderte solcher oft mehrere Jahrhunderte alten Häuschen – wie man sie sonst ähnlich allenfalls in Syrien findet – verleihen dem Ort ein fremdartiges Gepräge. Die vorwiegend weiß getünchten Trulli beherbergen heute auch Hotels, Restaurants oder Läden, und es gibt sogar eine relativ moderne Trullo-Kirche: **Sant' Antonio** aus dem Jahr 1926. Aus der Masse heraus sticht zudem der zweistöckige **Trullo Sovrano** an der Piazza Sacramento (heute Museum). Rings um das Städtchen finden sich weitere der Kegelbauten, vor allem an der Straße nach Martina Franca.

233 D4 Via Monte Nero 3
08 04 32 20 60; www.comune.alberobello.gov.it
Mo–Sa 10–13, 14.30–17.30, So bis 20.30 Uhr

Trullo Sovrano
Piazza Sacramento 10 08 04 32 60 30; www.alberobellonline.it 10–20, Nov.–März bis 18.30 Uhr 1,50/1 Euro

60 Parco Nazionale del Gargano

Am Sporn des italienischen »Stiefels«, an der apulischen Adria, liegt der erst 1991 eröffnete Nationalpark auf einer Halbinsel von 65 km Länge und 45 km Breite. Neben einer Küstenlandschaft mit bizarren Felsen, schönen Stränden und Fischerdörfchen mit weißen Häusern bilden seine Hauptattraktion die alten Pinienwälder der **Foresta Umbra** (»Schattiger Wald«, teils auch Mischwälder mit Buchen u. a. Laubbäumen), die im Sommer Schutz vor der Hitze bieten. Alles Wissenswerte über Wanderwege und Ähnliches erfährt man im Besucherzentrum des Corpo Forestale bei Vico.

Der alte Fischerort **Peschici** am Nordende lockt mit gewundenen Gässchen und endlosen Sandstränden – von hier gelangt man auch auf die vorgelagerten **Isole Tremiti** und westlich zu den Lagunen von Varano und Lesina, wo man gut Vögel beobachten kann.

Auf der Halbinsel existieren zwei Wallfahrtsstätten: bereits seit dem 13. Jh. das Santuario di San Michele in **Monte Sant'Angelo** (wo im 5. Jh. der Erzengel Michael dem hl. Laurentius in einer Felshöhle erschienen sein soll), seit 2004 die Wallfahrtsbasilika San Pio da Pietrelcina in **San Giovanni Rotondo**, wo der stigmatisierte, später heilig gesprochene Pater Pio (1887–1968) lebte und wirkte.

231 F4
Via Sant'Antonio Abate 121, Monte Sant'Angelo
08 84 56 89 11; www.parcogargano.it
Di und Do 9.30–12.30, 15–18 Uhr
Manfredonia (www.ferroviedelgargano.com)

Steile, bewaldete Kalkfelsen bilden eine Landzunge des Gargano

61 Capri

Die Reize der gut 10 km² großen Felseninsel im Golf von Neapel bestrickten schon beste Kreise des antiken Rom: So hielt sich Kaiser Augustus gerne hier auf (um später nach Ischia zu wechseln); sein Nachfolger Tiberius verlegte für sein letztes Lebensjahrzehnt den Regierungssitz hierher. Heute ist das idyllische Capri mit schöner Sicht aufs Festland per Fähre oder Tragflächenboot von Neapel oder Sorrent erreichbar – Besucher seien indes gewarnt vor astronomischen Preisen, die man hier nicht nur für die Unterkunft bezahlt.

Von der Marina Grande gelangt man per Standseilbahn zum Stadtzentrum, dessen von Boutiquen, Cafés und Restaurants gesäumter Hauptplatz **Piazza Umberto I** beherrscht wird von der maurisch anmutenden Kirche Santo Stefano. Ruhiger geht es zu im höher gelegenen kleinen **Anacapri** mit herrlichem Panoramablick, wo die Villa des schwedischen Arztes Axel Munthe (1857–1949) steht, der durch sein *Buch von San Michele* weltbekannt wurde. Unter den Literaten, die die Insel besuchten, finden sich prominente Namen wie D. H. Lawrence, Rainer Maria Rilke, Graham Greene und Maxim Gorki.

Von der Piazza della Vittoria in Anacapri führt sommers ein Sessellift auf den **Monte Solaro** (580 m) – der Rückweg lässt sich zu Fuß bestreiten durch die Wälder von Anginola.

Capris größtes Naturwunder sind tiefe Felsgrotten am Meer, am berühmtesten die **Grotta Azzurra** (Blaue Grotte) mit ihrem geheimnisvollen Farbenspiel (regelmäßige Bootsverbindung ab Marina Grande).

230 C2

Piazza Umberto I, Capri ☎ 08 18 37 06 86; www.capritourism.com Apr.–Okt. Mo–Sa 8.30–20.30, So 8.30–14.30; Nov.–März Mo–Sa 9–13, 15.30–18.45 Uhr

Via G Orlandi 59, Anacapri ☎ 08 18 37 15 24 Mo–Sa 9–15 Uhr Regelmäßige Fähr- und Tragflächenboot-Verbindungen von Neapel oder Sorrent nach Capri und Anacapri

Villa San Michele

Via Axel Munthe 34, Anacapri; www.villasanmichele.eu 7 Euro

Capris zentrale Piazza Umberto I wird von den Einheimischen »Piazzetta« genannt

Wohin zum ... Übernachten?

Preise
Für ein Doppelzimmer pro Nacht:
€ unter 140 Euro | €€ 140–220 Euro | €€€ über 220 Euro

PARCO NAZIONALE D'ABRUZZO

Pagnani €
Nettes modernes Hotel in den Bergen bei Pescasseroli mit 24 geräumigen Zimmern (teilweise mit Balkon) – eine gute Adresse im Sommer (für Spritztouren ins Gelände) wie den Skiurlaub im Winter.
230 C4
Via Collacchi 4, Pescasseroli
08 63 91 28 66; www.hotelpagnani.it

NAPOLI

Decumani Hotel de Charme €–€€
Im hübschen alten Palazzo Sforza (einst Domizil des letzten Bourbonen-Bischofs in Neapel) ist ein außergewöhnliches Boutique-Hotel entstanden, dessen mit Antiquitäten eingerichtete Zimmer alle über Flachbildschirm-TV und freies WLAN verfügen. Durch die zentrale Lage ideal für die Erkundung der Altstadt.
230 C2
Via San Giovanni Maggiore Pignatelli 15
08 15 51 81 88; www.decumani.com

Grand Hotel Europa €–€€
Eine heitere Ausstrahlung besitzt das ehrwürdige alte Hotel im Herzen Neapels, wozu auch Gemälde in den Zimmern sowie Grünpflanzen und Fresken etwa in der Bibliothek beitragen. Die Gastzimmer sind ausgestattet mit TV, Telefon, Safe und Minibar. Das hoteleigene Restaurant bietet besonders regionale Spezialitäten.
230 C2 Corso Meridionale 14
08 1 26 75 11; www.grandhoteleuropa.com

Grand Hotel Vesuvio €€€
Seit Eröffnung 1882 hat das Luxus-Hotel viel Prominenz in seinen Mauern gesehen, wie Humphrey Bogart, Errol Flynn und Grace Kelly. Die Zimmer sind stilvoll mit Antiquitäten eingerichtet, den Gästen steht neben einem Limousinen-Service ein hauseigenes Schiff zur Verfügung. Vom Dachterrassen-Restaurant »Caruso« genießt man einen schönen Blick über die Stadt.
230 C2 Via Partenope 45
08 17 64 00 44; www.vesuvio.it

Miramare €€
Die mondäne Villa, mit wundervollem Blick auf den Golf von Neapel, war ursprünglich ein Privathaus und beherbergte später das hiesige US-Konsulat. Als Gast genießt man heute das nostalgische Ambiente sowie Satelliten-TV und kostenlose DVD-Ausleihe – und nach wie vor die Panoramasicht von der Terrasse.
230 C2 Via Nazario Sauro 24
08 17 64 75 89; www.hotelmiramare.com

POMPEI

Hotel Diana €
Nur einen Steinwurf entfernt von den Ausgrabungsstätten liegt das moderne, kürzlich renovierte Hotel. Saubere, ordentliche Zimmer mit Fliesenböden und ein schöner Garten, unter dessen Zitronenbäumen man wunderbar Schatten und Ruhe findet nach anstrengenden Besichtigungen.
230 C2 Vico Sant'Abbondio 10
08 18 63 12 64; www.pompeihotel.com
Circumvesuviana

SORRENTO

Imperial Tramontano €€–€€€
Stilvoll eingerichteter Palazzo aus dem 16. Jh. mit schönem Wintergarten – als Hotel dient er bereits seit 1812 und erlebte, neben gekrönten Häuptern, Geistesgrößen wie Goethe, Byron und Shelley als Gäste. Sie genossen sicher den herrlichen Blick von einigen der Zimmer, heute stehen außerdem Pool und Privatstrand zur Verfügung.

230 C2 Via Vittorio Veneto 1
08 18 78 25 88; www.hoteltramontano.it
Jan./Feb. geschl.

AMALFI

Floridiana €–€€
In historischen Mauern bietet dieses nette Drei-Sterne-Hotel im Schatten des Doms zeitgemäßen Komfort, ausgefallene Einrichtung und legere Atmosphäre. Das Frühstück nimmt man unter einer Decke mit prächtigen Fresken ein. Geräumige, helle, modern eingerichtete Zimmer.

231 D2 Via Brancia 1
08 98 73 63 73; www.hotelfloridiana.it

POSITANO (AMALFITANA)

Villa Franca €€–€€€
Entspannte Eleganz strahlt das bestens ausgestattete Hotel aus, dessen Aufenthaltsbereiche Farne, Terrakottavasen und bemalte Majolika zieren. Geschmackvoll eingerichtete Zimmer und schöner Blick auf die Bucht vom Pool wie von der Terrasse des Restaurants (mit neapolitanischen Spezialitäten), außerdem Health Club, Gym und Solarium.

231 D2 Viale Pasitea 318
08 9 87 56 55; www.villafrancahotel.it

LECCE

Eos Hotel €–€€
Modernes Boutiquehotel mit zeitgemäßem Design und Dekor, dessen 30 nicht gerade überdimensionierte Zimmer mit warmen Erdtönen und viel Holz jedoch ansprechend gestaltet sind. Im Haus gibt es eine moderne, minimalistisch ausgestattete Café-Bar – will man es authentischer apulisch haben, ist man in wenigen Gehminuten in der Altstadt.

233 F2 Viale Alfieri 11
08 32 23 00 30; www.hoteleos.it

RUGGIANO (PARCO NAZIONALE DEL GARGANO)

Hotel dei Mandorli €
Ein bisschen verwohnt, ansonsten jedoch akzeptabel ist diese Unterkunft, von der aus man sehr gut den Gargano-Nationalpark, San Giovanni Rotondo oder den Monte Sant'Angelo erkunden kann. Für das leibliche Wohl ist in Form von Holzofen-Pizza gesorgt, zudem hat das Hotel Freizeitaktivitäten wie Wandern und Reiten im Programm.

231 F4
Località Montagna, Ruggiano
08 84 53 04 00; www.hoteldeimandorli.it
Manfredonia, dort Linienbus nach Ruggiano

CAPRI

Il Portico €–€€
Trotz des großartigen Panoramablicks ist das Hotel für hiesige Verhältnisse preiswert. Kleine, einfache Gastzimmer mit Patio oder Balkon und große Aussichtsterrasse, wo man frühstückt oder sich abends einen Drink genehmigt.

230 C2 Via Truglio 1
08 18 37 05 23

La Minerva €€€
Ruhig gelegenes, beschaulich-elegantes Drei-Sterne-Hotel nahe dem Stadtzentrum Capris, mit Gewölbedecken und Majolika-Böden. Viele der hell eingerichteten Zimmer mit Balkon und Meeresblick, schön angelegter terrassierter Garten zum Ausspannen sowie luxuriöser Swimmingpool nur für Hotelgäste.

230 C2 Via Occhio Marino 8
08 18 37 70 67; www.laminervacapri.com
geschl. Okt./Nov. bis Mitte März

Wohin zum … Essen und Trinken?

Preise
Für ein Drei-Gänge-Menü ohne Getränke:
€ unter 30 Euro **€€** 30–60 Euro **€€€** über 60 Euro

NAPOLI

Da Dora €€€
Hier gehen Köstlichkeiten aus dem Meer und Unterhaltung Hand in Hand: Es kann durchaus sein, dass sich das Personal nach dem Essen – wie *Linguine alla Dora* (mit Tomatensauce und Krustentieren) – künstlerisch die Ehre gibt. Auf der Speisekarte findet man traditionell Kampanisches.
230 C2 Via Ferdinando Palasciano 30
08 1 68 05 19; www.ristorantedadora.com
Mo 20–24, Di–Sa 12–15, 20–24 Uhr, So 12–15 Uhr

Gran Caffè la Caffettieria €
Elegantes Café an der Piazza dei Martiri mit schöner Terrasse. Neapolitanische Spezialitäten: *baba* (mit Rum getränkte Hefeküchlein) und knusprig-cremige *fogliatelle* (Millefeuille-Teilchen).
230 C2 Piazza dei Martiri 26
08 17 64 42 43; www.grancaffelacaffettiera.com Mo–Fr 7.30–22, Sa, So 7.30–24 Uhr

POMPEI

Ristorante-Pizzeria Carlo Alberto €–€€
Pasta, Pizza und Meeresfrüchte kann man sich schmecken lassen in dem unprätentiösen kleinen Lokal nahe der Ausgrabungsstätte – und nach einem köstlichen Dessert etwas für den Magen tun: mit *Grappa del Vesuvio* aus Lacrima-Christi-Trester vom Vesuv.
230 C2
Via Carlo Alberto 15 08 18 63 32 31
tägl. 11.30–15.30, 18.30–22.30 Uhr

President €€
Fangfrisch vom Tag, in tradioneller Art zubereitet – lautet das Motto des exzellenten Fischlokals bei Vor- und Hauptspeisen, wie Calamari in fein abgeschmeckter Sauce. Auch die Weinkarte kann sich sehen lassen.
230 C2 Piazza Schettino 12
08 18 50 72 45; www.ristorantepresident.it
Di–So 12.30–15, 19–24 Uhr. Geschl. 2. Aug.-Hälfte.

SORRENTO

Il Buco €€–€€€
In den Mauern eines ehemaligen Klosters kommen zum Beispiel *fusilli al ragù Genovese* (Spiralnudeln mit Lamm-Ragout) auf den Tisch oder Meeräsche auf einem Bett von Orangenscheiben und Pecorino, gefolgt von hinreißenden Desserts.
230 C2 Rampa Seconda Marina Piccola 5 08 18 78 23 54; www.ilbucoristorante.it tägl. außer Mi 12.30–14.30, 19–22.30 Uhr. Geschl im Jan.

Caruso €€–€€€
Optisch beherrscht der berühmte neapolitanische Opernsänger Enrico Caruso (1873–1921) das Bild, in Fotos und Memorabilien, mit denen die Wände tapeziert sind. Die Speisekarte bietet einen Querschnitt der lokalen Küche – auch Gemüsegerichte und Meeresfrüchte, wobei die Fischplatte und der Fang des Tages empfehlenswert sind, nicht anders manch originelle Nachspeise.
230 C2 Via Sant'Antonino 12
08 18 07 31 56; www.ristorantemuseocaruso.com tägl. 12–24 Uhr

AMALFI

Tari €–€€

Gemütlicher Familienbetrieb, wo frische Zutaten in traditioneller Weise zu höchst schmackhaften Fisch- und Pasta-Gerichten oder Pizzen verarbeitet werden. Verschiedene Menüs, etwa mit Pasta mit Meeresfrüchten, gefolgt von Kalbsschnitzel mit Zitrone und Kapern.

231 D2 Via Capuano 9/11
089 87 18 32; www.amalfiristorantetari.it
tägl. 11.30–22.30 Uhr

MATERA

Ristorante del Caveoso €€

Spezialitäten der Region serviert die familiengeführte Trattoria in den Gewölben eines traditionellen *Sasso:* etwa Cavatelli-Nudeln mit Steinpilzen, Saubohnen und Chicorée oder gefüllte Lamm-Rouladen. Auch die einheimischen Würste sind nicht zu verachten, ebenso wenig die Grill-Gerichte und Wein-Auswahl.

232 C4 Via Buozzi 21
08 35 31 23 74; www.ristorantedelcaveoso.it
Di–Sa 12–15, 20–22.30, So 12–15 Uhr

LECCE

Picton €–€€

Regionale Rezepte mit einfachen Zutaten werden gekonnt neu interpretiert bei dieser bekannten Adresse im barocken Zentrum von Lecce, wobei Fischgerichte die Hauptrolle spielen (wie Gnocchi mit Schwertfisch als Vorspeise), aber auch Fleisch exzellent zubereitet wird.

233 F3 Via Idomeneo 14
08 32 33 23 83
Di–So 12–14.30, 20–23.30 Uhr

ALBEROBELLO

Ristorante Terminal €–€€

Schlichter Familienbetrieb mit hübscher kleiner Terrasse (wo es nicht so laut ist wie im großen Speisesaal mit Holzdecke). Hier wird die typische Küche der Gegend pflegt, etwa in Form von *Orecchiette alla pugliese* (mit Brokkoliröschen). Die Inhaber vermitteln auch Unterkunft in einem *Trullo*.

233 D4 Via Independenza
08 04 32 51 03; www.ristoranteterminal.it
tägl. 12–15, 19–22.30 Uhr

MONTE SANT'ANGELO (PARCO NAZIONALE DEL GARGANO)

Medioevo €–€€

Nach lokalen Rezepten wird Sensationelles auf den Tisch gezaubert, mit viel *salumi*, wozu am besten einer der guten Weine von der Karte schmeckt. *Orecchiette* bekommt man in verschiedenen Variationen. Ein Traum: die in Rum eingelegten Feigen mit Mandeln.

231 F4 Via Castello 21, Monte Sant'Angelo 08 84 56 53 56; www.ristorantemedioevo.it tägl. außer Mo 12–14.30, 20–22 Uhr. Geschl. 2. Nov.-Hälfte

CAPRI

Mammà €€€

Zwei Michelin-Sterne krönen Spitzenkoch Gennaro Esposito, Chef des 2013 neu eröffneten Restaurants im Herzen Capris mit coolem türkis-weißem Ambiente. Gourmetküche vom Feinsten mit viel Fisch und Meeresfrüchten – und traumhafter Blick auf die Bucht von Neapel. Nur mit Reservierung!

230 C2 Via Madre Serafina 6
08 18 37 74 72; www.ristorantemamma.com
Di–So 12–15.30, 19–24 Uhr

Da Tonino €–€€

Fern der Touristenschwärme wird man in diesem Lokal am Arco Naturale verwöhnt mit einer üppigen regional-internationalen Weinkarte und aparten südlichen Gerichten, wie *Millefoglie d'alici* (Blätterteig-Taschen mit Sardellen) oder Wachteln mit Kastanien.

230 C2 Via Dentecala 15
08 18 37 67 18 tägl. außer Mi 12.30–14.30, 19–22.30 Uhr. Geschl. 6. Jan–15. März

Wohin zum ... Einkaufen?

Italiens »Mezzogiorno« südlich von Neapel ist seit je eine der ärmsten Gegenden des Landes – wobei man in der Großstadt Neapel gleichwohl eine gute Auswahl beim Einkaufen hat. Auch in Städtchen und Badeorten auf der Halbinsel von Sorrento wird man leicht fündig bei Antiquitäten und Nippes, während größere Orte wie Bari und Lecce einiges an Mode-Boutiquen und Kunsthandwerk zu bieten haben.

Neapels schicke Shopping-Meile ist das Viertel **Santa Lucia**, wo man vor allem an der **Via Chiaia** und **Via Toledo** auch Warenhäuser und Läden von Mode-Ketten antrifft und qualitätvolle Lederwaren bekommt. Zu den empfehlenswerten Mitbringseln gehören Schmuck, Antiquitäten und kunstgewerbliche Artikel, als preiswertere Alternative Kameen-Broschen oder Korallen-Schmuck.

Jahrhundertelange Tradition besitzt in Neapel auch die Herstellung von Figuren für **Krippen** *(presepi)* – wie Engel, die Heilige Familie oder die Drei Weisen aus dem Morgenland.

Ein Einkaufserlebnis besonderer Art erwartet einen entlang der **Spaccanapoli** mit ihren winzigen Lädchen, wo außer besagten Krippenfiguren bunte Keramik und Töpferwaren angeboten werden. Allemal einen Besuch wert sind die Märkte Neapels: Fast jedes Viertels unterhält seinen eigenen Straßenmarkt – am ergiebigsten für Lebensmittel etwa **Pignasecca** und **Mercato di Sant'Antonio**, sehr malerisch der Blumenmarkt **Mercato dei Fiori** am Castel Nuovo. Kunstfreunde wiederum kommen auf ihre Kosten in den Museums-Shops von Neapel und **Pompeji**, wo Reproduktionen römischer Antiken und exzellente Bildbände zum Verkauf stehen.

Südlich von Neapel ist zum Einkaufen die **Halbinsel von Sorrento** mit der **Amalfi-Küste** am interessantesten, in deren Boutiquen man reichlich Auswahl findet, von Strandbekleidung bis zur eleganten Abendgarderobe. Überall wird bunt bemalte **Keramik** verkauft, vom Tellerchen bis zum Tafelaufsatz, in den Farben Blau und Gelb mit Motiven wie Weintrauben, Zitronen oder dem Küken – Symbol der Keramikstadt Vietri sul Mare.

Aus den hiesigen Zitronen gewonnen wird in Amalfi, Sorrento und **Capri** der beliebte Likör ***Limoncello*** (»Zitrönchen«) – pur als Digestiv getrunken oder zur Erfrischung gemischt mit Prosecco. Vielerorts stößt man auch auf eine *Enoteca* (Wein-Bar), wo man vor dem Kauf eine Weinprobe machen kann.

Insgesamt präsentiert sich der Süden bezüglich seiner Einkaufsmöglichkeiten an Auswahl und Qualität deutlich bescheidener als der Norden Italiens – es entstehen jedoch immer mehr erfolgreiche kleine Spezialgeschäfte mit attraktivem Angebot, wie auf der touristisch gut erschlossenen **Gargano-Halbinsel** sowie in **Alberobello** oder in **Lecce**, wo man etwa bei Juwelieren individuelle Stücke zu zivilen Preisen anfertigen lassen kann.

Im lukullischen Bereich bietet sich (in Apulien produziertes) **Olivenöl** an, auch die Qualität hiesiger **Weine** hat enorm gewonnen: Beides kann man häufig direkt beim Produzenten erwerben. Stets eine Fundgrube sind *Pasticcerie* und *Salumerie,* eine gute Wahl auch der hervorragende Ziegenkäse der Region oder die Nudel-Spezialität *Orecchiette.*

Wohin zum ... Ausgehen?

Kulturell Interessierten hat in Süditalien vorwiegend Neapel musikalisch eine Menge zu bieten, allen voran die ehrwürdige Oper.

Das **Teatro San Carlo** (www.teatrosancarlo.it) in **Neapel** ist Italiens ältestes Opernhaus, mit Spielzeit von Dezember bis Mai sowie Konzerten und Ballett außerhalb der Saison, eine renommierte Tanzbühne das **Teatro Politeama** (www.teatro-politeama.com), wo häufig internationale Ensembles mit aufwendigen Produktionen gastieren. Auskunft über das aktuelle Geschehen erteilt die Touristen-Information, wo man auch das monatlich erscheinende Informationsblatt *Qui Napoli* bekommt.

Wichtigstes unter den traditionellen Festen ist die dem Stadtheiligen gewidmete **Festa di San Gennaro** (1. So im Mai, 19. Sept. und 16. Dez.) – dann wird eine Phiole mit getrocknetem Blut des Patrons unter großer Anteilnahme den Massen präsentiert: Aus der Schnelligkeit, mit der das Blut sich verflüssigt, schließt man auf das Schicksal der Stadt im kommenden Jahr.

Beim **Festival Musicale di Ravello** (Juni bis Aug.; www.ravellofestival.com) finden einige Veranstaltungen im schönen Park der **Villa Rufolo** (www.villarufolo.it) statt. Im grandiosen **Teatro Paisiello** von **Lecce** wiederum erklingen rund ums Jahr klassische Musik, Jazz und Pop, gelegentlich gibt es Ballett-Aufführungen.

Die **Club-Szene** auf der Halbinsel von **Sorrento** und an der **Amalfi-Küste** rühmt sich einiger der coolsten Sommer-Clubs ganz Italiens, einige in Felshöhlen am Meer – angesagt sind **L'Africana** (www.africanafamousclub.com) in Praiano oder **Music on the Rocks** (www.musicontherocks.it) in Positano.

Sportbegeisterte sind gut aufgehoben an der Küste um **Sorrento**, wo man an **Wassersport** alles vorfindet, von Segeln und Windsurfen bis hin zu Sporttauchen oder Schnorcheln – etwa fehlende Ausrüstung lässt sich hier problemlos mieten. Wer Kurse buchen möchte, sollte allerdings in der Hochsaison (Mitte Juli bis Ende Aug.) rechtzeitig reservieren.

Nicht selten verfügen Hotels über **Tennisplätze** mit Flutlicht, eine gute Adresse zum **Golfspielen** ist **Arco Felice** nahe Neapel (www.golfnapoli.it).

Weiter südlich werden die Sportmöglichkeiten spärlicher, mit löblicher Ausnahme des **Gargano**, wo man vor allem in und um **Viesta** bestens Wassersport treiben kann. An den ausgedehnten Sandstränden der apulischen Küste im Osten werden auch Tretboote vermietet.

Immer eine schöne Sache sind **Schiffstouren**, auf denen man Wasser, Wind und Sonne genießen kann – von Neapel aus nach **Capri** und **Ischia** oder vom Gargano aus zu den **Isole Tremiti**.

Zum **Wandern** bietet sich, bevorzugt im Frühling und Frühsommer, der **Parco Nazionale d'Abruzzo** an (www.parcoabruzzo.it). Auskunft über Wander-, Reit- und Radwege erteilt das Besucherzentrum in Pescasseroli (www.pescasseroli.net). In der Umgebung des Ortes befinden sich mehrere gute **Reithöfe**, und auch **Fahrräder** kann man in Sportgeschäften kurz- oder langfristig ausleihen.

Sizilien & Sardinien

Kleine Erlebnisse

Schnee, Vulkan und Meer

Morgens in **Taormina** (➤ 186) über Zypressen und Zitronenhaine auf den **schneebedeckten Ätna** schauen …

Antike Grazien

Jagd- und Freizeitgeschichten erzählen die Mosaiken der **Villa Romana del Casale** (➤ 194), bevölkert von 2000 Jahre alten **Bikini-Mädchen**.

Schwein vom Feinsten …

… das sensationelle mit Kräutern marinierte **Spanferkel** *(Porceddu)* vom Rost im Restaurant »Su Gologone« im Gennargentu (➤ 197).

Erste Orientierung

In Italien gibt es zwei landschaftlich reizvolle und kulturell einzigartige Inseln, die jede für sich eine Reise wert sind – Sizilien aufgrund seiner Berge, alten Städte, bedeutender Ausgrabungsstätten und beliebten Ferienorte, Sardinien wegen seines urtümlichen Landesinnern und, als Kontrast, der mondänen Costa Smeralda.

Zu den eindrucksvollsten antiken Bauten der Südküste **Siziliens** gehören die griechischen Tempel von Agrigento und die drei Jahrtausende alte Stadt Siracusa. Weiter im Norden, am Fuße des Ätna (Europas größtem aktiven Vulkan), liegt Taormina, Siziliens wohl beliebtestes Urlaubsziel. Richtung Westen gelangt man zu den bemerkenswerten römischen Mosaiken von Piazza Armerina, nordwestlich über die Berge in die Hauptstadt Palermo. In deren Umgebung befindet sich der normannische Dom von Monreale. Östlich von Palermo lockt, mit herrlichen Stränden, guten Restaurants und einem schmucken Dom, das malerische Cefalù.

Concordia-Tempel in Agrigento

Chiesa San Giuseppe in Taormina

Die Hauptattraktion **Sardiniens** bildet seine schöne Küste, von der lieblichen Costa Smeralda über die Korallen-Riviera bei Alghero bis zu den bizarren Felsen der Cala Gonone im Osten. Einen Besuch wert ist aber auch das wilde Landesinnere mit dem Parco Nazionale del Gennargentu als Heimstatt seltener Flora und Fauna sowie kleinen Dörfern, wo man noch traditionelles Handwerk der Insel pflegt. Im Süden winkt neben Cagliari, der modernen Hauptstadt in alten Stadtmauern, mit Nora eine römische Ausgrabungsstätte am Meer.

Nicht verpassen!

62 Siracusa ➤ 184
63 Taormina & Monte Etna ➤ 186
64 Agrigento ➤ 188
65 Sardegna ➤ 189

Nach Lust und Laune!

66 Cefalù ➤ 191
67 Palermo ➤ 191
68 Monreale ➤ 194
69 Piazza Armerina ➤ 194

In acht Tagen

Die folgende Route ist eine Möglichkeit, wie Sie einige der interessantesten Sehenswürdigkeiten der beiden Inseln an insgesamt acht Tagen besuchen können – fünf auf Sizilien und drei auf Sardinien. Die einzelnen Highlights werden im Folgenden (➤ 184ff) näher beschrieben.

Erster Tag

Die Tour beginnt auf **Sizilien** mit der Besichtigung der Altstadt von 62 **Siracusa** (➤ 184) auf der vorgelagerten Insel Ortigia und des Parco Archeologico della Neapoli auf dem »Festland«. Nachmittags geht es weiter Richtung Norden nach 63 **Taormina** (➤ 186f) als erstem Nachtquartier.

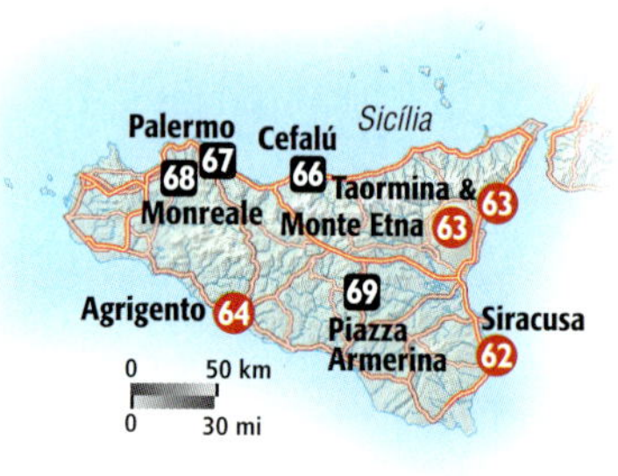

Zweiter Tag

Nach Besichtigung Taorminas bietet sich ein Abstecher auf den 63 **Monte Etna** (➤ 186f) an oder nach 69 **Piazza Armerina** (➤ 194). Am Abend sollte man in 64 **Agrigento** (➤ 188) sein.

Dritter Tag

Zeitiger Aufbruch zu den griechischen Tempelanlagen Agrigents, nach dem Mittagessen weiter durch Hügelland nach 68 **Monreale** (➤ 194) zum Übernachten.

Vierter Tag

Nach einem Bummel durch Monreale an Palermo vorbei für zwei Nächte nach 66 **Cefalù** (➤ 191; links).

Fünfter Tag

Besichtigung von 67 **Palermo** (➤ 191), von Cefalù aus per Zug erreichbar, oder ein schöner Tag am Strand.

Sechster Tag

Nach Landung auf 65 **Sardegna** (Sardinien, ➤ 189f) Besichtigung der Altstadt und Burg von **Cagliari** (➤ 189). Spätnachmittags geht es weiter auf der S125 zur Westküste, um in der Umgebung des **Parco Nazionale del Gennargentu** (➤ 190) zu übernachten.

Siebter Tag

Durch die schöne, unberührte Landschaft des Gennargentu führt der Weg nach Olbia und zur **Costa Smeralda** (➤ 189; oben) im Nordosten, wo man am Spätnachmittag ankommt. Dort kann man sich an einem der wunderbaren Strände lustvoll in die blaugrünen Meeresfluten stürzen, anschließend durch Boutiquen bummeln und einen Blick auf den Jetset erhaschen, bevor man zum Abendessen aufbricht.

Achter Tag

Falls nicht der Strand lockt, lohnt ein Ausflug in den idyllischen Nordosten der Insel. Nach dem Mittagessen geht es nach **Alghero** (➤ 189f) mit seinem lebendigen Hafen. Ein Espresso an der Piazza und frischer Fisch zum Abendessen – ein gelungener Tagesabschluss.

62 Siracusa

Der moderne Teil der Stadt an der Südostküste, wieder aufgebaut nach schweren Bombenschäden im Zweiten Weltkrieg, ist unspektakulär, umso hübscher ist die Altstadt auf der Halbinsel Ortigia mit Barockbauten, schmucken Plätzen und schmalen Gassen, an denen sich nette Läden, Cafés und Restaurants reihen.

Auch der historische Teil von Siracusa wurde Opfer einer Katastrophe: Nach dem Erdbeben von 1693 entstand das Zentrum um die Piazza Pancale neu in üppigem Barock. Damals erhielt auch der **Dom** Santa Maria delle Colonne seine heutige Gestalt – der Name bezieht sich auf die Säulen des einstigen Athena-Tempel (5. Jh. v. Chr.) auf dessen Ruinen er errichtet wurde.

Aus der Frühzeit der Besiedlung durch griechische Kolonisten aus Korinth, die Syrakusa 733 v. Chr. als Teil von *Magna Graecia* (Groß-Griechenland) gründeten, stammt auch der **Tempio di Apollo** (Apollon-Tempel), an dessen Nutzung sich die Geschichte der Stadt ablesen lässt: In spätrömischer Zeit zur christlichen Basilika umgebaut, diente er den Sarazenen als Moschee und wurde später erneut zur Kirche umgewidmet.

Die Piazza del Duomo in Syrakus

HEUREKA!

»Heureka – ich hab's!«, soll der Mathematiker Archimedes ausgerufen haben, als er bei einem Bad die Wasserverdrängung durch feste Körper entdeckte. 287 v. Chr. in Syrakus geboren, fand er auch Formeln zur Berechnung des Volumens von Kugeln und Zylindern – und starb angeblich bei der Eroberung der Stadt durch die Römer 213 v. Chr., so sehr in Berechnungen vertieft, dass er seine Angreifer gar nicht bemerkte.

Neben den Römern, die Syrakus 213 v. Chr. eroberten, hinterließen auch Byzantiner, Normannen und Spanier hier ihre Spuren. Am eindrucksvollsten sind indes die im **Parco Archeologico della Neapoli** erhaltenen griechischen Bauten, wie das in den Fels gehauene **Teatro Greco** (5. Jh. v. Chr.), das ein halbes Jahrtausend vor dem **Anfiteatro Romano** entstand und 15 000 Zuschauern Platz bot. Im antiken Steinbruch Latomia del Paradiso starben 413 v. Chr. Tausende athenischer Kriegsgefangener, und an der **Ara di Ierone** (Altar des Hieron) gegenüber wurden oft Hunderte von Stieren den Göttern geopfert.

KLEINE PAUSE

Bei **Don Camillo** (► 196) in der Via Maestranze 96 gibt es guten Fisch und Käse aus regionaler Produktion.

237 F2

Touristen-Information

Via Maestranza 33 · 09 31 46 42 55; www.provincia.siracusa.it
Mo–Sa 8.30–13.30, 15–17, So 9–13 Uhr (Nov.–Ostern Sa-Nachmittag und So geschl.) · Siracusa

Parco Archeologico della Neapoli

Largo Paradiso · 093 16 62 06; www.siracusaturismo.ne
tägl. 9–18 Uhr, letzter Einlass: 17 Uhr · 10/5 Euro

BAEDEKER TIPP

- Wunderbar kühl bei Hitze ist ein Gang durch **Katakomben** aus dem 4. Jh. nahe dem Museo Archeologico Regionale an der Via San Giovanni alle Catacombe (www.siracusaturismo.net; Di–So 9–12.30 u. 14.30–17.30 Uhr; 8/5 Euro).
- Erscheint einem das moderne Syrakus als Quartier wenig verlockend, ist das 35 km südwestlich gelegene Städtchen **Noto** eine gute Alternative. Es wurde nach einem Erbbeben 1693 in hellem Kalktuff aus der Umgebung wieder aufgebaut, der heute seinen hellen, festlichen Charakter prägt. Als Beispiel dieses für Sizilien typischen Stils wurde es zusammen mit sieben weiteren Barockstädten im **Val di Noto** von der Unesco zum Welterbe erklärt. www.comune.noto.sr.it

63 Taormina und Monte Etna

Taormina an der Nordostküste, auf einer Terrasse des Monte Tauro hoch über dem Meer gelegen, ist Siziliens attraktivster Ferienort. Schicke Läden bestimmen vor allem im Sommer das Bild, zu dem auch das Glitzern des Meeres und die Sicht auf den nahen Ätna gehören. Rings um die zentrale Piazza IX Aprile und die Hauptstraße Corso Umberto I lässt es sich schön durch alte Bogengänge flanieren, vorbei an üppig mit Blumen geschmückten Balkonen.

Als Abwechslung vom Massenansturm auf die Cafés und Bars bietet sich das **Museo Siciliano d'Arte e Tradizioni Popolari** an, ein Heimatmuseum mit verschiedensten Exponaten – vom religiösen Gemälde bis zum Haushalts-

Antikes Theater in Taormina mit Blick auf den Ätna

ÄTNA – INTERESSANTES AM RANDE

- Entstanden um 600 000 v. Chr.
- Name indogermanischen Ursprungs (gr. »aitho: »Ich brenne«)
- Von den Arabern »Dschebel-al-Dschebel« (»Berg der Berge«) genannt
- Mit 3323 m Europas höchster Vulkan
- Vulkanische Nebenkegel: mehr als 200
- Erster dokumentierter Ausbruch: um 700 v. Chr.
- Schwerere Ausbrüche bislang: etwa 90
- Leichtere Ausbrüche bislang: um 135
- Letzter größerer Ausbruch: 1992
- Verheerendster Ausbruch: 1669, 122 Tage lang

gegenstand. Die Attraktion der Stadt ist das sog. **Teatro Greco** (3. Jh. v. Chr.), eigentlich ein römisches Bauwerk, von dessen Sitzreihen in perfektem Halbrund man auch die Sicht auf das Ionische Meer und den Ätna genoss.

Monte Etna (Ätna)

Dieser unter seiner Schneekuppe schlummernde Gigant von einem Vulkan ist immer noch bedrohlich aktiv. Beständig gibt es kleinere Eruptionen, die Risse und Spalten am Kegel bilden, ihn jedoch bislang nicht wegsprengten – für alle Fälle sollte man sich vorab über die aktuelle Lage informieren! Unter dem kahlen Gipfel breiten sich fruchtbare, teils bewaldete Hänge aus, über die verschiedene Sträßchen und die Bahnlinie der privaten Ferrovie Circumetnea aus Catania führen.

KLEINE PAUSE

Schön an einem kleinen Platz bei der Stadtmauer von Taormina gelegen, bietet das **Porta Messina** (► 196) neben Pasta und Pizza auch regionale Spezialitäten.

---

237 F3 (Taormina); 237 E3 (Ätna)

Touristen-Information

Palazzo Corvaja, Piazza Santa Caterina, nahe Corso Umberto I, Taormina
09 42 62 46 63, 09 42 62 83 22 Mo–Sa 8.30–14.30, 15.30–19 Uhr (Juli/Aug. auch So 9–12.30 Uhr) Taormina-Giardini, von dort per Bus oder steil bergauf zu Fuß
Piazza Vittorio Emanuele II, Nicolosi 095 91 44 88 Nicolosi
Via Etnea 63/65, Catania 09 54 01 40 70; http://turismo.provincia.ct.it
Catania

Museo Siciliano d'Arte e Tradizioni Popolari

Palazzo Corvaja, Piazza Santa Caterina, nahe Corso Umberto I, Taormina; www.tcmitalia.it tägl. außer Mo 9–13, 16–20 (Okt.–März nur bis 18 Uhr)
2,50/1,50 Euro

Teatro Greco

Via Teatro Greco; www.tcmitalia.it
9–16 Uhr 8/4 Euro

BAEDEKER TIPP

- Im Juli/August sind die Besucherströme nach Taormina so gewaltig, dass man kaum einen **Parkplatz** bekommt.
- Bei günstigen Bedingungen werden von Catania, Taormina und Nicolosi aus **Führungen** zum Krater des Ätna angeboten (Auskunft bei den örtlichen Touristen-Informationen).
- **Mit dem Auto** gelangt man in Gipfelnähe über die Straße zum Rifugio Sapienza (www.rifugiosapienza.com), von wo ein holpriger Fahrweg weiter aufwärts führt. Bedingt durch die Aktivität des Vulkans ist der direkte Gipfelbereich meist gesperrt. In jedem Fall einen ganzen Tag einplanen und für gutes Schuhwerk sowie warme Kleidung sorgen.

64 Agrigento

Abgesehen von ein paar Geschäften und Restaurants hat Agrigento wenig zu bieten – vorwiegend ist es Einfallstor für das »Tal der Tempel«, das bedeutendste Ensemble griechischer Tempelanlagen außerhalb des Mutterlands und, wie die antiken Stätten von Syrakus (➤ 184f), Unesco Welterbe.

Die **Valle dei Templi**, eigentlich ein Hochplateau, umfasst die Reste der antiken Stadt Akragas mit nicht weniger als neun Tempeln. 582 v. Chr. von griechischen Siedlern gegründet, fiel sie im Lauf der Zeit Erdbeben und Eroberern zum Opfer. Am besten erhalten von den dorischen Kultstätten ist der **Tempio della Concordia** (Concordia-Tempel, um 450 v. Chr.), entlang der **Via Sacra** stehen als weitere Heiligtümer Tempel der Hera/Juno und des Herakles. Unvollendet blieb der Bau des gewaltigen **Tempio di Giove** (Tempel des Zeus/Jupiter). Zahlreiche Funde der Ausgrabungsstätte werden im **Museo Archeologico** präsentiert.

Dioskurentempel – geweiht Castor und Pollux, den »Söhnen des Jupiter« und der sterblichen Leda

KLEINE PAUSE

Nahe dem Areal wartet die **Trattoria dei Templi** (➤ 196), ein Stück nach Süden im Flecken San Leone der **Leon d'Oro** (Viale Emporium 102) mit großem Gastgarten.

236 C2

Touristen-Information
Via Empledocle 73 · 092 22 03 91
Mo–Sa 9–13, 15–19 Uhr · Agrigento

Valle dei Tempi
www.parcodeitempli.net,
www.valleyofthetemples.com
10/5 Euro

Museo Archeologico
Contrada San Nicola · 8/4 Euro, Kombi-Ticket (Valle di Tempi und Museo Archeologico): 13,50/7 Euro

BAEDEKER TIPP

- Im Sommer kann die Valle dei Templi eine Gluthölle sein, also im Zweifelsfall wohl-»behütet« (oder beschirmt) und mit **ausreichend Wasser** losmarschieren (alles erhältlich an den Kiosken beim Parkplatz am Haupteingang).
- Um die größte Hitze und den stärksten Besucherandrang zu vermeiden, kommt man am besten **früh am Morgen**, wenn der Einlass beginnt (8.30 Uhr).

65 Sardegna

Einst ein karges Hirten-Eiland, avancierte Sardinien mit herrlicher Küste und kristallklarem Wasser zu einem Dorado betuchter Sonnenanbeter. Die zweitgrößte Insel des Mittelmeers (24 090 km²) hat aber auch ein noch recht ursprüngliches Landesinneres mit schöner Berglandschaft zu bieten.

Prunkstück Sardiniens ist die **Costa Smeralda** (Smaragd-Küste), nördlich von Olbia, wo sich ein Luxus-Domizil ans andere reiht und der Jetset zu Hause ist. Auch Normalsterblichen winken jedoch wunderschöne Buchten (südlich von Olbia) mit bezahlbaren Unterkünften.

Cagliari

Die moderne, lebendige Großstadt Cagliari an der Südküste ist eine phönizische Gründung und sah im Lauf der Zeit viele Eroberer in ihren Mauern: So erbauten Pisaner im Mittelalter das **Castello San Michele** und bereits die Römer das **Anfiteatro**, wo noch heute Kulturveranstaltungen für bis zu 10 000 Zuschauer stattfinden. Von der Burg und der Bastione San Remy (wo sonntags ein Flohmarkt stattfindet) hat man einen fantastischen Blick über die Stadt.

Alghero

Der quirlige Fischerort im Nordwesten, einst von Spaniern beherrscht, zeigt nach wie vor bei Straßenschildern und im Dialekt der Einwohner katalanischen Einfluss. Von der mittelalterlichen Stadtbefestigung haben sich sieben

Zum Archipelago della Maddalena vor der Costa Smeralda gehört auch die Isola Caprera

Türme erhalten, darunter die Torre del Portal aus dem 14. Jh. Faszinierend ist die Wasserwelt, die das hiesige **Aquarium Mare Nostrum** präsentiert, vom Seepferdchen bis zum Piranha.

Parco Nazionale del Gennargentu

Jenseits der Badeorte an der Küste lockt das karge, doch interessante Binnenland, wo Wildschweine und Mufflons durch Eichenwälder streifen und auf manchem Bauernhof die Zeit stehen geblieben zu sein scheint. Pecorino-Käse, Haselnüsse, Anis und Honig sind hier typische Produkte, als Mitbringsel empfehlen sich auch *Launedda*-Flöten, Stickereien und Wollteppiche. Höchster Berg im Gennargentu ist die **Punta la Marmora** (1834 m).

Kristallklares Wasser an der felsigen Küste bei Romazzino an der Costa Smeralda

KLEINE PAUSE

Empfehlenswert: ein Degustations-Menü im Fischlokal **Al Tuguri** (➤ 197) in Alghero.

235

Touristen-Information
Piazza Matteotti 9, Cagliari
070 66 92 55; www.sardegnaturismo.it Mo–Fr 9.30–13, 14–18, Sa, So 10–18 Uhr

Anfiteatro Romano di Cagliari
Viale Buoncammino; www.anfiteatroromano.it im Moment der Drucklegung geschlossen

Museo Etnografico Sardo
Via A. Mereu 56, Nuoro
078 42 57 03; www.isresardegna.it
tägl. außer Mo März–Sept. 9–13, 15–18; Okt.–März 10–13, 15–17 Uhr
3/1 Euro

BAEDEKER TIPP

- Fahren Sie wegen der **feuchten Hitze** nicht im August nach Cagliari.
- Der Gennargentu lässt sich bequem per **Trenino Verde** erkunden (www.treninoverde.com): 5 Std. Fahrt (mit Stopps) von Mandas nach Arbatax. Mit dem Auto nimmt man die **Panoramastraße SS125** zwischen Arbatax und Dorgali; ins Innere gelangt man gut von Nuoro und Mandas aus.

Außerdem: Die traditionellen sardischen Trachten sind oft reich mit Stickereien verziert. Diese sowie die berühmten Karnevalsmasken sind ausgestellt im **Museo Etnografico Sardo** in Nuoro (siehe oben).

Nach Lust und Laune!

***Christus als Pantokrator:* Apsis-Mosaik im Dom von Cefalù**

66 Cefalù

Zwischen dem Felsen Rocca di Cefalù und dem Meer erstreckt sich das hübsche, vom Tourismus trotz schöner Strände wenig tangierte mittelalterliche sizilianische Städtchen. Sein Weichbild wird dominiert von der mächtigen, in arabisch-byzantinisch-normannischem Stil erbauten Säulenbasilika des **Duomo** San Salvatore (Baubeginn 1131 unter König Ruggiero II., geweiht 1267; Abb. ► 182). Unter seinen Kunstschätzen sticht das Apsis-Mosaik *Christus als Pantokrator* (Weltenherrscher) von 1148 hervor. Der mit Palmen bestandene Domplatz lädt zu einer Erfrischung ein. Sportliche erklettern den 278 m hohen Burgberg **Rocca** (mit einem Diana-Tempel aus dem 2. Jh. v. Chr.), von wo man einen wunderbaren Rundblick genießt.

237 D3 Corso Ruggiero 77
09 21 42 10 50; www.comune.cefalu.pa.it

67 Palermo

Siziliens Hauptstadt hat sich ein wenig verblichene Schönheit bewahrt und verfügt über quirlige Märkte, besonders im Altstadt-Viertel **Il Capo**, schmucke Barock-Architektur und gute Museen. Die Blütezeit der Stadt begann um 1200 unter dem Stauferkönig Friedrich II., der in der **Kathedrale** begraben liegt.

Sehenswert ist die Hofkapelle des **Palazzo Reale** (Normannenpalast), die mit herrlichen Mosaiken verzierte **Cappella Palatina**. In den **Catacombe dei Cappuccini**, der Gruft des Kapuzinerklosters, fanden mit Kalk und Arsen mumifizierte Leichname von Mönchen ihre letzte Ruhe.

Heiterer ist ein Bummel über die Einkaufstraßen Viale della Libertà und Via Maqueda oder den **Mercato della Vucciria** an der Piazza San Domenico.

236 B4 Piazza Castelnuovo 34/35
09 16 05 83 51; www.palermotourism.com
Mo–Fr 8.30–14, 14.30–18.30 Uhr
Palermo Centrale Palermo Flughafen Falcone-Borsellino Mo–Sa 8.30–19.30 Uhr

Catacombe dei Cappuccini
Piazza Cappuccini 1; www.comune.palermo.it
Mo–Sa 9–13, 15–17, So 9–13 Uhr 3 Euro

Zierkuppeln an der Kathedrale von Palermo

Jesus Christus als Pantokrator im Chor

Westfassade des Doms von Monreale

Duomo Santa Maria Nuova

Das Benediktinerkloster Monreale bei Palermo verlieh dem Machtanspruch des Normannenkönigs Wilhelm II. gegenüber dem Papst Gestalt. Erhalten sind Dom und Kreuzgang.

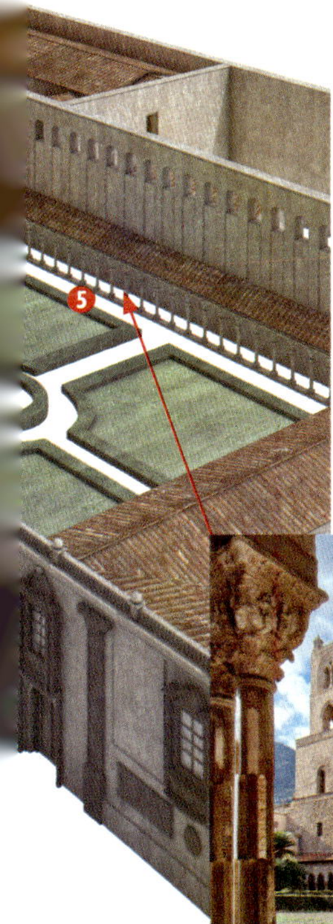

❶ **Ostfassade des Doms:** Die östliche Domseite mit ihren drei Apsiden zeigt die Freude der Baumeister an arabisch anmutendem Dekor: sich überschneidende, spitzbogige Blendarkaden neben Einlegearbeiten aus schwarzer Lava und gelblichem Kalktuff des Monte Pellegrino.
❷ **Westfassade:** Der linke der beiden Türme blieb unvollendet. Hinter dem schmiedeeisernen Tor (18. Jh.) ein Bronzeportal von Bonanno Pisano (1186) mit biblischen Szenen in 42 Bildfeldern.
❸ **Inneres:** Kostbare Goldgrund-Mosaiken schmücken über 6000 m² der Innenwände.
❹ **Königliche Grablege:** Links vom Sanktuarium stehen die Sarkophage der königlichen Familie, auf der gegenüberliegenden Seite die Wilhelms I. und Wilhelms II.
❺ **Kreuzgang:** Arabische Spitzbögen ruhen auf 228 Doppelsäulen. In die Südwestecke wurde eine Brunnenkapelle mit ornamentierten Säulen eingefügt. Wunderwerke der Romanik sind die Kapitelle mit Szenen aus christlicher und islamischer Welt, eine Mischung aus Heiligem und Weltlichem.
❻ **Aufstieg:** Ein schöner Blick in den quadratischen Kreuzgang bietet sich vom Kirchendach.

Der Kreuzgang von Monreale mit seinen prächtig verzierten Säulen

Dom von Monreale: Der prächtige Mosaikschmuck zeigt Szenen der Genesis

68 Monreale

Unweit von Palermo an der Nordküste Siziliens zieht eine 800 Jahre alte Kirche jährlich 1 Mio. Besucher an: der **Duomo** Santa Maria Nuova von Monreale – einziges Relikt eines gewaltigen Baukomplexes mit Kloster und mehreren Palästen, das der Normannenkönig Wilhelm II. 1172 bis 1176 errichten ließ. Architektonisch verbindet die Kirche, in einer Art symbolischer Symbiose dreier Kulturen, romanische (Grundriss), arabische (Blendbögen) und byzantinische Elemente (Goldgrundmosaiken). Vor allem der Mosaikschmuck, der den gesamten Innenraum überzieht (vollendet 1182), ist überwältigend, eine Bilderfibel der Schöpfung, dominiert von einem riesigen *Christus als Pantokrator* (Weltenherrscher).

Eindrucksvoll präsentiert sich auch der **Chiostro** (Kreuzgang) der angrenzenden ehemaligen Benediktiner-Abtei (12. Jh.) mit 228 Säulen in arabischem Stil, der zu den schönsten in ganz Italien zählt.

236 B4
Dom: Piazza Duomo; www.duomomonreale.it
Mo–Sa 8–13.30, 14.30–18; So 8–10, 15.30–17.30 Uhr frei; Chiostro: Piazza Guglielmo II Buono 9–18.30 Uhr 6/3 Euro

69 Piazza Armerina

Im bergigen Innern Siziliens, nahe dem Städtchen Piazza Armerina, findet man mit der **Villa Romana del Casale** (Unesco Welterbe) die großzügige Anlage eines spätantiken Landsitzes, der, im 12. Jh. von einem Erdrutsch verschüttet, 1929 ausgegraben wurde. Die exzellente Qualität der konservierten Mosaiken ließ auf einen ranghohen Bauherrn schließen, wobei sich weder Hinweise auf Kaiser Maximian (reg. 285–305) noch dessen Sohn Maxentius bestätigten. Heute geht man davon aus, dass die Villa unter Kaiser Konstantin (reg. 306–337) entstand.

Viele der Mosaiken zeigen Jagd-Motive, so auch das größte (65 m) im Korridor zum Innenhof: Elefanten, Tiger, Strauße, Rhinozerosse und weitere Exoten, für Kämpfe mit Gladiatoren und Tierhetzen in der Arena. Auf einem anderen Mosaik vergnügen sich athletische Mädchen in bikiniartiger Kleidung beim Ballspiel, und es gibt eine humorvolle Szene mit Kindern, die von Tieren – Pfauen und Hasen – gejagt werden.

237 D2 Via Generale Muscara 57; www.comune.piazzaarmerina.en.it; www.villaromanadelcasale.it
Mo–Sa 9–13, 15–19 Uhr

Wohin zum … Übernachten?

Preise
Für ein Doppelzimmer pro Nacht:
€ unter 140 Euro **€€** 140–220 Euro **€€€** über 220 Euro

SIZILIEN

SIRACUSA

Algila Ortigia Charme Hotel €€–€€€
Charmantes Hotel im Herzen der Altstadt auf der Insel Ortigia, das in einem Palazzo aus dem 19. Jh. 30 unterschiedlich eingerichtete Zimmer mit typisch sizilianischer Note bietet, zudem ein Restaurant mit mediterraner Küche.
237 F2 Via Vittorio Veneto 93
09 3 14 65 186; www.algila.it

Gutkowski €
Das kleine, moderne Hotel ist in seiner Kategorie eines der besten am Platz und liegt in der Nähe der wichtigsten Sehenswürdigkeiten wie dem Tempio di Apollo.
237 F2 Lungomare Vittorini 26
09 31 46 58 61; www.guthotel.it

TAORMINA

Villa Belvedere €€–€€€
Komfortable Unterkunft in der Nähe des Stadtparks mit schönem, palmenbestandenen Garten und Zimmern mit Balkon, manche mit Blick auf den Ätna.
237 F3 Via Bagnoli Croce 79
09 4 22 37 91; www.villabelvedere.it
März–Okt.

PALERMO

Principe di Villafranca €€€
Vier-Sterne-Haus im Stadtzentrum mit schicken, modernen Zimmern und privilegiertem Zugang für Hotelgäste zum örtlichen Hamam und Beach Club.
236 B4 Via Giuseppina Turrisi Colonna 4
09 16 11 85 23; www.principedivillafranca.it

PIAZZA ARMERINA

La Casa sulla Collina d'Oro €
Gemütliches altes Bauernhaus aus Stein mit modernem Komfort im Herzen der Insel.
237 D2 Via P. Mattarella
09 3 58 96 80; www.lacasasullacollinadoro.it

SARDINIEN

CAGLIARI

Forte Village €€–€€€
Das hochkarätige Ensemble anspruchsvoller Wohnanlagen, Restaurants, Sport- und Wellness-Einrichtungen liegt direkt an der Küste.
235 E2 Santa Margherita di Pula
07 09 21 88 18; www.fortevillageresort.com
März–Okt.

ALGHERO

Angedras €
2008 erbautes Hotel mit Komfort und Gastlichkeit zu zivilen Preisen, nicht weit vom Zentrum Algheros. Einfache, saubere Zimmer mit Balkon oder Patio, im Innenhof kann man sich auch zu einer Erfrischung treffen. Die Inhaber betreiben auf den alten Festungsanlagen ein exzellentes Terrassen-Restaurant.
235 D4 Via Frank 2
07 99 73 50 34; www.angedras.it

Wohin zum ... Essen und Trinken?

Preise
Für ein Drei-Gänge-Menü ohne Getränke:
€ unter 30 Euro **€€** 30–60 Euro **€€€** über 60 Euro

SIZILIEN

SIRACUSA

Don Camillo €–€€

Für einen Hauch von Kreativität sorgt Küchenchef Giovanni Guarneri in diesem bekannten Fischlokal in der Altstadt mit Spezialitäten wie der opulenten Fischsuppe *Zuppa di mucco*, *Spaghetti delle sirene* mit reichlich Garnelen oder Fisch in Brotteig gegart.

237 F2 ✉ Via Maestranze 96 ☎ 09 3 16 71 33; www.ristorantedoncamillo siracusa.it Mo–Sa 12–15, 19–22 Uhr. 23.–27. Dez. und 2 Wochen im Nov. geschl.

Ristorante Porta Marina da Salvo €€–€€€

In ehrwürdigen alten Gewölben auf der Insel Ortigia residiert dieses schöne Restaurant von Küchenchef Salvo di Mauro, das seinem guten Ruf gerecht wird, nicht nur bei den Fisch- und Fleischgerichten auf der Karte, sondern auch bei der Auswahl der Weine: vorwiegend sizilianische, aber auch Tropfen aus allen wichtigen Anbaugebieten Italiens.

237 F2 ✉ Via dei Candelai 35 ☎ 09 3 12 25 53; www.ristoranteportamarina. 135.it Di–Sa 12–14.30, 20–22.30 Uhr

TAORMINA

Porta Messina €

Pizza, Pasta und Meeresfrüchte zu anständigen Preisen serviert das gemütliche Lokal nahe der Stadtmauer. Empfehlenswert sind der Fang des Tages frisch vom Grill und die sizilianischen Nachspeisen.

237 F3 ✉ Largo Giove Serapide 4 ☎ 09 4 22 39 53; www.ristoranteportamessina.it 12–14.30, 19–24 Uhr; Sept.–Dez., Mitte März–Juni nur Do–Di; Jan.–Mitte März geschl.

Ristorante la Griglia €–€€

In dem netten, ruhigen Lokal mit schöner Terrasse kommen lukullische Verführungen vorwiegend vom Grill, ob Scampi oder Schwein. Köstlich auch die *dolci*, wie *Cannoli siciliani* (➤ 15).

237 F3 ✉ Corso Umberto 54 ☎ 09 4 22 39 80; www.ristorantelagriglia taormina.com Mi–Mo 12–14.30, 19.30–22.30. Geschl. Nov./Dez.

Trattoria da Nino €€

Familienbetrieb mit Blick auf sizilianische und kalabrische Küste, wo Gnocchi, Ravioli, gefüllt mit Ricotta und Spinat, oder frischer Thunfisch auf den Tisch kommen.

237 F3 ✉ Via Pirandello 37 ☎ 094 22 12 65; www.trattoriadaninotaormina. com 12–15, 18.30–23 Uhr. Geschl. im Mai

AGRIGENTO

Trattoria dei Templi €€

Durch die Nähe der Ausgrabungsstätten herrscht hier oft Hochbetrieb – und wegen der schmackhaften Fischgerichte wie Tintenfisch, Garnelen oder Schwertfisch, auch mit Pasta oder als herzhafter Eintopf. Stilvolle Gasträume mit Terrakottaböden, Gewölbe und Holzbalken.

236 C2 ✉ Via Panoramica dei Templi 15 ☎ 09 22 40 31 10; www.trattoriadeitempli.com Juni–Sept. Mo–Do, Sa 12.30–15, 17.30–22; Okt.–Mai Sa–Do 12.30–14.30, 19.30–22.30 Uhr

CEFALÙ

Del Duomo €–€€

Das vor allem mittags gut besuchte Lokal am Dom glänzt mit einheimischer Küche und Osteria-Klassikern wie *Tortellini in brodo* (Tortellini in Hühnerbrühe) oder *Risotto ai frutti di mare* (Risotto mit Meeresfrüchten) sowie einer gut sortierten Weinkarte. Am schönsten speist man draußen auf der Terrasse.

237 D3 Via Seminario 5
09 21 42 18 38; www.ostariadelduomo.it
tägl. 12–24 Uhr. Im Winter Mo geschl.

PALERMO

Ristorante Cin Cin €€

Fisch vom Feinsten in jeder Form genießt man in dem beliebten Restaurant, z. B. Salat mit Garnelen und Früchten, *Caponata* mit Oktopus und Auberginen oder Steaks vom Schwertfisch mit Orange. Auch Kochkurse kann man hier buchen.

236 B4 Via Manin 22
09 16 12 40 95; www.ristorantecincin.com
Di–Sa 20–23, So 12–15 Uhr

Osteria dei Vespri €€

Elegantes Restaurant, wohl eines der besten der ganzen Insel, in dem man sich etwa *Caponata* (sizilianischen Auberginen-Auflauf) oder Streifen vom Thunfisch mit würziger Kapernsauce schmecken lässt. Ob man drinnen oder auf der Terrasse essen möchte: Reservierung ist unbedingt erforderlich!

236 B4 Piazza Croce Dei Vespri 6
09 16 17 16 31; www.osteriadeivespri.it
tägl. außer So Sept–Juli 12–18, 20–24; Aug. 20–24 Uhr. Geschl. 1 Woche im Aug.

SARDINIEN

CAGLIARI

Lillicu €–€€

Bodenständige Trattoria alten Stils, seit zwei Generationen in Familienbesitz. Neben Pasta-Gerichten liegt der Schwerpunkt auf Fisch und Meeresfrüchten, die täglich fangfrisch auf den Tisch kommen.

235 E2 Via Sardegna 78
07 06 529 70 12.30–15, 20.30–23 Uhr. Geschl. 2 Wochen im Aug.

Dal Corsaro €€–€€€

Kreative Küche zu gehobenen Preisen: nach warmem, hauchdünnem *Carasau* (Brotspezialität) mit Olivenölwasser etwa Teigtaschen mit Ricotta-Gemüse-Füllung, als Hauptgang Schwein, Lamm, Geflügel oder Meeresfrüchte. Reservierung empfehlenswert.

235 E2 Viale Regina Margherita 28
07 0 66 43 18; www.dalcorsaro.com
Mo–Fr 12.30–15, 19.30–23, Sa 19.30–23 Uhr. Geschl. im Aug. und Weihnachten

GENNARGENTU

Su Gologone €€–€€€

Exzellenter Landgasthof zwischen Oliena und Dorgali, woher auch die Zutaten der seit Generationen weitergegebenen Rezepte stammen, ob beim Wildschwein oder dem sardischen Traditionsgericht *Porceddu* (Spanferkel vom Rost, über offenem Feuer gegart) – dazu passen die charaktervollen hiesigen Weine. Schöne Terrasse mit Ausblick.

235 F4 Loc. Su Gologone, Oliena
07 84 28 75 12; www.sugologone.it
12–13.30, 20–22.30 Uhr. Geschl. Nov.–März

ALGHERO

Al Tuguri €€

Gemütliches Lokal in der Altstadt, das – mit Schwerpunkt auf Fisch und Meeresfrüchten – sardische und katalanische Einflüsse kombiniert. Je nach Saison kommen etwa *Cozze, piselli e gamberi* (Miesmuscheln und Hummerkrabben mit Erbsen) auf den Tisch oder *Acciughe marinate* (marinierte Sardellen in Weißwein mit Rucola).

235 D4 Via Maiorca 113–115
07 9 97 67 72; www.altuguri.it
Mo–Sa 12.30–14, 20–22.30 Uhr. Geschl. 20. Dez.–Feb.

Wohin zum … Einkaufen?

SIZILIEN

Größte Auswahl beim Einkaufen hat man auf Sizilien natürlich in **Palermo**, das über malerische, gut sortierte Lebensmittelmärkte verfügt. Beliebte Einkaufsmeilen sind Corso Vittorio Emanuele und Viale della Libertà.

Elegantere Läden findet man im vornehmen **Taormina**, besonders für Kleidung, Lingerie, qualitätvolle Tisch- oder Bettwäsche, modische Urlaubsbekleidung, Schmuck und heimisches Kunsthandwerk wie **Töpferwaren**, oft hergestellt in der »Keramikhauptstadt« **Caltagirone**.

Schöne Läden für **Kunsthandwerk** (wie Körbe und Teppiche) gibt es aber auch in Syrakus, Cefalù und Agrigento.

SARDINIEN

Auch auf Sardinien ist die Hauptstadt das führende Einkaufsparadies: In **Cagliari** findet man Geschäfte für Haushaltswaren und Wäsche, außerdem Kunst- und Antiquitätenläden. Während die Souvenirshops der Altstadt mit Vorsicht zu genießen sind, gibt es recht gute in der Hafengegend und beim Largo San Felice. Jeden 2. So im Monat findet auf der Piazza Carlo Alberto ein Markt für Trödel und Kunsthandwerk statt.

Auch in **Olbia** und **Alghero** (wo Korallenschmuck der Schlager ist) lässt es sich leidlich shoppen. Wer es stilvoll und schick liebt, gibt sein Geld am besten an der mondänen Costa Smeralda aus.

Typische **Mitbringsel** aus Sardinien sind handgewebte Wollteppiche und natürlich herzhafter Pecorino-Käse.

Wohin zum … Ausgehen?

SIZILIEN

Das ganze Jahr Spielzeit für Oper und klassische Musik hat das **Teatro Massimo** (www.teatromassimo.it) in Palermo. Am attraktivsten jedoch sind die sommerlichen Freilichtaufführungen in den **antiken Theatern** von Taormina und Syrakus, wobei auch griechische Tragödien auf dem Programm stehen (www.taormina-arte.com). Eine recht interessante **Club**- und **Bar**-Szene findet man in Taormina und nördlich des Zentrums in Palermo, eher bescheiden diesbezüglich gibt sich Cefalù.

Überall möglich ist **Wassersport** wie Schwimmen, Tauchen und Segeln – viele Hotels verfügen über Pool oder Badestrand. Auch Tennis kann man spielen, wandern oder reiten, im Winter sogar skilaufen (Infos in den Touristenbüros).

SARDINIEN

Guten Ruf bezüglich Musical, Theater und Tanz genießt das **Teatro Comunale** (www.teatroliricodicagliari.it) in Cagliari, wo sich auch das Nachtleben sehen lassen kann, ähnlich in Alghero und erst recht an der Costa Smeralda.

Eine große Rolle auf Sardinien spielen folkloristische, meist zugleich religiöse Feste, wie vor Ostern das Pferderennen **La Sartiglia** in Oristano, die **Sagra di Sant'Efisio** in Cagliari (1. Mai) zu Ehren des Inselpatrons oder die **Cavalcata**-Prozessionen in historischen Kostümen und teils hoch zu Ross an Himmelfahrt in Sassari.

Außer Bootstouren und Wassersport wie Segeln, Tauchen, Windsurfen bietet Sardinien vor allem im Gennargentu schöne Wanderwege.

Spaziergänge & Touren

1 ROM: UM DIE PIAZZA NAVONA

Spaziergang

LÄNGE: 3 km
DAUER: 3 Std.
START/ZIEL: Piazza Navona 219 D3

Rundgang im Zentrum Roms zwischen Piazza Navona und Piazza di Spagna mit attraktiven Sehenswürdigkeiten.

1–2

Von der Piazza Navona geht es nördlich in die Via Agonale, dann rechts über die Piazza Cinque Lune zur Kirche **Sant'Agostino** am gleichnamigen Platz. Drei Kunstwerke von Rang gibt es dort zu sehen: Raffaels Fresko des *Propheten Jesaja* (1512), Jacopo Sansovinos Statue der *Madonna del Parto* (1521) und Caravaggios Gemälde *Madonna del Loreto* (1605).

2–3

Verlassen Sie den Platz von der Kirche aus linker Hand in die Via della Scrofa bis zum Übergang in die Via di Ripetta, der Sie bis zur Via Tomacelli folgen, um dann links auf die Piazza Augusto Imperatore zu gelangen. Diese überqueren Sie, biegen rechts in die Via dei Pontefici ein und kommen über die Via Vittoria zur **Accademia Nazionale di Santa Cecilia**, Roms Musikhochschule.

3–4

Nun geht es links zur Via del Corso (Nr. 18: Casa di Goethe) und rechts in die Via della Croce mit ihren Läden und Cafés. Sie führt zur **Piazza di Spagna** (► 65f) mit der Scalinata di Trinità dei Monti (Spanische Treppe). Auf der anderen Seite des Platzes beginnt die **Via dei Condotti**, Roms eleganteste Einkaufsmeile. Links zweigt die Via Belsiana ab (parallel zur Via del Corso), der Sie bis zur Piazza San Silvestro folgen. Überqueren Sie die Via Frattina und die Via della Vite, sodann den Platz diagonal in das Sträßchen Via del Pozzetto. Von dort geht es rechts in die Via Poli, über die Via Tritone, zur Piazza di Trevi mit der **Fontana di Trevi** (► 66f).

Sant'Agostino: Raffael-Fresko
Der Prophet Jesaja

4–5
Gegenüber erhebt sich die Kirche **Santi Vincenzo e Anastasio**, in deren Krypta Urnen mit dem Herz und der Lunge von 22 Päpsten aufbewahrt werden. Den Trevi-Brunnen im Blick, folgen Sie anschließend links der Via delle Muratte zur Via del Corso, dann rechter Hand zur **Piazza Colonna**, auf deren namengebender Mark-Aurel-Säule heute der hl. Paulus die Stadt segnet. Über die Via dei Bergamaschi geht es nun weiter zur Piazza di Pietra.

Nobel-Boutique in der Via dei Condotti

5–6
Die **Piazza di Pietro** beherrscht der mächtige Bau der **Borsa** (Börse). Sie logiert im einstigen **Tempio di Adriano** (Hadrianstempel), von dem elf korinthische Säulen erhalten sind. Gehen Sie die Via de' Burro hinunter zur Piazza di Sant'Ignazio mit der schönen Jesuiten-Kirche **Sant'Ignazio**. Sie beherbergt eine raffinierte Scheinkuppel – in Wirklichkeit ein Deckengemälde von Andrea Pozzo.

KLEINE PAUSE
Eine gute Adresse ist die **Antica Enoteca**, eine Wein-Bar mit Restaurant in der Via della Croce 76b (Tel. 06 6 79 08 96, www.anticaenoteca.com; tägl. 11.30–1 Uhr, Restaurant 12.30–15, 19–22.30 Uhr).

6–7
Die Via di Sant'Ignazio entlang geht es zur Piazza del Collegio Romano, wo Sie rechts in die Via Piè di Marmo einbiegen und ihr bis zur Kirche **Santa Maria sopra Minerva** an der **Piazza della Minerva** folgen. Deren Name und der des einzigen gotischen Sakralbaus von Rom beziehen sich auf die Ruinen des Minerva-Tempels, auf denen er errichtet wurde. Den Platz vor der Kirche ziert Berninis einen kleinen Obelisken tragender Elefant.

7–8
Links an der Kirche vorbei nehmen Sie die Via della Minerva zur Piazza della Rotonda mit dem **Pantheon** (➤ 62f). Danach geht es über die Via della Rotonda rechts in die Via della Palombella Richtung Piazza Sant'Eustachio, die Sie überqueren und entlang der Via dei Staderari zur Kirche **Sant'Ivo alla Sapienza** gelangen, einer Schöpfung Borrominis mit eigenwilliger, spiralförmiger Laterne (Eingang links um die Ecke). Auf der Via dei Sediari spazieren Sie zurück zur Piazza Navona.

Berninis Elefant mit Obelisk auf der Piazza della Minerva

2 SÜDLICHE TOSKANA

Tour

LÄNGE: 261 km
DAUER: 11 Std. (am besten in zwei Tagen)
START/ZIEL: Siena 227 D2

Von Siena aus geht die Fahrt durch hübsche historische Städtchen und einige der landschaftlich reizvollsten Gegenden der Toskana.

1–2

Von Siena aus geht es über die SS2 in das gut 25 km südöstlich gelegene **Buonconvento**, das nicht – wie die meisten Ortschaften der Toskana – auf einem Hügel angelegt wurde. Über die Brücke und dann rechts gelangen Sie ins Zentrum mit seinen Backsteinhäuschen und dem interessanten Museo d'Arte Sacra della Val d'Arbia (an der Hauptstraße im Palazzo Ricci).

2–3

Fahren Sie weiter auf der SS2 bis zur Abzweigung in Richtung **Montalcino**. Durch eine liebliche, urtümliche Landschaft geht es rund 9 km bis zur Einmündung rechts hinter einem Hügel, die bis zur Ortsgrenze führt. Folgen Sie dort entgegen dem Uhrzeigersinn dem Verlauf der Stadtmauer bis zum Kreisverkehr auf dem Hügel, wo rechter Hand nahe der Rocca (La Fortezza) Parkplätze liegen. Wie viele toskanische Städtchen wurde Montalcino schon von den Etruskern gegründet und ist heute eine der weltweit meist geschätzten Adressen für Rotweine. Im **Museo Civico e Diocesano d'Arte Sacra** sind Werke von Simone Martini und Ambrogio Lorenzetti zu sehen.

San Biagio bei Montepulciano

3–4

Nach der Besichtigung Montalcinos folgen Sie vom Kreisverkehr am Parkplatz der Beschilderung zur etwa 10 km südlich gelegenen **Abbazia di Sant'Antimo**, wo Sie sich rechts Richtung Kloster halten. Es liegt idyllisch inmitten von Olivenhainen und bewaldeten Hügeln und ist auch aufgrund seiner Architektur und Geschichte einen kleinen Aufenthalt wert.

4–5

Kehren Sie nun wieder zur Hauptstraße zurück, wo Sie hinauf nach

Pienza: Wehrgang der Stadtmauer und Dom Santa Maria Assunta

Castelnuovo dell'Abate fahren und oben auf dem Hügel rechts abbiegen und dem Schild »Stazione Monte Amiata« hügelabwärts folgen. Anschließend kommen Sie an der Bahnstation Monte Amiata vorbei, überqueren die Orcia und fahren weiter zum Monte Amiata selbst, wo es über Serpentinen zum Abzweig Richtung Castiglione d'Orcia hinauf geht. Es folgt eine noch steilere Panoramastrecke bis zu einer Einmündung, die in das Städtchen mit seinem imposanten Fort **Rocca d'Orcia** (13. Jh.) führt.

5–6

Durchqueren Sie **Castiglione d'Orcia** und fahren anschließend bergab, nach etwa 5 km linker Hand wieder auf die SS22 und folgen Sie ihr nach **Bagno Vignoni**. Parken kann man direkt am Eingang des Ortes, wo schon zu etruskischer und römischer Zeit Badeanlagen existierten mit heißem, schwefelhaltigem Quellwasser, wie man es heute in der Ortsmitte in einem riesigen Außenbecken findet.

6–7

Auf der Weiterfahrt bergab halten Sie sich am Ende der Straße links und nehmen dann die Straße in Richtung Pienza; folgen Sie der Beschilderung hinauf in den Ort. **Pienza**, mit schöner Architektur aus Mittelalter und Renaissance, zählt zum Unesco Welterbe und lässt sich gut bei einem Bummel rund um die zentrale Piazza Pio II erkunden.

7–8

Von Pienza geht es weiter bergauf zur Abzweigung nach **Montepulciano**. Suchen Sie sich einen Parkplatz außerhalb der Stadtmauern. Das herrlich gelegene Bergstädtchen gehört zu den schönsten der Toskana, nicht zuletzt wegen der Renaissancekirche San Bagio, eines Meisterwerks von Antonio da Sangallo, des Doms und mehrerer prächtiger Palazzi.

8–9

Anschließend fahren Sie wieder bergab, dann rechts in Richtung Pienza bis zum Abzweig nach Torrita di Siena (rechts) dort biegen Sie aber links ab auf die Straße nach Petroio. Fahren Sie durch Petroio und Castelmuzio auf der SP71 bis nach Montisi.

Durch den kleinen mittelalterlichen Ort **Montisi** geht es nach San Giovanni d'Asso und bei der nächsten Kreuzung rechts Richtung **Abbazia di Monte Oliveto Maggiore**, die man 3 km hinter Montefresco erreicht. Friedlich liegt die imponierende Kloster-

KLEINE PAUSE

Ein gutes Speiselokal und Café ist die **Fiaschetteria Italiana** in **Montalcino** (Piazza del Popolo 6, Tel. 05 77 84 90 43; www.caffefiaschetteriaitaliana.com; tägl. 7.30–24 Uhr, Nov.–März Do geschl.).

Zu empfehlen ist auch das **Silene** in **Monte Amiata**, das leckere Gerichte aus Pilzen, Spargel, Wildschwein und Trüffeln serviert (Tel. 05 64 95 08 05, www.ilsilene.it, Di–Sa 12–14.30, 19–22 Uhr), ausgeschildert von Pescina 4 km östlich von Seggiano.

Als Unterkunft ist das **Hotel Corsignano** in **Pienza** eine gute Adresse, ein zertifiziertes Öko-Hotel nahe der Altstadt (Via della Madonnina 11, Tel. 05 78 74 85 01; www.hotelcorsignano.it, **€–€€**).

anlage der Benediktiner aus dem 13. Jh. im Hügelland der Crete Senesi zwischen Eichen, Pinien, Zypressen und Olivenbäumen. Ihr Großer Kreuzgang mit dreistöckiger Loggia enthält die Hauptattraktion der Abtei: einen 35-teiligen **Freskenzyklus** Luca Signorellis und Sodomas zum Leben des Ordensgründers, des hl. Benedikt. Er gilt als einer der schönsten der Renaissance.

Die Rückfahrt nach Siena erfolgt über die SR451 bis Buonconvento, wo Sie wieder auf die SS2 gelangen.

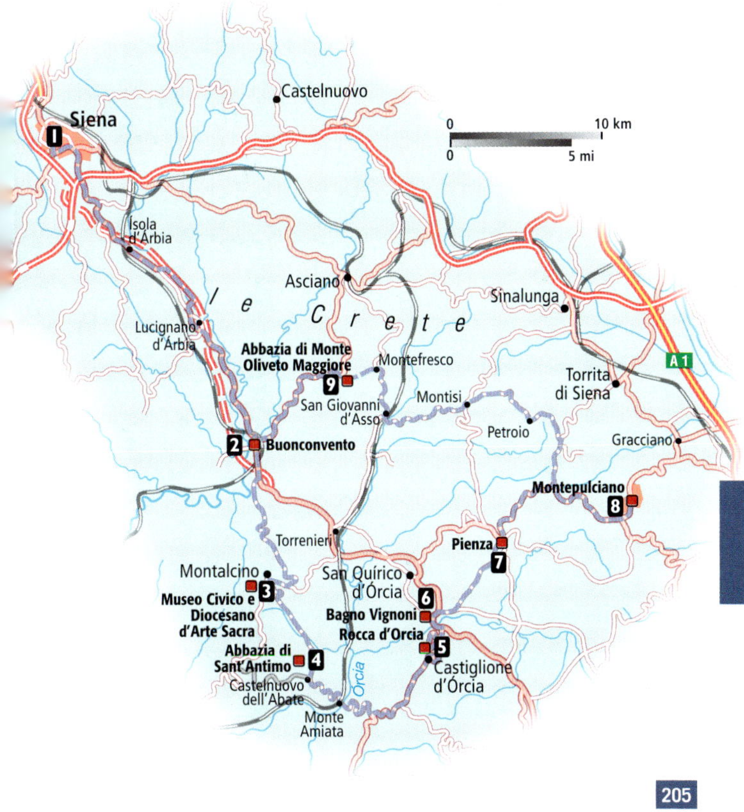

3 HALBINSEL GARGANO

Tour

LÄNGE: 208 km **DAUER:** 3–4 Std.
Start: Nördlich von Foggia 231 E3
Ziel: San Severo/Autostrada A14 231 E4

Biker auf der Gargano-Halbinsel in der Nähe von Mattinata

Diese Erkundungsfahrt führt über den Sporn des italienischen »Stiefels« in die bergige apulische Halbinsel an der Adria. Meist geht es an der schroffen Kalksteinküste entlang, mit kleinen Abstechern ins Landesinnere.

❶–❷

Verlassen Sie die A14 bei der Ausfahrt Foggia und fahren Sie auf der SS89 Richtung Manfredonia. Kurz vor dem Ort zweigt die SS159 ab zur romanischen Kirche **Santa Maria di Siponto** (12. Jh.), gelegen zwischen den Ruinen der antiken Hafenstadt Sipontum.

❷–❸

Nach etwa 3 km erreicht man die alte Residenzstadt **Manfredonia**. Die Burg, erbaut von König Manfred (1232–1266), beherbergt

KLEINE PAUSE

Zum Mittagessen bietet sich die **Locanda al Dragone** in **Vieste** an (Via Duomo 8, Tel. 08 84 70 12 12, www.aldragone.it) oder in **Peschici** das Restaurant **La Collinetta** (Loc. Madonna di Loreto, Tel. 08 84 96 41 51, www.lacollinettagargano.com), wo man auch übernachten kann.

Halbinsel Gargano

heute ein Museum zur Geschichte des Gargano.

3–4

Halten Sie sich nun 15 km nordöstlich auf der SS89, bis es links abgeht zum etwa 800 m hoch gelegenen Ort **Monte Sant'Angelo** mit seiner in Italien hochverehrten Wallfahrtskirche: Der Legende nach erschien im Jahr 493 an der Stelle des heutigen **Santuario di San Michele Arcangelo** der Erzengel Michael dem hl. Laurentius, Bischof von Sipontum.

4–5

Weiter geht die Fahrt von Monte Sant'Angelo nach Osten in Richtung Adria und Mattinata, bis Sie östlich der **Baia delle Zagare** zur **Grotta Smeralda** (Smaragd-Grotte)

Strand Baia delle Zagare

In den Gassen von Vieste

gelangen, einer der schönsten ihrer Art an diesem Teil der Küste.

5–6

Von der Baia delle Zagare geht es nach einem Abstecher ins Landesinnere zur Testa del Gargano (mit Felsentor Arco San Felice) zurück zur Küste nach **Vieste** an der Ostspitze der Halbinsel, einem der schönsten Badeorte Apuliens.

6–7

Entlang der Küste erreichen Sie den schmucken, nordwestlich von Vieste gelegenen Fischerort **Peschici**, zugleich ein guter Ausgangspunkt für eine Tour zum **Parco Nazionale del Gargano** (► 171). Biegen Sie hinter Peschici bei dem Dorf Valazzo von der Küstenstraße nach Süden ab und fahren landeinwärts nach **Vico del Gargano**, seit alters ein Zentrum der Olivenöl-Produktion.

7–8

Über ein Serpentinensträßchen gelangt man ins Herz der **Foresta Umbra** (»Schattiger Wald«, ► 171) auf ein Kalkplateau mit reichem alten Pinien- und Laubbaum-Bestand, wo man auch auf seltene Orchideen oder Hirsche und Mufflons trifft.

8–9

Durch Waldlandschaft führt die SS528 nach Süden bis zum Abzweig der SS272 westlich von Monte Sant'Angelo. Nach einer Fahrt durch das Pilgerstädtchen **San Giovanni Rotondo** (► 171) und **San Marco in Lamis** endet die Tour bei der Auffahrt zur A14 in San Severo.

Der alte Fischerort Peschici

Praktisches

REISEVORBEREITUNGEN

WICHTIGE PAPIERE

● Erforderlich
○ Empfohlen
▲ Nicht erforderlich

	Deutschland	Österreich	Schweiz
Pass/Personalausweis	●	●	●
Visum	▲	▲	▲
Weiter- und Rückflugticket	▲	▲	▲
Impfungen (Tetanus und Polio)	▲	▲	▲
Krankenversicherung	○	○	○
Reiseversicherung (➤ 214)	○	○	○
Führerschein (national)	●	●	●
Grüne Versicherungskarte	●	●	●
Fahrzeugschein	●	●	●

REISEZEIT

Hauptsaison   Nebensaison

JAN	FEB	MÄRZ	APRIL	MAI	JUNI	JULI	AUG	SEPT	OKT	NOV	DEZ
7°C	8°C	12°C	14°C	18°C	25°C	28°C	32°C	23°C	18°C	13°C	9°C

sonnig   wechselhaft   regnerisch   bedeckt

Wegen starker Nord-Süd-Ausdehnung und Höhengliederung schwanken die klimatischen Bedingungen Italiens zwischen den Extremen eines mitteleuropäischen Klimas im Norden und im Apennin (heiße Sommer, kalte, schneereiche Winter, teilweise Hochwasser) und trockener Hitze im äußersten Süden. **Mediterranes** Klima (warme, trockene Sommer, feuchte, milde Winter) findet man im größten Teil des Landes. In den Sommermonaten Juli bis September herrschen **Durchschnittstemperaturen** um die 30°C, die sich nachts im Landesinneren nur wenig abkühlen, wobei der schwül-warme Saharawind Scirocco regional für Niederschläge sorgt. Bewohner der großen Städte fliehen in den schwülen Monaten Juli/August, wo das Thermometer nicht selten über 35°C klettert.

INFORMATION VORAB

Website

- Italienische Zentrale für Tourismus: www.enit.it
- Ufficio Turismo del Comune di Roma www.turismoroma.it (mit weiteren Links)

In Italien

Ente Provinciale per Il Turismo (ENIT)
Via Marghera 2/6, Rom
☎ 064 97 11

ANREISE

Mit dem Flugzeug: Italien verfügt über internationale Flughäfen in Rom, Mailand, Turin, Bologna, Genua, Venedig, Triest, Pisa, Florenz, Bari und Neapel. Kleinere Airports bieten meist Inlandsverbindungen an, auch nach Sizilien und Sardinien.
Flugzeiten: Vom Rhein-Main-Flughafen in Frankfurt nach Rom ca. 1 Std., von Hamburg und Berlin ca. 1,5 Std., von Wien und Zürich ca. 45 Min. Andere Flugziele in Italien entsprechend länger oder kürzer.
Preise: An Ostern, Weihnachten und während der Ferienzeit sind Tickets am teuersten. Viele Airlines gewähren bei Frühbuchung Preisnachlässe und günstige Pauschalangebote.
Mit dem Auto: Die wichtigsten Routen führen über die **Brennerautobahn** (mautpflichtig) von Österreich (A13) nach Südtirol (A22) bis Modena, aus der Schweiz durch den **St. Gotthard-Tunnel** (17 km) vom Tessin (A2) nach Oberitalien bzw. vom Wallis kommend durch den **Großen St. Bernhard-Tunnel** nach Aosta. Aus Österreich führt die **Süd Autobahn A2** über Klagenfurt auf die **Alpen-Adria-Autobahn (A23)** nach Tarvisio. Kleinere Pass-Straßen (teilweise mautpflichtig) sind im Winter oft gesperrt.
Mit dem Zug: Man kann über Österreich (Brenner) oder die Schweiz (St. Gotthard-Tunnel) nach Italien einreisen, am bequemsten per Nachtzug mit Schlaf- oder Liegewagen. Die deutsche Bahn-Card bringt auch in der Schweiz und in Österreich Ermäßigung. Für Familien gibt es spezielle Angebote. Buchen Sie im Sommer rechtzeitig (max. 30 Tage im Voraus), die Züge sind meist schnell besetzt (Infos: www.bahn.de; www.obb-italia.com/de; www.sbb.ch).
Autoreisezüge verkehren von mehreren deutschen Städten u. a. nach Bozen, Triest und Verona (www.dbautozug.de).

ZEIT

Zwischen Italien, Deutschland, Österreich und der Schweiz gibt es keine Zeitunterschiede. Im März wird überall die Uhr um eine Stunde auf Sommerzeit vor-, im Oktober wieder auf Winterzeit zurückgestellt.

GELD UND BEZAHLUNG

Geld: Offizielle italienische **Währung** ist der Euro. **Banken** schließen an Tagen vor Feiertagen *(prefestivi)* bereits um 11.20 Uhr. An **Geldautomaten** *(bancomat)* kann man mit Kredit-, Bank und Postbank-Karten und der persönlichen Geheimzahl problemlos rund um die Uhr Geld abheben.
Kreditkarten: Banken, Hotels, Restaurants, Autovermieter und Einzelhandelsgeschäfte akzeptieren i. d. R. die gängigen **Kreditkarten** *(carta di credito)*. Bei Verlust erreichen Sie den **Sperr-Notruf** unter **Tel. +49 11 61 16** (auch für Handys und weitere sperrbare Medien).
Quittungen: In Italien sind Käufer verpflichtet, Kassenbelege *(ricevuta fiscale, **scontrino**)* zu verlangen und aufzubewahren: Es kommt vor, dass Sie nach dem Verlassen eines Geschäftes kontrolliert werden. Der Kauf imitierter Markenware kann mit bis zu 10 000 Euro bestraft werden – auch deshalb immer eine Quittung verlangen!

STAATLICHES ITALIENISCHES FREMDENVERKEHRSAMT (ENIT)

Deutschland
Barckhausstraße 10
60325 Frankfurt/Main
☎ 069 23 74 34
frankfurt@enit.it

Österreich
Mariahilfer Straße 1b
1060 Wien
☎ 015 05 16 30 14
vienna@enit.it

Schweiz
Uraniastr. 32
8001 Zürich
☎ 04 34 66 40 40
zurich@enit.it

Praktisches

DAS WICHTIGSTE VOR ORT

FEIERTAGE

1. Januar	Neujahr
6. Januar	Dreikönigstag
März/April	Ostern
25. April	Tag der Befreiung
1. Mai	Tag der Arbeit
2. Juni	Nationalfeiertag
29. Juni	St. Peter und Paul
15. Aug.	Mariä Himmelfahrt
1. Nov.	Allerheiligen
8. Dez.	Tag der Unbefleckten Empfängnis
25./26 Dez.	Weihnachten

ELEKTRIZITÄT

Das Stromnetz wird in Italien mit 220 Volt Wechselstrom betrieben, die Steckdosen unterscheiden sich häufig von den bei uns üblichen. Packen Sie einen Adapter ein (im Haushaltsgeschäft erhältlich).

ÖFFNUNGSZEITEN

○ Läden
● Büros
● Banken
● Postämter
● Sehenswürdigkeiten
● Apotheken

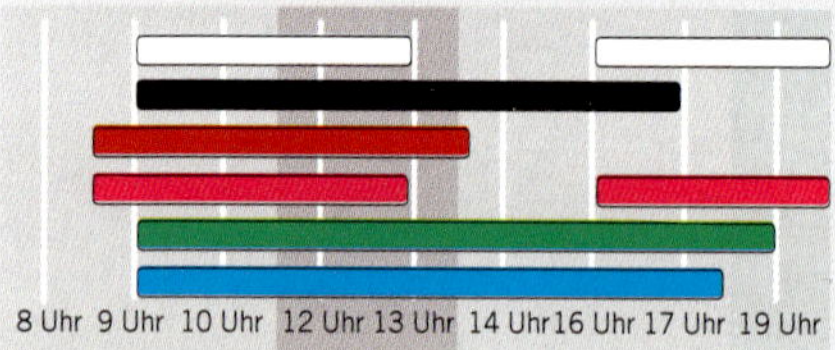

□ tagsüber □ mittags □ abends

Läden: Di–Sa 8–13, 16–20 Uhr; Mo 16–20 Uhr.
Restaurants: 12.30–15, 19.30–22.30 Uhr, oft So abends/Mo mittags geschl.
Museen: Variabel, oft Mo geschlossen.
Kirchen: tägl. 7–12 Uhr, 16.30–19 Uhr, während der Messe geschlossen.
Postämter: Mo–Fr 8.15–14, Sa 8.15–12 oder 14 Uhr

TRINKGELD

Sie müssen nicht überall Trinkgeld geben, und es werden keine hohen Summen erwartet. In etwa gilt:

Pizzeria/Trattoria	0,50–2,50 Euro
Ristorante	10 Prozent
Bar	0,10–0,25 Euro
Führungen	nach Ermessen
Taxis	aufrunden
Gepäckservice	0,50–1 Euro pro Koffer
Zimmerservice	0,50–1 Euro pro Tag

VERHALTENSREGELN

Im katholischen Italien ist Baden »oben ohne« nicht allgemein akzeptiert, Badekleidung nur am Strand üblich. Bei Kirchenbesuchen sollten Frauen nackte Schultern bedecken, Miniröcke oder Shorts sind tabu. Denken Sie daran, Ihr Handy auszuschalten!

ZEITUNTERSCHIED

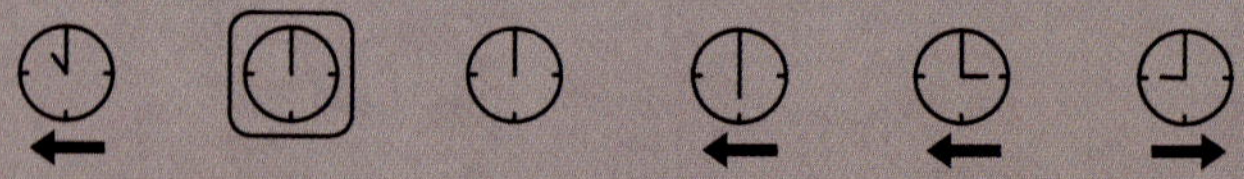

London	Italien	Berlin	New York	Los Angeles	Sydney
11 Uhr	12 Uhr	12 Uhr	6 Uhr	3 Uhr	21 Uhr

IN KONTAKT BLEIBEN

Post Briefmarken *(francobolli)* gibt es in Postämtern und Bars. Rote Briefkästen dienen für Stadt- *(per la città)* und Fernpost *(tutte le altre destinazioni)*, blaue Kästen für Eilpostsendungen *(posta prioritaria)*.

Telefonieren Apparate der Telecom Italia (TI) an der Straße, in Bars, Tabakgeschäften und Restaurants funktionieren mit Münzen und *gettoni* oder Karte *(scheda telefonica)*. Bei Karten (in Postämtern, Läden, Bars) muss man vor dem ersten Benutzen die markierte Ecke abtrennen. Telefonieren vom Hotelzimmer kann teuer sein (R-Gespräche: Vorwahl 170, Gespräche über Vermittlung: Vorwahl 12).
Vorwahlen (Bestandteil der Rufnummer) wählt man bei Ortsgesprächen mit, ebenso bei Anrufen aus dem Ausland die Null.

Deutschland	**0049**
Österreich	**0043**
Schweiz	**0041**
Italien	**0039**

Mobiltelefon *(Cellulare/Telefonino)* Das D-Netz funktioniert fast überall. Nach Hause telefonieren ist nicht billig, vergleichen Sie die Gebühren der Anbieter und fragen Sie Ihr eigenes Unternehmen. Weitere Infos (auch zu Prepaid-Karten) unter www.teltarif.de.

WLAN und Internet Ein Internet-Zugang ist in den meisten Hotels inzwischen Standard. **Internet-Cafés** findet man in größeren Städten (3–5 Euro/Std.), zudem gibt es immer häufiger kostenlosen Internet-Zugang an öffentlichen Plätzen (oder in Cafés).

SICHERHEIT

Gelegenheitsdiebstähle von Hand- und Brieftaschen sind in größeren Städten an der Tagesordnung, spezialisierte Kinderbanden haben es oft auf Touristen abgesehen. Achten Sie auf Ihre Wertsachen und versuchen Sie, lästige Begleiter mit erhobener Stimme zu verscheuchen!

In einigen Großstädten wie Neapel treiben zudem Motorrad-Räuber-Gangs ihr Unwesen, die Fußgängern im Vorbeifahren die (Hand-)Taschen zu entreißen versuchen. Halten Sie diese fest am Körper (an der von der Straße abgewandten Seite).

Ansonsten gelten die üblichen Sicherheitsmaßregeln:

- Wertsachen im Hotelsafe deponieren.
- Geld in Gürtel oder Brustbeutel transportieren.
- Kameras umhängen, nicht auf den Boden stellen.
- Nachts menschenleere, dunkle Gassen meiden.

Polizei:
113 (oder 112) von jedem Telefon

NOTRUF 113 (ODER 112)
FEUERWEHR 115 (ODER 112)
KRANKENWAGEN 118 (ODER 112)
BERGRETTUNG 771 71

Praktisches

GESUNDHEIT

Versicherung: EU-Bürger erhalten kostenlose oder kostenverminderte medizinische Hilfe bei Vorlage der Europäischen Krankenversicherungskarte (EHIC). Unverzichtbar ist eine private Reisekrankenversicherung.

Ärzte: Fragen Sie im Hotel nach deutsch- oder englischsprachigen Ärzten.
Zahnarzt: Die Reiseversicherung sollte Kosten für Zahnbehandlungen einschließen.

Denken Sie immer daran, ausreichend zu trinken, und benutzen Sie im Sommer einen Sonnenhut und Sonnencreme, um Sonnenbrand, -stich und Dehydration vorzubeugen. Auch eine Mückenschutzcreme ist im Sommer nützlich.

Arzneimittel erhalten Sie in Apotheken *(farmacie)*, gekennzeichnet mit einem grünen Kreuz. Übliche Öffnungszeiten (mit lokalen Unterschieden) sind: Di–Sa 8.30–13, 16–20 Uhr, Mo nur nachmittags. Außerdem existiert ein Nachtdienst.

Wasserqualität: Sie können Wasser aus dem Hahn und aus Brunnen trinken, es sei denn, es ist *Acqua non potabile*.

ERMÄSSIGUNGEN

Jugendliche/Senioren: Besucher unter 18 aus EU-Staaten erhalten in vielen staatlichen Museen und Sehenswürdigkeiten Ermäßigungen, ebenso Bürger über 65 (Ausweis erforderlich).
Kombi-Tickets für mehrere Sehenswürdigkeiten oder einen festen Zeitraum bieten Städte (**RomaPass**, www.romapass.it; **VeniceCard**, www.hellovenezia.com) oder Regionen (Kampanien, www.**campaniaartecard**.it).
Infos bei der Touristen-Information oder unter www.italia.it/de/nuetzliche-infos/tourist-cards.html.

EINRICHTUNGEN FÜR BEHINDERTE

In abgelegenen Ortschaften mit engen Sträßchen kommt man mit dem Rollstuhl kaum voran. In größeren Städten, öffentlichen Verkehrsmitteln, Museen und Hotels gibt es eine Tendenz zum Besseren, doch es bleibt noch viel zu tun. Informationen erhalten Sie beim **Consorzio Cooperative Integrate** (CO.IN) in Rom, 001 69 Roma, Via Enrico Giglioli, 54a, Tel. 06 712 90 11 (www.coinsociale.it).

KINDER

In Hotels, Cafés und Restaurants sind Kinder willkommen. Besondere Attraktionen für Kinder sind durch oben stehendes Logo gekennzeichnet.

TOILETTEN

Es gibt wenige öffentliche Toiletten, WCs in Bars sind häufig verschmutzt. Fragen Sie nach *il bagno* oder *il gabinetto*.

ZOLL

Für EU-Bürger (Richtmengen für persönlichen Verbrauch): 800 Zigaretten, 90 l Wein, 10 l Spirituosen. Für Schweizer: 200 Zigaretten, 2 l Wein.

BOTSCHAFTEN

Deutschland
☎ 06 49 21 31
www.rom.diplo.de

Österreich
☎ 068 44 01 41
www.bmeia.gv.at/botschaft/rom.html

Schweiz
☎ 06 80 95 71
eda.admin.ch/roma

IMMER ZU GEBRAUCHEN

Ja/Nein **sì/no**
Bitte **per favore**
Danke **grazie**
Keine Ursache/bitte **di niente/prego**
Entschuldigung **mi dispiace**
Auf Wiedersehen **arrivederci**
Guten Morgen **buongiorno**
Gute Nacht **buona notte**
Wie geht es Ihnen? **Come sta?**
Wie viel kostet das? **Quanto costa?**
Ich hätte gern ... **Vorrei ...**
Offen **aperto**
Geschlossen **chiuso**
Heute **oggi**
Morgen **domani**
Montag **lunedì**
Dienstag **martedì**
Mittwoch **mercoledì**
Donnerstag **giovedì**
Freitag **venerdì**
Samstag **sabato**
Sonntag **domenica**

NACH DEM WEG FRAGEN

Ich habe mich verlaufen **Mi sono perso/a**
Wo ist ...? **Dove si trova ...?**
der Bahnhof **la stazione**
ein Telefon **il telefono**
die Bank **la banca**
die Toilette **il gabinetto**
Biegen Sie links ab **volti a sinistra**
Biegen Sie rechts ab **volti a destra**
Gehen Sie geradeaus **vada dritto**
An der Ecke **all'angolo**
die Straße **la strada**
der Wohnblock **il edificio**
die Ampel **il semaforo**
die Kreuzung **l'incrocio**
die Seitenstraße **la strada laterale**
der Wegweise nach ... **e indicazione per ...**

IM NOTFALL

Hilfe! **Aiuto!**
Könnten Sie mir bitte helfen?
Mi potrebbe aiutare?
Sprechen Sie Englisch/Deutsch?
Parla inglese/tedesco?
Ich verstehe nicht **Non capisco**
Rufen Sie mir bitte schnell einen Arzt
Mi chiami presto un medico, per favore

IM RESTAURANT

Ich möchte einen Tisch reservieren
Vorrei prenotare una tavola
Einen Tisch für zwei Personen, bitte
Una tavola per due persone, per favore
Bringen Sie uns bitte die Speisekarte?
Ci porta la lista, per favore?
Was ist das? **Cosa è questo?**
Eine Flasche/ein Glas ...
una bottiglia di/un bicchiere di ...
Die Rechnung, bitte
Il conto, per favore

ÜBERNACHTEN

Haben Sie ein Einzel-/Doppelzimmer?
Ha una camera singola/doppia?
mit/ohne Badewanne/Toilette/Dusche **Con/ senza vasca/gabinetto/ doccia**
Ist das Frühstück im Preis enthalten?
E'inclusa la prima colazione?
Ist das Mittagessen im Preis enthalten?
E'inclusa la cena?
Gibt es einen Zimmerservice?
C'è il servizio in camera?
Kann man das Zimmer sehen?
E' possibile vedere la camera?
Ich nehme dieses **Prendo questa**
Danke für Ihre Gastfreundschaft
Grazie per l'ospitalità

ZAHLEN

0	**zero**	11	**undici**	22	**ventidue**	200	**duecento**
1	**uno**	12	**dodici**	30	**trenta**	300	**trecento**
2	**due**	13	**tredici**	40	**quaranta**	400	**quattrocento**
3	**tre**	14	**quattordici**	50	**cinquanta**	500	**cinquecento**
4	**quattro**	15	**quindici**	60	**sessanta**	600	**seicento**
5	**cinque**	16	**sedici**	70	**settanta**	700	**settecento**
6	**sei**	17	**diciassette**	80	**ottanta**	800	**ottocento**
7	**sette**	18	**diciotto**	90	**novanta**	900	**novecento**
8	**otto**	19	**diciannove**	100	**cento**	1000	**mille**
9	**nove**	20	**venti**	101	**cento uno**	2000	**duemila**
10	**dieci**	21	**ventuno**	110	**centodieci**	10 000	**diecimila**

SPEISEKARTE

acciughe Sardellen
acqua Wasser
affettati geräucherte Wurstscheiben
affumicato geräuchert
aglio Knoblauch
agnello Lamm
anatra Ente
antipasti Vorspeisen
arista Schweinebraten
arrosto Braten
asparago Spargel
birra Bier
bistecca Steak
bollito Suppenfleisch
braciola Schnitzel, Steak
brasato geschmort, Schmorbraten
brodo Brühe
bruschetta geröstetes Knoblauchbrot (oft mit Tomaten)
budino Pudding
burro Butter
cacciagione Wildbret
cacciatora, alla nach Jägerart
caffè corretto/ macchiato Kaffee mit Likör/Milch
caffè freddo Eiskaffee
caffè latte Milchkaffee
caffè lungo schwacher Kaffee
caffè ristretto starker Kaffee
calamari Tintenfische
capperi Kapern
carciofo Artischocke
carne Fleisch
carota Möhre, Karotte
carpa Karpfen
casalingo hausgemacht
cassata sizilianische Eisbombe mit Fruchtstückchen
cavolfiore Blumenkohl
cavolo Kohl
ceci Kichererbsen
cervello Hirn
cervo Hirsch
cetriolino Essiggurke
cetriolo Gurke
cicoria Chicorée
cinghiale Wildschwein
cioccolata Schokolade
cipolla Zwiebel
coda di bue Ochsenschwanz
coniglio Kaninchen
contorni Beilagen, Gemüse
coperto Gedeck
cornetto Hörnchen, Croissant
coscia Keule, Schenkel
cotoletta Kotelett, Schnitzel
cozze Miesmuscheln
crema Sahne, Creme, Cremesuppe
crostini geröstete Weißbrotscheiben mit pikantem Belag
crudo roh
digestivo Digestif
dolci Kuchen, Süßspeisen
erbe aromatiche Kräuter, Gewürzkräuter
fagioli Bohnen
fagiolini kleine grüne Bohnen
faraona Perlhuhn
farcito gefüllt
fegato Leber
finocchio Fenchel
formaggio Käse
forno, al überbacken, gebacken
frittata Omelett
fritto frittiert, gebacken
frizzante kohlensäurehaltig
frullato geschlagen, gequirlt
frutti di mare Meeresfrüchte
frutta Obst
funghi Pilze
gamberetti Shrimps, Garnelen
gelato Eiscreme, Speiseeis
ghiaccio Eis (gefrorenes Wasser)
gnocchi Kartoffel-, Teigklößchen
granchio Krabbe
gran(o)turco Mais
griglia, alla gegrillt
imbottito gefüllt
insalata Salat
IVA (imposta sul valore aggiunto) Mehrwertsteuer
latte Milch
lepre Hase
lumache Schnecken
manzo Rindfleisch
merluzzo Kabeljau
miele Honig
minestra Suppe
molluschi Weichtiere
olio Öl
oliva Olive
ostrica Auster
pancetta Bauchspeck
pane Brot
panna Sahne, Rahm
parmigiano Parmesan
passata Püree, Mus
pastasciutta Nudelgerichte
pasta sfoglia Windbeutel
patate fritte Pommes frites, Röstkartoffeln
patatine fritte Pommes frites
pecora Schaf
pecorino Schafskäse
peperoncino Chilischote, Peperoni
peperone Paprikaschote
pesce Fisch
petto Brust
piccione Taube
piselli Erbsen
pollame Geflügel
pollo Hähnchen, Huhn
polpetta Schinken
ragù Fleischsauce, Ragout
ripieno gefüllt, Füllung
riso Reis
salsa Sauce
salsiccia Wurst
saltimbocca Kalbsschnitzel mit Schinken und Salbei
secco trocken
secondo piatto Hauptgericht
senape Senf
servizio compreso Bedienung im Preis enthalten
sogliola Seezunge
spuntini Snacks
succo di frutta Fruchtsaft
sugo Sauce
tonno Thunfisch
uovo affogato/ in carnica pochiertes Ei
uovo alla coque weich gekochtes Ei
uovo al tegame/ fritto Spiegelei
uovo alla sodo hart gekochtes Ei
uova strapazzate Rührei
verdura Gemüse
vino bianco Weißwein
vino rosso Rotwein
vino rosato Roséwein
vitello Kalbfleisch
zucchero Zucker
zucchini Zucchini
zuppa Suppe

Reiseatlas

Kapiteleinteilung: siehe vordere Umschlaginnenseite

Legende

- A14 Autobahn mit Anschlussstelle
- E 55 Schnellstraße mit Europastraßennr.
- SS16 Fernstraße mit Nummer
- Hauptstraße
- Nebenstraße
- Straße in Bau; Straße in Planung
- Staatsgrenze
- 1 TOP 10
- 26 Nicht verpassen!
- 22 Nach Lust und Laune!

1 : 1 500 000

0 — 25 — 50 km

0 — 15 — 30 mi

Roma
0 250 500 m
0 250 500 yd
A
B
C
1
2
3
4
5
Città del Vaticano
Musei Vaticani
Pinacoteca Vaticana
Giardini Vaticani
Accademia delle Scienze
Collegio Etiopico
Governatorato
Radio Vaticana
Basilica di San Pietro
Cappella Sistina
P.za San Pietro
Piazza S. Marta
Palazzo del Sant' Uffizio
Aula delle Udienze Pontificie
P.ta Cavalleggeri
Via d. Belvedere
Borgo Pio
Borgo Sant' Angelo
Via d. Conciliazione
Castel Sant' Angelo
14
Largo Giovanni XXIII
Palazzo Giraud
S. Maria in Traspontina
S. Spirito in Sassia
S. Michele
P.ta S. Spirito
Lgt. in Sassia
Ponte
Pr. Amedeo
P.za D. Rovere
Gall. P. Amedeo S.A.
Corso V. Emanuele
S. Giovanni d. Fiorentini
Palazzo Sacchetti
Lgt. Sangallo
Via Giulia
Piazza Adriana
P.za Pia
Lgt. Cast.
Piazza del Risorgimento
Via di P.ta Angelica
Viale Vaticano
Via Candia
Via Leone IV
Viale Giulio Cesare
Ottaviano-S. Pietro Musei Vaticani
Lepanto
Cipro
Viale delle Milizie
Viale Angelico
L.go Trionfale
Via Trionfale
Circonval. Trionfale
Viale delle Medaglie d'Oro
P.le degli Eroi
Via Cipro
S. Maria d. Grazie
P.za di S. Maria d. Grazie
S. Maria Mediatrice
S. Giuseppe
P.le Socrate
SS. Rosario
Via Cola di Rienzo
Via Crescenzio
S. Maria del Carmine
Via G. Vitelleschi
Via S. Porcari
P.za dei Quiriti
P.za dell'Unità
Via Aurelia
Via Gregorio VII
Divi Gregorio VII
S. Gregorio VII
Via d. P.ta Cavalleggeri
L.go di P.Cavalleggeri
Via Paolo II
S. Maria alle Fornaci
Via Nicolò V
Stazione San Pietro
Via delle Fornaci
Viale delle Mura Aurelie
Monte di Gallo
Via di Monte del Gallo
Via del Gelsomino
Maria Addolorata
P.za F. Borgoncini Duca
Villa Lovatti
Villa Abamelek
Torre del Drago
Via Aurelia Antica
Casa dei Teatri
Villa Doria Pamphilj
Cappella Pamphilj
Viale Casino Algardi
Via del Maglio
I Quattro Venti
Viale dei Quattro Venti
P.za S. Pancrazio
Via di S. Pancrazio
Il Vascello
Villa Medici
Porta S. Pancrazio
P.le Aurelio
Acqua Paola
P.ta S. Pancrazio
S. Pietro in Montorio
Mausoleo Garibaldi
Via Garibaldi
Monte Gianicolo
Passeggiata del Gianicolo
S. Onofrio
Museo Tassiano
Faro
Chiesa Rumena
P.le Anita Garibaldi
P.le Giuseppe Garibaldi
Villa Corsini
Orto Botanico
Galleria Palazzo Corsini
Palazzo Torlonia
Porta Settimiana
Via della Lungara
Lgt. Gianicolense
Ponte G. Mazzini
Via d. Orti d'Alibert
Via d. Mantellate
Via S. Francesco di Sales
Viale Trenta Aprile
Via Nicola Fabrizi
Via Dandolo
Villa Sciarra
Trastevere
P.za Ottavilla
Via Vitellia
Via Fonteiana
Via Cosmo De Torres
Viale di Villa Pamphilj
Via Giacinto Carini
Via L. Mercantini
Via F. Bolognesi
Via Vascello
Via F. S. Sprovieri
Via B. Vici
Via Basilio Bricci
Via A. Algardi
Via E. Guastalla
Via F. Daverio
Via F. Bonnet
Via G. Bruzzesi
Via P. Roselli
Viale Glorioso
Via Wurts
Via Calandrelli
Viale Aurelio Saffi

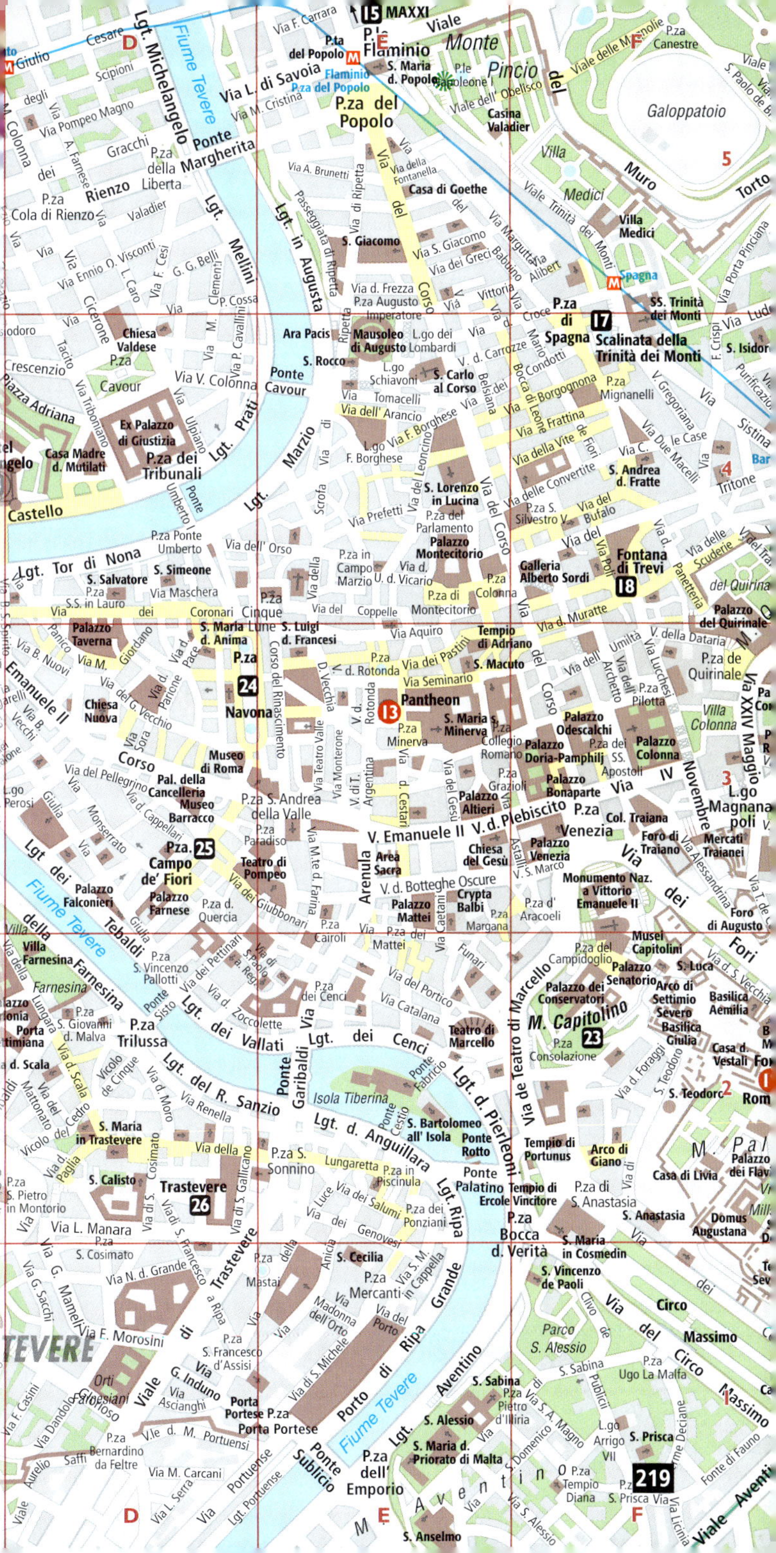
MAXXI
P.le Flaminio
P.ta del Popolo
Flaminio
P.za del Popolo
Monte Pincio
S. Maria d. Popolo
P.le Napoleone I
Viale dell' Obelisco
Casina Valadier
Viale delle Magnolie
P.za Canestre
Galoppatoio
Muro Torto
Villa Medici
Villa Medici
Viale Trinità dei Monti
Fiume Tevere
Lgt. Michelangelo
Via Cesare
Via Giulio
Via Scipioni
Via Pompeo Magno
Via Gracchi
Via L. di Savoia
Via M. Cristina
Ponte Margherita
P.za della Libertà
Via Cola di Rienzo
P.za Cola di Rienzo
Via Valadier
Via A. Brunetti
Via della Fontanella
Casa di Goethe
Via del Corso
Via di Ripetta
Passeggiata di Ripetta
Lgt. in Augusta
Lgt. Mellini
S. Giacomo
Via S. Giacomo
Via dei Greci
Via Margutta
Via del Babuino
Via Alibert
Spagna
SS. Trinità dei Monti
Via Ennio Q. Visconti
Via G. G. Belli
Via F. Cesi
Via Cicerone
P. Cossa
Via d. Frezza
P.za Augusto Imperatore
Ara Pacis
Mausoleo di Augusto
L.go dei Lombardi
Via Vittoria
Via della Croce
Via Mario de' Fiori
P.za di Spagna
Scalinata della Trinità dei Monti
Via F. Crispi
S. Isidoro
Chiesa Valdese
P.za Cavour
Via V. Colonna
Ponte Cavour
S. Rocco
L.go Schiavoni
S. Carlo al Corso
Via Tomacelli
Via dell' Arancio
Via d. Carrozze
Via Condotti
Via Bocca di Leone
Via Belsiana
Via Borgognona
Via Frattina
P.za Mignanelli
Via Gregoriana
Via Due Macelli
Via Sistina
Piazza Adriana
Castel S. Angelo
Ex Palazzo di Giustizia
Casa Madre d. Mutilati
P.za dei Tribunali
Lgt. Prati
Via Ulpiano
Lgt. Marzio
L.go F. Borghese
Via F. Borghese
S. Lorenzo in Lucina
Via della Vite
Via delle Mercede
S. Andrea d. Fratte
Tritone
Castello
Ponte Umberto I
P.za Ponte Umberto
Via dell' Orso
Via della Scrofa
Via Prefetti
P.za del Parlamento
Palazzo Montecitorio
P.za S. Silvestro
Via delle Convertite
Via del Bufalo
Via del Tritone
Fontana di Trevi
Via delle Scuderie
Galleria Alberto Sordi
Lgt. Tor di Nona
S. Salvatore
S. Simeone
P.za S.S. in Lauro
Via Maschera
P.za in Campo Marzio
Via d. Vicario
P.za di Monte Citorio
P.za Colonna
Via Poli
Via della Panetteria
del Quirinale
Palazzo del Quirinale
Via dei Coronari
P.za Cinque Lune
Via del Coppelle
Via Aquiro
Tempio di Adriano
Via d. Muratte
V. della Dataria
P.za del Quirinale
Palazzo Taverna
S. Maria d. Anima
S. Luigi d. Francesi
Via dei Pastini
S. Macuto
Via dell' Umiltà
Via dei Lucchesi
Via Giordano
Via B. Nuovi
P.za Navona
Corso del Rinascimento
Via d. Rotonda
Via Seminario
Pantheon
S. Maria s. Minerva
P.za Minerva
Collegio Romano
Palazzo Odescalchi
P.za della Pilotta
P.za dei SS. Apostoli
Villa Colonna
Palazzo Colonna
Via XXIV Maggio
Chiesa Nuova
Via del G. Vecchio
Corso Vittorio Emanuele II
Museo di Roma
Pal. della Cancelleria
Museo Barracco
P.za S. Andrea della Valle
Palazzo Doria-Pamphilj
Palazzo Bonaparte
Via IV Novembre
L.go Magnanapoli
Via del Pellegrino
Via Giulia
Via Monserrato
Via dei Cappellari
P.za Paradiso
Via Teatro Valle
Via Monterone
Via di T. Argentina
Via d. Cestari
Via del Gesù
P.za Grazioli
Palazzo Altieri
V. d. Plebiscito
P.za Venezia
Col. Traiana
Foro di Traiano
Mercati Traianei
Via Alessandrina
Pza. Campo de' Fiori
Teatro di Pompeo
Via dei Giubbonari
Via Arenula
Area Sacra
Chiesa del Gesù
Palazzo Venezia
Via S. Marco
Monumento Naz. a Vittorio Emanuele II
Via dei Fori Imperiali
Lgt dei Tebaldi
Palazzo Falconieri
Palazzo Farnese
P.za d. Quercia
V. d. Botteghe Oscure
Palazzo Mattei
Crypta Balbi
Via dei Funari
P.za d' Aracoeli
Foro di Augusto
Villa Farnesina
Lgt. della Farnesina
P.za Vincenzo Pallotti
Via dei Pettinari
P.za Cairoli
P.za Mattei
P.za Margana
P.za del Campidoglio
Palazzo dei Conservatori
Palazzo Senatorio
Musei Capitolini
S. Luca
Arco di Settimio Severo
Basilica Aemilia
Basilica Giulia
Porta Settimiana
P.za S. Giovanni d. Malva
P.za Trilussa
Ponte Sisto
Lgt. dei Vallati
Via di S. Maria d. Pianto
P.za dei Cenci
Via del Portico d'Ottavia
Via Catalana
Lgt. dei Cenci
Teatro di Marcello
M. Capitolino
P.za Consolazione
Via del Teatro di Marcello
Casa d. Vestali
Via della Lungara
Via d. Scala
Vicolo de Cinque
Via d. Moro
Via Renella
Lgt. del R. Sanzio
Ponte Garibaldi
Isola Tiberina
Ponte Fabricio
Ponte Cestio
S. Bartolomeo all' Isola
Ponte Rotto
Lgt. d. Pierleoni
S. Teodoro
Via S. Teodoro
Via d. Foraggi
M. Palatino
Via del Mattonato
Via del Cedro
S. Maria in Trastevere
Lgt. d. Anguillara
Via della Lungaretta
P.za S. Sonnino
P.za in Piscinula
Tempio di Portunus
Arco di Giano
P.za S. Pietro in Montorio
S. Calisto
Trastevere
Via di S. Gallicano
Via dei Salumi
P.za dei Ponziani
Lgt. Ripa
Ponte Palatino
Tempio di Ercole Vincitore
P.za di S. Anastasia
S. Anastasia
Casa di Livia
Palazzo dei Flavi
Domus Augustana
Via L. Manara
P.za S. Cosimato
Viale di Trastevere
Via dei Genovesi
S. Cecilia
P.za Mercanti
Via S. M. in Cappella
P.za Bocca d. Verità
S. Maria in Cosmedin
S. Vincenzo de Paoli
Via G. Mameli
Via N. d. Grande
Via S. Francesco a Ripa
P.za Mastai
Via Madonna dell' Orto
Via del Porto
Lgt. Ripa Grande
Clivo de Publicii
Parco S. Alessio
Via del Circo Massimo
Circo Massimo
Via F. Morosini
P.za S. Francesco d'Assisi
Via G. Induno
Via Ascianghi
Via di S. Michele
Porto di Ripa Grande
Fiume Tevere
Lgt. Aventino
S. Sabina
P.za Pietro d'Illiria
Via S. A. Magno
P.za Ugo La Malfa
Viale Glorioso
Orti Gianicolensi
Porta Portese
P.za Porta Portese
V.le d. M. Portuensi
P.za Bernardino da Feltre
Via Aurelio Saffi
Via Dandolo
Via F. Casini
S. Alessio
S. Maria d. Priorato di Malta
Via S. Domenico
L.go Arrigo VII
S. Prisca
Viale Aventino
Ponte Sublicio
P.za dell' Emporio
Monte Aventino
P.za Tempio Diana
Via M. Carcani
Via L. Serra
Via Portuense
Lgt. Portuense
S. Anselmo
Via S. Alessio
Via Licinia
Via di S. Prisca
P.za Capena
STEVERE
D
E
F
1
2
3
4
5
13
15
17
18
23
24
25
26

Villa Ruffo
Stazione Piazzale Flaminio
A
B
C
Viale Washington
Giardino D. Lago
P.za di Siena
Villa
Borghese
16
Galleria e Museo Borghese
15
MAXXI
P.le Flaminio
Viale
Monte
Pincio
del
S. Maria d. Popolo
P.le Napoleone I
Viale dell' Obelisco
Viale delle Magnolie
P.za Canestre
Viale W. Goethe
Viale del Museo Borghese
Viale dei Cavalli Marini
Via Pinciana
Via Puccini
Via Po
Via d. S. Teresa
Via Livenza
P.za del Popolo
Casina Valadier
Galoppatoio
S. Paolo de Brasile
Piazzale Brasile
Corso
P.ta Pinciana
Muro
Torto
Villa
Medici
Via della Fontanella
Via di Ripetta
Via del Corso
Casa di Goethe
Viale Trinità dei Monti
Chiesa Luterana
S. Camillo
Via Campania
Via Sardegna
Via Romagna
Via Puglie
Via Abruzzi
Via Toscana
Via Sicilia
Via Marche
Via Lazio
Via Vitt. Veneto
Via Piemonte
Boncompagni
Sallustiana
Villa Medici
S. Giacomo
Via S. Giacomo
Via dei Greci
Via Margutta
Via Alibert
Via del Babuino
Spagna
Via Porta Pinciana
Via Aurora
Via Emilia
Via d. Frezza
P.za Augusto Imperatore
Mausoleo di Augusto
L.go dei Lombardi
Via della Croce
Via Vittoria
P.za di Spagna
17
Scalinata della Trinità dei Monti
SS. Trinità dei Monti
Via Ludovisi
Via F. Crispi
S. Isidoro
Via Liguria
Palazzo Margherita
Via Friuli
Via Lucullo
Via Aureliana
Via A. Salandra
Via G. Carducci
Via L. Bissolati
V. d. Carrozze
Via Mario de' Fiori
Via Bocca di Leone
Via Condotti
Via Belsiana
L.go Schiavoni
S. Carlo al Corso
Via Tomacelli
Via dell' Arancio
Via Borgognona
P.za Mignanelli
Via Frattina
Via della Vite
V. Gregoriana
Via Due Macelli
Via Purificazione
Via Sistina
Via d. S. Basilio
V.lo Via S. N. da Tolentino
L.go di S. Susanna
S. Maria d. Vittoria
Via V. E. Orlando
L.go F. Borghese
Via F. Borghese
Via del Leoncino
Via delle Convertite
Via C. le Case
S. Andrea d. Fratte
Via del Tritone
P.za Barberini
Barberini
Via Barberini
Gall. Naz. d' Arte Antica
Palazzo Barberini
Talentino
P.za di S. Bernardo
Via Torino
P.za della Repubblica
Repubblica
S. Lorenzo in Lucina
Via Prefetti
P.za del Parlamento
P.za S. Silvestro
Via del Bufalo
Via Rasella
Via dei Giardini
Via Quattro Fontane
Via Modena
Palazzo Montecitorio
P.za in Campo Marzio
Via d. U. d. Vicario
Galleria Alberto Sordi
P.za Colonna
Via Poli
Fontana di Trevi
18
Via delle Scuderie
Via del Traforo
Via della Panetteria
Giardino del Quirinale
M. Quirinale
Via del Quirinale
Via Nazionale
Teatro dell' Opera
Via Firenze
Via Napoli
P.za di Montecitorio
Via Coppelle
Via Aquiro
Via d. Muratte
Via della Dataria
P.za del Quirinale
Palazzo del Quirinale
Via Piacenza
Via San Vitale
San Vitale
Via A. Depretis
Via Genova
Via Palermo
P.za del Viminale
Palazzo delle Esposizioni
P.za d. Rotonda
Via dei Pastini
Tempio di Adriano
Via Seminario
S. Macuto
Via dell' Umiltà
Via dell' Archetto
Via Lucchesi
P.za Pilotta
Via XXIV Maggio
Via della Consulta
Via Parma
Palazzo Consulta
Palazzo Pallavicini Rospigliosi
Villa Colonna
M. Viminale
Via C. Balbo
Via Urbana
Pantheon
13
3
S. Maria s. Minerva
P.za Minerva
P.za Collegio Romano
Palazzo Odescalchi
Palazzo Doria-Pamphilj
P.za dei SS. Apostoli
Palazzo Colonna
Via IV Novembre
L.go Magnanapoli
Via Mazzarino
Via del Boschetto
Via Milano
Via Panisperna
Via Cimarra
San Lorenzo in Panisperna
Via di S. Maria Maggiore
Via Monterone
Via di T. Argentina
Via d. Cestari
Via del Gesù
P.za Grazioli
Palazzo Altieri
Palazzo Bonaparte
P.za Venezia
Col. Traiana
Foro di Traiano
Mercati Traianei
V. Panisperna
Via dei Serpenti
SS. Sergio e Bacco
V. degli Zingari
P.za Zingari
Via Sforza
Cavour
V. Emanuele II
V. d. Plebiscito
Area Sacra
Chiesa del Gesù
Palazzo Venezia
V. S. Marco
Via Arenula
V. d. Botteghe Oscure
Crypta Balbi
Palazzo Mattei
P.za Margana
P.za d' Aracoeli
Monumento Naz. a Vittorio Emanuele II
Via dei Fori Imperiali
Via Alessandrina
Via T. de Conti
Foro di Augusto
Via Baccina
Via M. dei Monti
Madonna dei Monti
Via Cavour
P.za S. Pietro in Vincoli
Via d. Sette Sale
M. Esquilino
P.za Cairoli
Via Caetani
P.za Mattei
Via dei Funari
Musei Capitolini
P.za del Campidoglio
Palazzo Senatorio
S. Luca
Via d. S. Vecchia
V. del Colosseo
Via d. Annibaldi
P.za Cenci
2
Via del Portico
Via Catalana
Lgt. dei Cenci
Teatro di Marcello
Via del Teatro di Marcello
Palazzo dei Conservatori
M. Capitolino
23
P.za Consolazione
Arco di Settimio Severo
Basilica Aemilia
Basilica Giulia
Basilica di Massenzio
Casa d. Vestali
Foro Romano
12
Tempio di Venere e Roma
Antiquarium Forense
Arco di Tito
Arco di Costantino
Colosseo
11
P.za del Colosseo
Via d. Foraggi
S. Teodoro
Via delle T. di Tito
Viale Domus Aurea di Nerone
Terme di Traiano
Colle
Via N. Salvi
Ponte Fabricio
Isola Tiberina
Ponte Cestio
S. Bartolomeo all' Isola
Ponte Rotto
Lgt. d. Anguillara
Lgt. d. Pierleoni
Via de Teatro di Marcello
Tempio di Portunus
Arco di Giano
M. Palatino
Palazzo dei Flavi
S. Bonaventura
Via C. Vibenna
Via Capo d'Africa
Lungaretta
P.za in Piscinula
Via dei Salumi
Via dei Genovesi
P.za dei Ponziani
Lgt. Ripa
Ponte Palatino
Tempio di Ercole Vincitore
P.za di S. Anastasia
S. Anastasia
Casa di Livia
Domus Augustana
Stadio di Domiziano
Villa Mills
Parco del Celio
Antiquarium
Basilica SS. Giovanni e Paolo
Via Claudia
P.za Bocca d. Verità
S. Maria in Cosmedin
S. Cecilia
P.za Mercanti
Via S. M. in Cappella
S. Vincenzo de Paoli
Terme Severiane
Clivo di Scauro
Via S. P. della Croce
Via di S. Gregorio
Circo Massimo
Via del Circo Massimo
Via dei Cerchi
Clivo dei Publicii
Parco S. Alessio
S. Gregorio Magno
P.za Celimontana
Via Madonna dell'Orto
Via del Porto
Via di S. Michele
Porto di Ripa Grande
Fiume Tevere
Lgt. Aventino
S. Sabina
Via di S. Sabina
P.za Pietro d'Illiria
Via S. A. Magno
P.za Ugo La Malfa
Porta Capena
P.za di Porta Capena
Villa Celimontana
S. Maria in Domnica
M. Celio
Via d. Navicella
S. Alessio
S. Maria d. Priorato di Malta
Via Domenico
L.go Arrigo VII
S. Prisca
Viale Aventino
Via di Fauno
Circo Massimo
Celimontana
1
4
5

Roma
0 250 500 m
0 250 500 yd
D
E
F
5
4
3
2
1
SALARIO
Via Salaria
Piazza Fiume
P.ta Salaria
Corso d'Italia
Via Nizza
Via Alessandria
P.za Alessandria
Piazza Regina Margherita
Via Nomentana
Via Reggio Emilia
Via Mantova
P.le Porta Pia
Corpus Domini
Villa Bonaparte
Via XX Settembre
Viale del Policlinico
Viale Regina Elena
Piazza Galeno
Piazza Salerno
Piazza Girolamo Fabrizio
Via G. B. Morgagni
Via G. M. Lancisi
Policlinico
P.za della Croce Rossa
Via Goito
Via Cernaia
Viale Castro Pretorio
Castro Pretorio
Biblioteca Nazionale
S. Martino d. B.
P.za Indipendenza
Via Volturno
Chiostro d. Certosa
Terme di Diocleziano
S. Maria d. Angeli
A.C.I.
S. Cuore
Via Montebello
Via Palestro
Via Milazzo
Via Marsala
P.za Confienza
Via Monzambano
Viale dell' Università
Viale d. Scienze
P.le Aldo Moro
Viale P. Gobetti
Via dei Frentani
Viale Pretoriano
Via Tiburtina
Via d. Ramni
Villa Mercede
P.za Parco Caduti
Chiesa dell' Immacolata
P.le Tiburtino
P.za P. S. Lorenzo
Via Porta di Lorenzo
Via L. Einaudi
V.le E. de Nicola
P.za dei Cinquecento
Palazzo Massimo alle Terme
19
Termini
Stazione Roma Termini
Via Cavour
Via Giovanni Giolitti
Via Principe Amedeo
Via Napoleone III
Casa dell'Architettura
P.za dell' Esquilino
S. Maria Maggiore
20
P.za S. Maria Maggiore
S. Prassede
Via Carlo Alberto
Via Filippo Turati
P.za Vittorio Emanuele II
Vittorio Emanuele
Via Pr. Eugenio
Via Conte Verde
Via Manzoni
Via Porta Maggiore
Piazza di Porta Maggiore
Roma - Giardinetti
S. Martino ai Monti
Esquilino
L.go Giacomo Leopardi
Via Merulana
Parco Traiano
Colle Oppio
Domus Aurea
P.za Dante
Villa Altieri
Via S. Quintino
Manzoni
Via di S. Croce in Gerusalemme
Acquedotto Neroniano
Villa Wolkonski
Piazza Santa Croce in Gerusalemme
San Clemente
22
Via Labicana
S. Antonio da Padova
S. Marcellino
SS. Quattro Coronati
Via SS. Quattro Coronati
Via E. Filiberto
P.za di Porta San Giovanni
Scala Santa
San Giovanni in Laterano
21
P.za P.ta S. Giovanni
P.le Appio
L.go Brindisi
Viale Carlo Felice
Via La Spezia
Via Nola
Via Monza
San Giovanni
Via Appia Nuova
Via Amba Aradam
Via dei Laterani
S. Stefano Rotondo
Via d. Navicella
Via di S. Stefano Rotondo

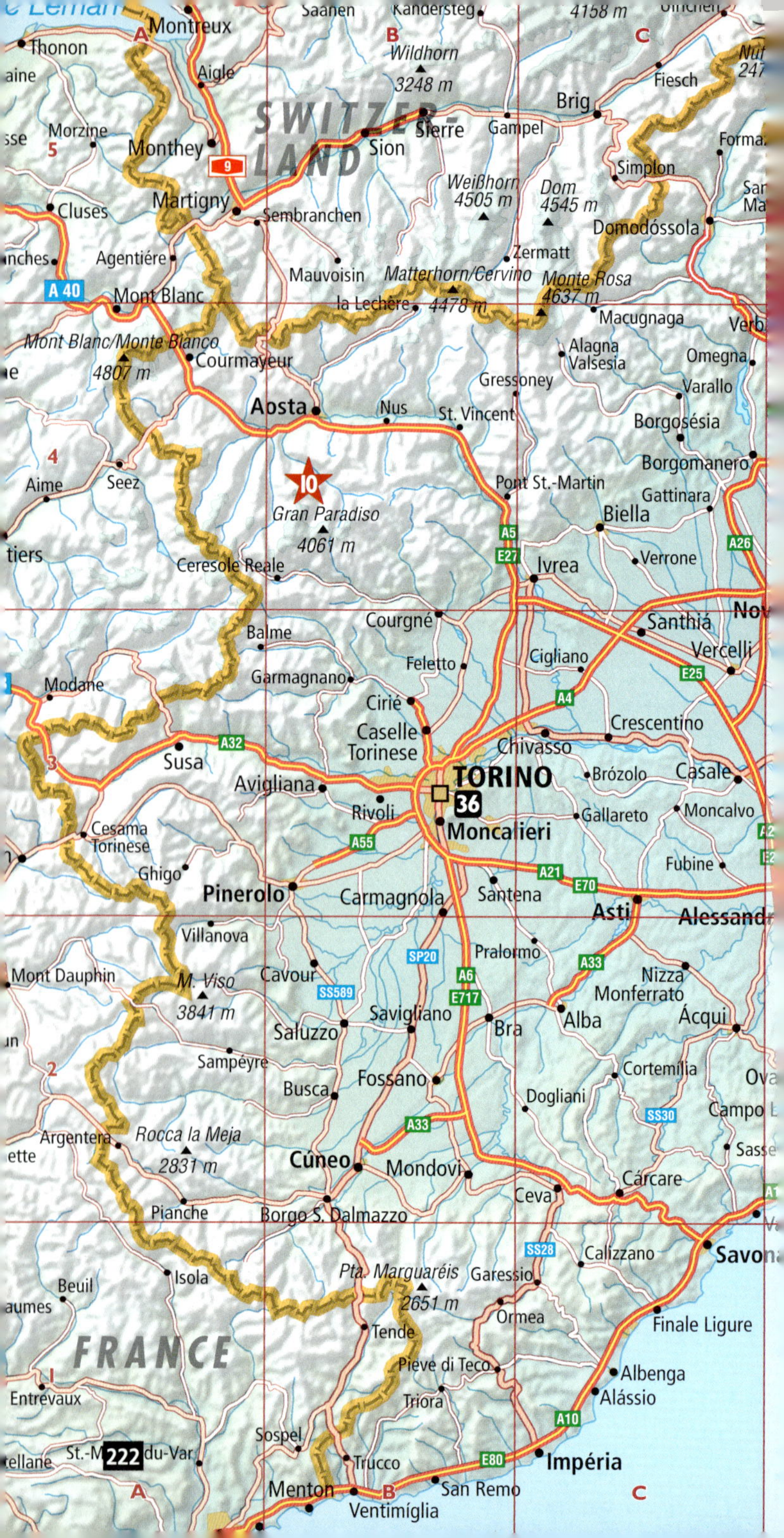
SWITZERLAND
FRANCE
Montreux
Thonon
Aigle
Saanen
Kandersteg
Wildhorn
3248 m
4158 m
Fiesch
Brig
Gampel
Sierre
Sion
Morzine
Monthey
9
Martigny
Sembranchen
Weißhorn
4505 m
Dom
4545 m
Simplon
Domodóssola
Cluses
Agentiére
Mauvoisin
Zermatt
Matterhorn/Cervino
4478 m
Monte Rosa
4637 m
A 40
Mont Blanc
la Lechère
Macugnaga
Mont Blanc/Monte Bianco
4807 m
Courmayeur
Alagna Valsesia
Omegna
Gressoney
Varallo
Aosta
Nus
St. Vincent
Borgosésia
Borgomanero
Aime
Seez
10
Gran Paradiso
4061 m
Pont St.-Martin
Gattinara
Biella
A5
E27
A26
Ceresole Reale
Ivrea
Verrone
Courgné
Santhiá
Balme
Cigliano
Vercelli
Feletto
Garmagnano
E25
Modane
Ciriè
A4
Caselle Torinese
Crescentino
Chivasso
Susa
A32
TORINO
36
Brózolo
Casale
Avigliana
Rivoli
Moncalieri
Gallareto
Moncalvo
Cesama Torinese
A55
Ghigo
Fubine
Pinerolo
Carmagnola
Santena
A21
E70
Asti
Alessandr
Villanova
Pralormo
SP20
A33
Mont Dauphin
M. Viso
3841 m
Cavour
SS589
A6
E717
Nizza Monferrato
Saluzzo
Savigliano
Bra
Alba
Ácqui
Sampéyre
Cortemília
Busca
Fossano
Dogliani
SS30
Campo
Argentera
Rocca la Meja
2831 m
A33
Sasse
Cúneo
Mondovì
Cárcare
Pianche
Borgo S. Dalmazzo
Ceva
SS28
Calizzano
Savona
Beuil
Isola
Pta. Marguaréis
2651 m
Garessio
Ormea
Tende
Finale Ligure
Pieve di Teco
Albenga
Alássio
Entrevaux
Triora
A10
Sospel
St.-M
222
du-Var
Trucco
E80
Impéria
Menton
San Remo
Ventimíglia
A
B
C

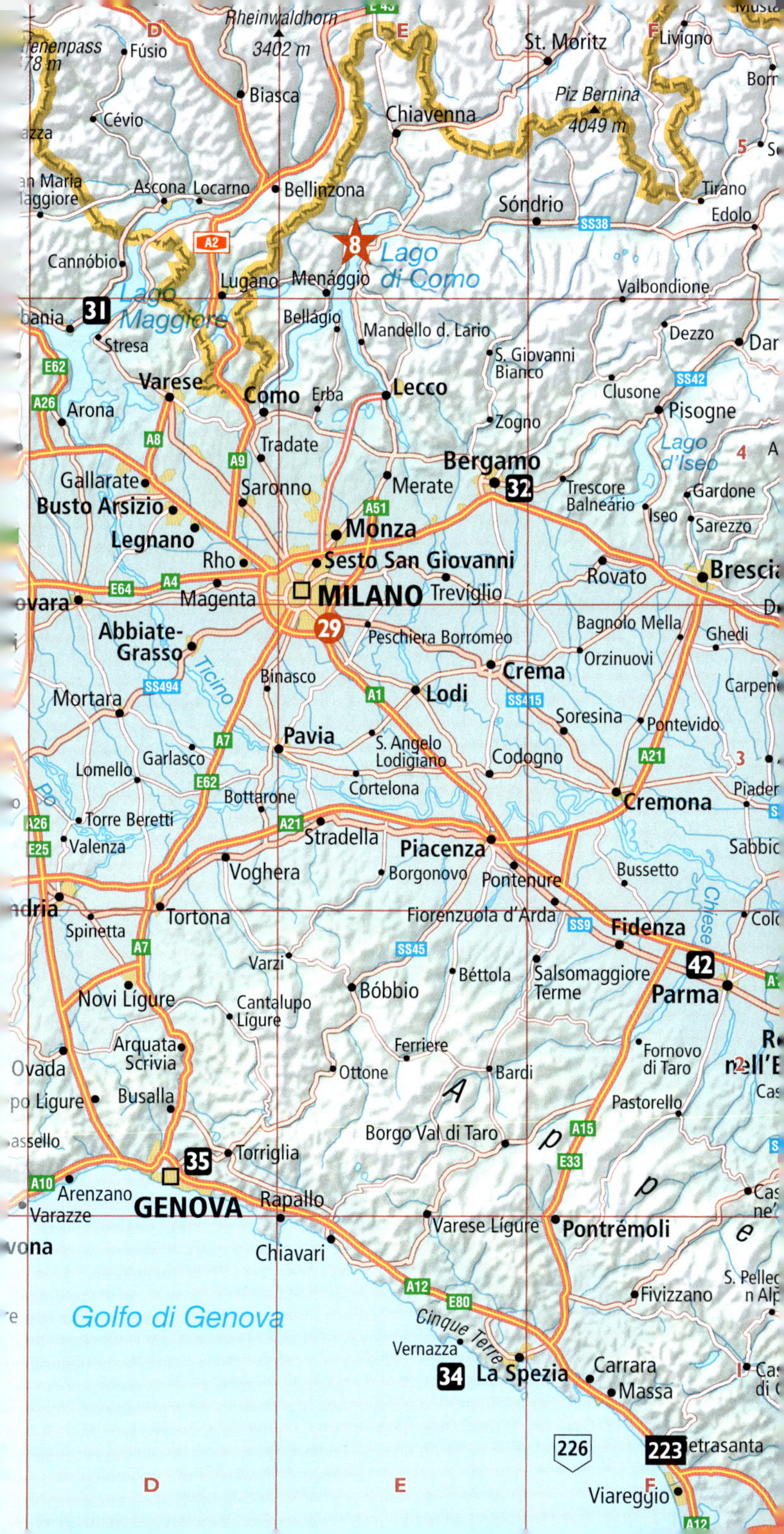
D
E
F
Rheinwaldhorn
3402 m
Fúsio
Biasca
Cévio
Chiavenna
St. Moritz
Livigno
Piz Bernina
4049 m
Ascona
Locarno
Bellinzona
Sóndrio
Tirano
Edolo
A2
8
Lago di Como
SS38
Cannóbio
Lugano
Menággio
Valbondione
31
Lago Maggiore
Stresa
Bellágio
Mandello d. Lario
Dezzo
S. Giovanni Bianco
E62
Varese
Como
Erba
Lecco
Clusone
SS42
Pisogne
A26
Arona
Zogno
A8
Tradate
A9
Lago d'Iseo
4
Bergamo
Gallarate
Saronno
Merate
32
Trescore Balneário
Iseo
Gardone
Sarezzo
Busto Arsizio
A51
Monza
Legnano
Rho
Sesto San Giovanni
Rovato
Brescia
E64
A4
Magenta
MILANO
Treviglio
29
Abbiate-Grasso
Peschiera Borromeo
Bagnolo Mella
Ghedi
Orzinuovi
Ticino
Binasco
Crema
SS494
Mortara
A1
Lodi
SS415
Soresina
Pontevido
A7
Pavia
S. Angelo Lodigiano
Codogno
A21
3
Garlasco
Lomello
E62
Cortelona
Bottarone
Po
Cremona
Torre Beretti
A26
A21
Stradella
E25
Valenza
Piacenza
Borgonovo
Pontenure
Bussetto
Voghera
Tortona
Spinetta
Fiorenzuola d'Arda
SS9
Fidenza
Chiese
A7
SS45
42
Varzi
Béttola
Salsomaggiore Terme
Parma
Bóbbio
Novi Lígure
Cantalupo Lígure
Arquata Scrivia
Ferriere
Fornovo di Taro
Ovada
Ottone
Bardi
Busalla
Pastorello
A
A15
Borgo Val di Taro
p
35
Torriglia
E33
A10
Arenzano
GENOVA
Rapallo
p
Varazze
Varese Lígure
Pontrémoli
e
Chiavari
A12
S. Pellegrino in Alpe
E80
Fivizzano
Golfo di Genova
Cinque Terre
Vernazza
34
La Spezia
Carrara
Massa
226
Pietrasanta
D
E
F
Viareggio
A12

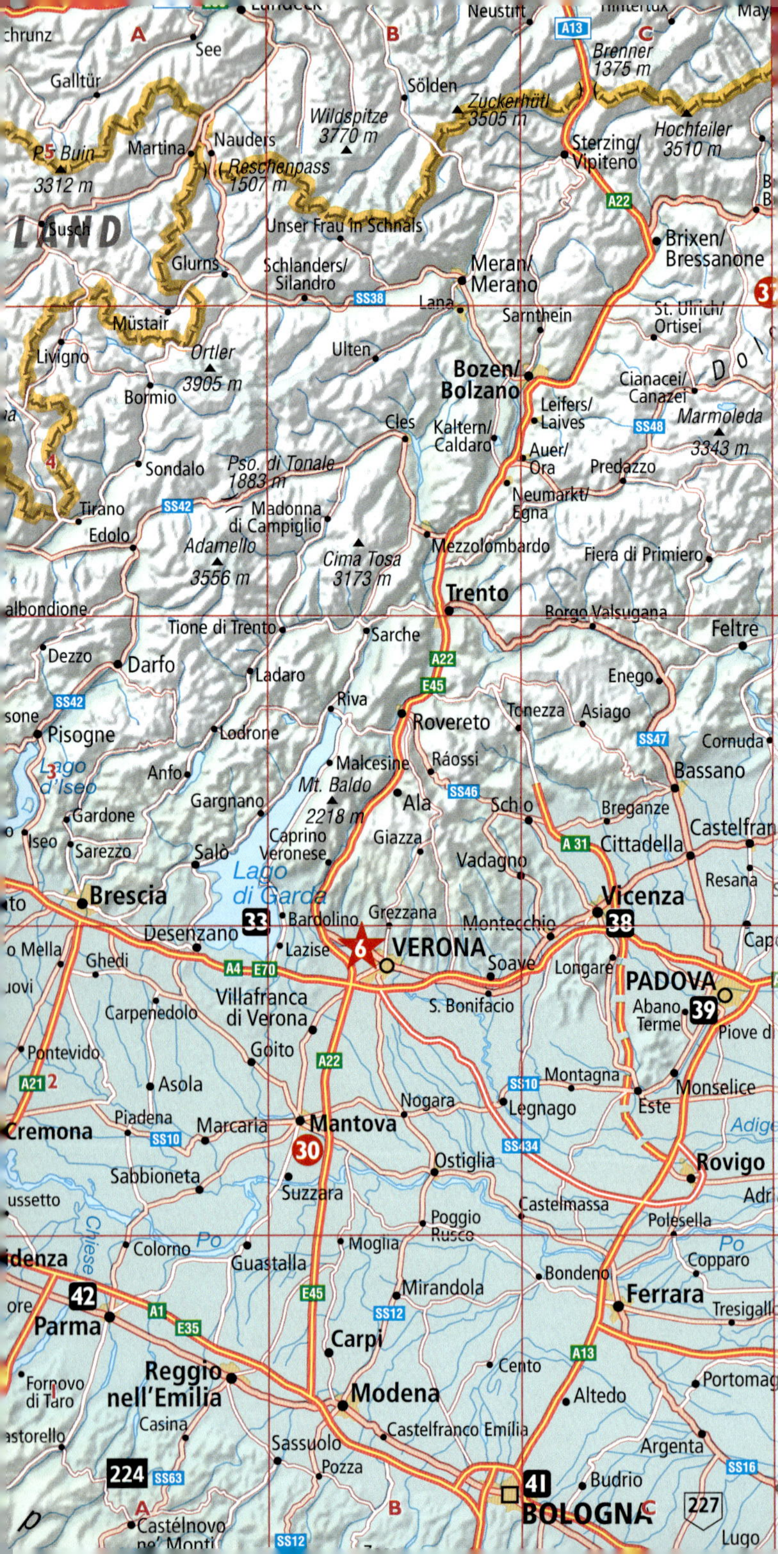
A
B
C
Neustift
A13
Brenner
1375 m
See
Galltür
Sölden
Zuckerhütl
3505 m
Wildspitze
3770 m
Nauders
Martina
Piz Buin
3312 m
Reschenpass
1507 m
Sterzing/
Vipiteno
Hochfeiler
3510 m
A22
Susch
Unser Frau in Schnals
Brixen/
Bressanone
Glurns
Schlanders/
Silandro
Meran/
Merano
SS38
Lana
Sarnthein
St. Ulrich/
Ortisei
Müstair
Livigno
Ortler
3905 m
Ulten
Bozen/
Bolzano
Cianacei/
Canazei
Bormio
Leifers/
Laives
Kaltern/
Caldaro
Marmoleda
3343 m
SS48
Cles
Auer/
Ora
Sondalo
Pso. di Tonale
1883 m
Predazzo
Neumarkt/
Egna
Tirano
SS42
Madonna
di Campiglio
Edolo
Adamello
3556 m
Cima Tosa
3173 m
Mezzolombardo
Fiera di Primiero
Trento
Tione di Trento
Sarche
Borgo Valsugana
Feltre
Dezzo
Darfo
A22
Ladaro
Enego
SS42
E45
Riva
Rovereto
Tonezza
Asiago
Pisogne
Lodrone
SS47
Cornuda
Lago
d'Iseo
Malcesine
Ráossi
Anfo
Mt. Baldo
2218 m
Bassano
SS46
Ala
Gargnano
Schio
Breganze
Gardone
Iseo
Caprino
Veronese
Giazza
A 31
Cittadella
Castelfranco
Sarezzo
Salò
Vadagno
Resana
Lago
di Garda
Brescia
Vicenza
33
Bardolino
Grezzana
Montecchio
38
Desenzano
VERONA
6
Lazise
Soave
Longare
Mella
Ghedi
A4
E70
PADOVA
Villafranca
di Verona
S. Bonifacio
Carpenedolo
Abano
Terme
39
Piove di Sacco
Goito
Pontevido
A22
Montagna
SS10
A21
Asola
Monselice
Nogara
Legnago
Este
Piadena
Marcaria
Mantova
Adige
Cremona
SS10
SS434
30
Rovigo
Ostiglia
Sabbioneta
Suzzara
Castelmassa
Adria
Poggio
Rusco
Polesella
Chiese
Po
Colorno
Moglia
Po
Copparo
Guastalla
Bondeno
42
Mirandola
Ferrara
A1
E45
Parma
SS12
Tresigallo
E35
Carpi
A13
Cento
Reggio
nell'Emilia
Fornovo
di Taro
Portomaggiore
Modena
Altedo
Casina
Castelfranco Emília
Sassuolo
Argenta
Pozza
SS16
224
SS63
41
Budrio
A
B
C
227
BOLOGNA
Castélnovo
ne' Monti
SS12
Lugo

rhofen
Großvenediger
3668 m
Großglockner
3798 m
Bad Hofgastein
Ankogel
3252 m
St. Michael
A10
E55
Matrei
AUSTRIA
Obervellach
Gmünd
Sand in Taufers/
Campo Tures
Huben
Winklern
Bruneck/
Brunico
Lienz
Möllbrücke
Spittal an der Drau
SS49
Toblach/
Dobbiaco
Kötschach-
-Mauten
Hermagor
Drei Zinnen
2998 m
Forni Avoltri
Arnoldstein
Cortina d'Ampezzo
Pontebba
Kranjsk
Tolmezzo
Pieve di Cadore
Bovec
Longarone
A23
E55
Maniago
Ponte n. Alpi
Bàrcis
Belluno
S. Daniele d. Friuli
Tolmin
Sédico
Cividale
A27
Aviano
Dignano
Udine
Vittorio
Véneto
SS13
Stopnik
Pordenone
Gorizia
Ajdovšč
Conegliano
Sacile
Coroipo
Palmanova
A34
A28
Cervignano d. Friuli
Portobuffolè
A4
E70
Monfalcone
Spresiano
Latisana
A27
Piave
Oderzo
Porotgruaro
A4
A4
Grado
Treviso
SS53
San Dona
di Piave
Lignano
TRIESTE
Scorze
A4
SS14
Caorle
Bibione
Golfo di
Trieste
Koper
A57
Eraclea
MESTRE
Lido di Jésolo
Piran
apodársego
A4
Mira
VENEZIA
I
Grožnjan
di Sacco
Novigrad
Golfo di Venezia
Chióggia
A 9
Poreč
Cavarzere
Rovinj
Taglio di Po
Delta del Po
Mesola
Porto Tolle
Pula
Codigoro
aggiore
Comácchio
Alfonsine
Ravenna
D
E
F
5
4
3
2
I

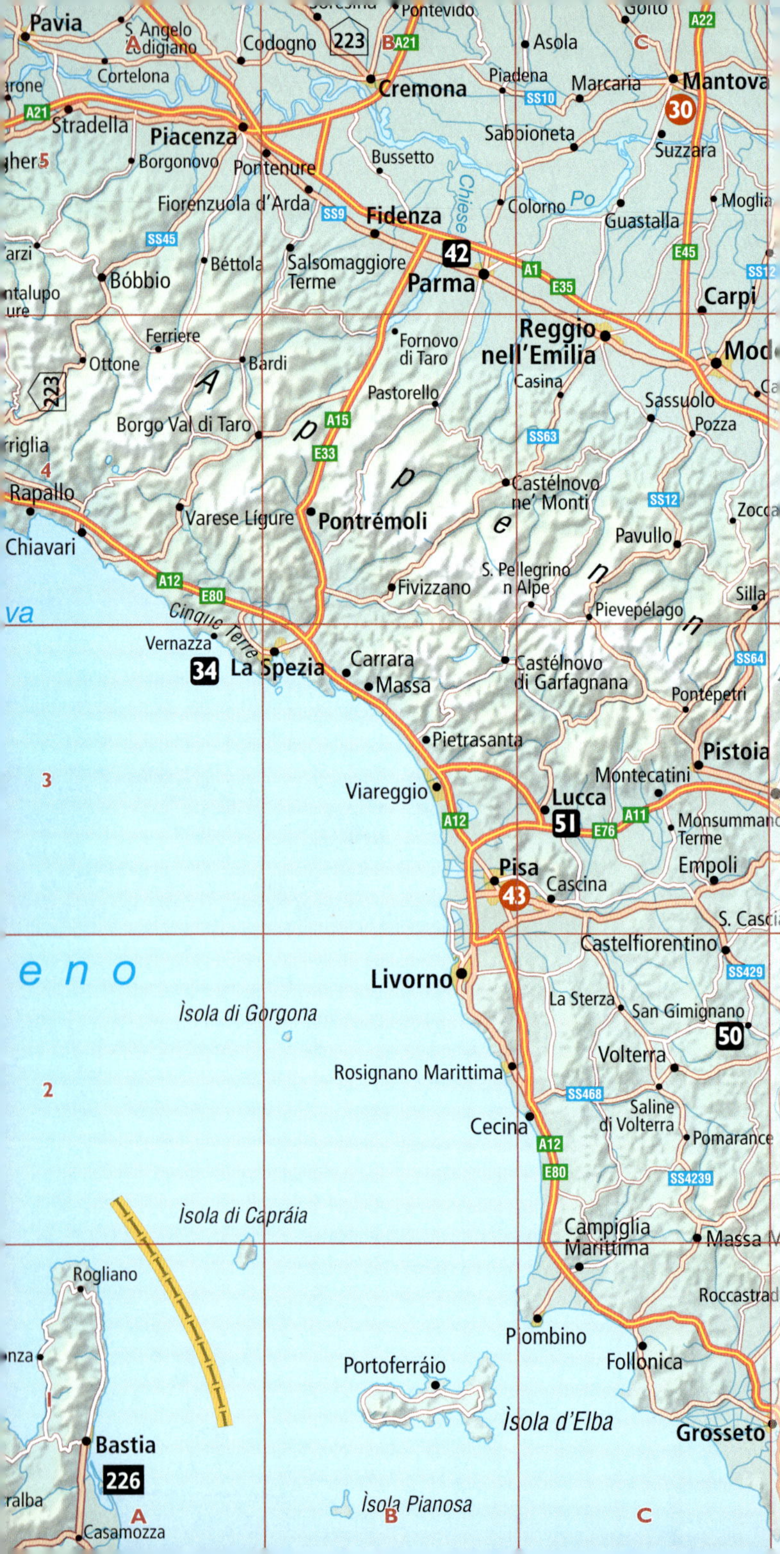
Pavia
S. Angelo Lodigiano
Codogno
223
A21
Pontevido
Asola
A22
Cortelona
Cremona
Piadena
Marcaria
Mantova
30
SS10
A21
Stradella
Piacenza
Sabbioneta
Suzzara
5
Borgonovo
Pontenure
Bussetto
Chiese
Po
Moglia
Fiorenzuola d'Arda
SS9
Fidenza
Colorno
Guastalla
SS45
42
E45
Bóbbio
Béttola
Salsomaggiore Terme
A1
Parma
E35
SS12
Carpi
Ferriere
Fornovo di Taro
Reggio nell'Emilia
Ottone
Bardi
Casina
223
Pastorello
Sassuolo
Pozza
Borgo Val di Taro
A15
SS63
4
E33
Castélnovo ne' Monti
Rapallo
SS12
Varese Lígure
Pontrémoli
Zocca
Chiavari
Pavullo
A12
S. Pellegrino in Alpe
Fivizzano
E80
Silla
Pievepélago
Cinque Terre
Vernazza
Carrara
Castélnovo di Garfagnana
SS64
34
La Spezia
Massa
Pontépetri
Pietrasanta
Pistoia
3
Montecatini
Viareggio
Lucca
A11
A12
51
Monsummano Terme
E76
Pisa
Empoli
43
Cascina
S. Cascia
Castelfiorentino
SS429
Livorno
Ìsola di Gorgona
La Sterza
San Gimignano
50
Volterra
Rosignano Marittima
2
SS468
Saline di Volterra
Cecina
Pomarance
A12
E80
SS4239
Ìsola di Capráia
Campiglia Marittima
Massa M.
Rogliano
Roccastrada
Piombino
Follonica
Portoferráio
Ìsola d'Elba
Bastia
Grosseto
226
Ìsola Pianosa
A
B
C
Casamozza

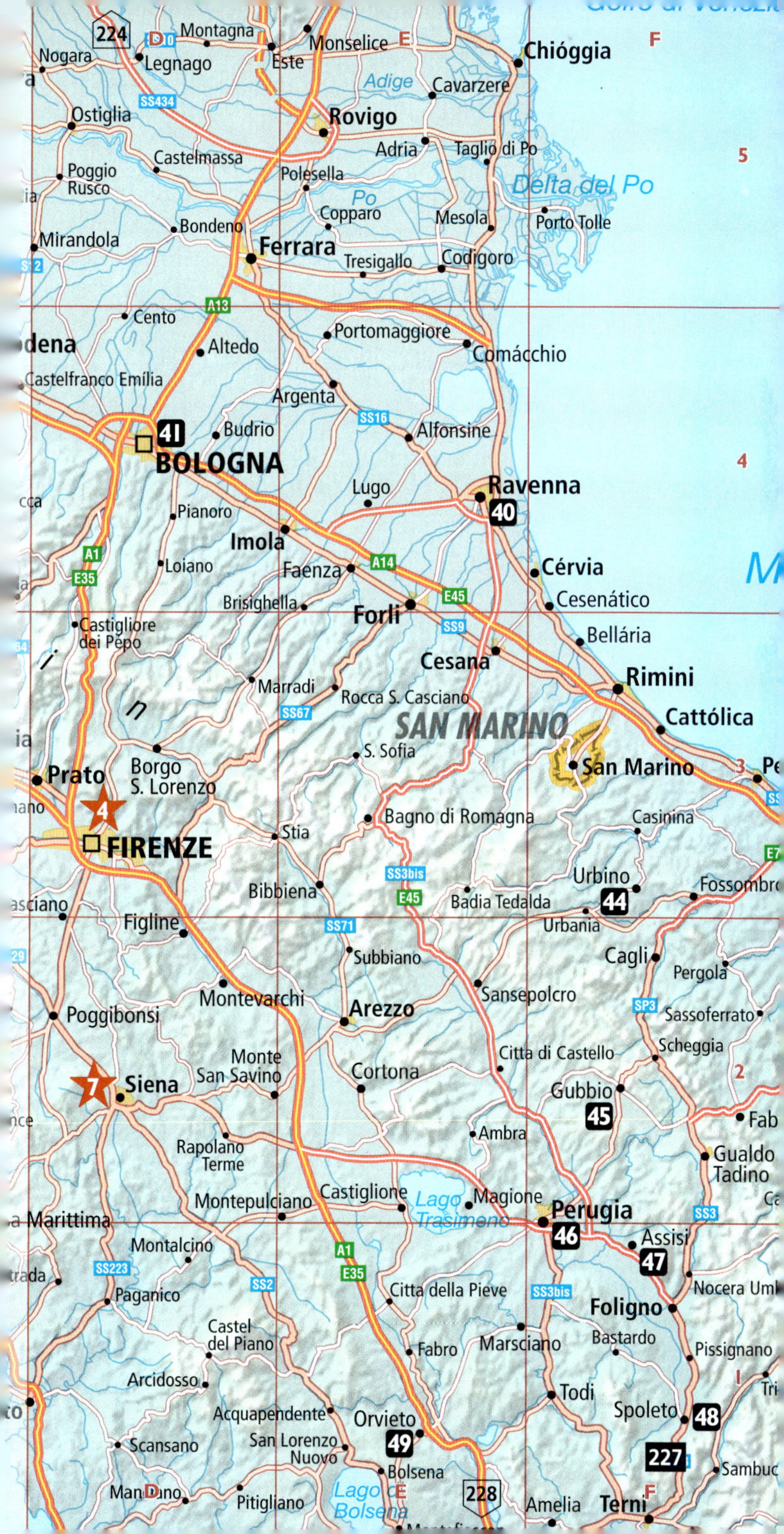

224
D
E
F
Montagna
Monselice
Nogara
Legnago
Este
Chióggia
SS434
Adige
Cavarzere
Ostiglia
Rovigo
Castelmassa
Adria
Taglio di Po
5
Poggio Rusco
Polesella
Delta del Po
Po
Copparo
Mesola
Porto Tolle
Bondeno
Mirandola
Ferrara
Tresigallo
Codigoro
A13
Cento
Portomaggiore
Comácchio
Altedo
Castelfranco Emília
Argenta
SS16
Alfonsine
41
Budrio
BOLOGNA
4
Lugo
Ravenna
40
Pianoro
Imola
A1
E35
Loiano
Faenza
A14
Cérvia
Brisighella
Forlì
E45
Cesenático
SS9
Castigliore dei Pepo
Bellária
Cesana
Marradi
Rimini
Rocca S. Casciano
SS67
SAN MARINO
Cattólica
S. Sofia
Borgo S. Lorenzo
San Marino
Prato
3
4
Bagno di Romagna
Casinina
Stia
FIRENZE
SS3bis
Urbino
Fossombr
Bibbiena
E45
Badia Tedalda
44
Urbania
Figline
SS71
Cagli
Subbiano
Pergola
Montevarchi
Sansepolcro
SP3
Sassoferrato
Poggibonsi
Arezzo
Scheggia
Monte San Savino
Citta di Castello
2
Cortona
Gubbio
45
7
Siena
Fab
Ambra
Rapolano Terme
Gualdo Tadino
Castiglione
Lago Trasimeno
Magione
Montepulciano
SS3
Marittima
Perugia
46
Assisi
Montalcino
47
A1
E35
SS223
SS2
Citta della Pieve
SS3bis
Nocera Um
Paganico
Foligno
Castel del Piano
Bastardo
Fabro
Marsciano
Pissignano
Arcidosso
Todi
Spoleto
48
Acquapendente
Orvieto
49
San Lorenzo Nuovo
Scansano
227
Bolsena
Sambuc
Lago di Bolsena
228
Manciano
Pitigliano
Amelia
Terni

Montecatini
Prato
Borgo S. Lorenzo
S. Sofia
227
Monsummano Terme
FIRENZE
Empoli
Bagno di Romagna
Stia
Bibbiena
S. Casciano
Figline
Badia Tedalda
Urbania
Castelfiorentino
SS429
SS3bis
E45
SS71
Subbiano
San Gimignano
50
Poggibonsi
Montevarchi
Arezzo
Sansepolcro
Volterra
Monte San Savino
Cortona
Città di Castello
Siena
Saline di Volterra
Pomarance
Rapolano Terme
Ambra
Gubbio
45
SS4239
Montepulciano
Castiglione
Lago Trasimeno
Magione
Perugia
46
Massa Marittima
Montalcino
A1
E35
Roccastrada
SS223
SS2
Città della Pieve
SS3bis
Paganico
Follonica
Castel del Piano
Fabro
Marsciano
Arcidosso
Todi
Grosseto
Acquapendente
Orvieto
49
Scansano
San Lorenzo Nuovo
Bolsena
Manciano
Pitigliano
Lago di Bolsena
Amelia
Montefiascone
Albinia
Orbetello
Fescia Fiorentina
Canino
Marta
Orte
Viterbo
SS675
Montalto di Castro
Cotta
Ìsola del Giglio
Vetralla
Civita Castellana
Tarquinia
Sutri
SS2
Tolfa
Civitavecchia
Manziana
Lago di Bracciano
Bracciano
A12
E80
Cerveteri
ROMA
Ostia Antica
Lido di Ostia
Pomezia
A
B
C
1
2
3
4
5

Marino
Pesaro
Fano
D
E
F
5
4
3
2
1
SS16
Casinina
E78
Senigallia
Fossombrone
Ostra
Falconara Marittima
Ancona
agli
Pergola
Jesi
Osimo
SP3
Sassoferrato
SS76
A14
E55
Scheggia
Filottrano
Macerata
Civitanova Marche
Fabriano
San Serverino
SS77
Porto Sant' Elpidio
Gualdo Tadino
Tolentino
Porto San Giorgio
Camerino
SS3
ia
Assisi
47
Cupra Marittima
Offida
Grottamare
Nocera Umbra
oligno
Amandola
San Benedetto
SP209
stardo
Pissignano
Monte Vettore
2476 m
Ascoli Piceno
Alba Adriatica
Triponzo
Spoleto
48
SS4
Aquasanta Terme
Giulianova
Accumoli
SS3
Sambucheto
Roseto d. Abruzzi
Amatrice
Teramo
Pineto
Terni
Marmore
Posta
A24
Silvi Marina
Gran Sasso d'Italia
2912 m
Penne
Pescara
Narni
Monte Terminillo
2216 m
Antrodoco
Franc
anello
Rieti
Cittaducale
L'Aquila
A25
Chieti
San Giovanni Reatino
Barisciano
E80
Tevere
A24
SS17
Scafa
Poggio Moiano
Rocca di Mezzo
Guardiagre
nano
minio
SS4
Borgorose
Popoli
Casoli
Sulmona
A24
Celano
Guidonia Montecelio
Asoli
B
Avezzano
Pescina
Palena
A1
A90
Subiaco
Ca
27
Tivoli
Civitella Roveto
Pso. di Diávolo
1400 m
Ateleta
SS652
Palestrina
52
Ag
SS82
Opi
SS17
Fiuggi
Castel Gandolfo
Balsorano Nuovo
M. Petroso
2247 m
Castel di Sangr
ezia
Velletri
Ferentino
Alatri
Sora
Segni
Atina
passo
Arce
Ise
Aprilia
Cisterna di Latina
Ceccano
Pozzilli
SS148
SS6
Sezze
Priverno
Cassino
Bo
Anzio
Latina
Pico
A1
Piedimonte Matese
E35
Fondi
229
230
Sabaudia
Ausonia
S. Gorgio
Formia
SS2
Terracina
Sessa Aurunca

Amatrice
Teramo
Pineto
Silvi Marina
Pescara
Francavi
Ort
229
Posta
armore
Monte Terminillo
2216 m
Antrodoco
Gran Sasso d'Italia
2912 m
Penne
Pieti
Cittaducale
Giovanni
Reatino
Tevere
L'Aquila
Barisciano
Chieti
Scafa
Guardiagrele
Casoli
Poggio Moiano
Borgorose
Rocca di Mezzo
Popoli
Sulmona
Celano
Guidonia
Montecelio
Asoli
Avezzano
Pescina
Palena
Bomb
Carunc
Tivoli
Subiaco
Civitella
Roveto
Pso. di Diávolo
1400 m
Ateleta
Agnone
Palestrina
Fiuggi
Opi
Castel
Gandolfo
Balsorano Nuovo
Castel di Sangro
Velletri
Ferentino
Alatri
M. Petroso
2247 m
Segni
Sora
Arce
Atina
Isernia
Aprilia
Cisterna di Latina
Ceccano
Pozzilli
Sezze
Priverno
Cassino
Bojano
Latina
Pico
Piedimonte
Matese
Fondi
Sabaudia
Terracina
Formia
Ausonia
S. Gorgio
Sessa Aurunca
Gaeta
Caiazzo
Tele
Mondragone
Caserta
Golfo di Gaeta
Giugliano in Campania
Casoria
NAPO
Pozzuoli
Procida
Ìsola di Ponza
Ìsola d'Ischia
Golfo di Napoli
Sorrento
Capri
Punta
Campa
A24
A25
E80
SS17
SS4
A1
SS82
SS652
SS650
SS148
SS6
E35
SS213
A56
27
52
53
54
61
9
A
B
C
1
2
3
4
5

D
E
F
al Mare
na
5
Isole Tremiti
Vasto
San Salvo Marina
S. Salvo
Termoli
Rodi Garganico
Peschici
Vieste
Guglionesi
A14
SS89
Lago di Varano
60
4
Trigno
Trivento
Biferno
Serracapriola
Apricena
Monte Sant' Angelo
Lucito
Larino
San Marco
San Giovanni
Rotello
Casacalenda
Candelaro
San Severo
Manfredonia
Campobasso
SS89
Golfo di M
SS17
Lucera
Foggia
Jelsi
Zapponeta
San Bartolomeo
SS16
Margherita d
A14
Troia
SS90
E55
SP13
ntelandolfo
Cerignola
3
Orsara di Puglia
SS87
Paduli
Ascoli Satriano
Canosa di Puglia
se Terme
Benevento
Ariano Irpino
A16
Minervino Murge
E842
Lavello
SS7
Melfi
Spinnazz
addaloni
Montemiletto
SS655
Rionero in Vulture
Avellino
A16
Calitri
OLI
Lioni
Genzano di
E841
SS93
Mt. Vesuvio
281 m
A30
Solofra
SS96
re del Greco
Muro Lucano
Pietragalla
Irsina
A3
Potenza
Salerno
2
Gr.
Ravello
Contursi Terme
Eboli
Buccino
55
Battipaglia
Anzi
E847
Brienza
anella
Golfo di Salerno
Roccadaspide
Marsico Nuovo
Corleto Perticara
Stig
56
Paestum
Sala Consilina
Agropoli
Viggiano
SS18
S. Arcangelo
Vallo d. Lucania
A3
Agri
Montesano sulla Marcellana
Acciaroli
Alfano
E90
Ser
Ascea
Episcopia
SS6
Pisciotta
Sapri
Lagonegro
S. Sev Lucar
Capo Palinuro
231
234
Marina di Camerota
Porto
D
E
F
Golfo di Policastro

San Marco
San Giovanni
Sant' Angelo
A
B
C
San Severo
Candelaro
Manfredonia
Golfo di Manfredonia
SS89
Lucera
5
Foggia
Zapponeta
tolomeo
SS16
Margherita di Savoia
M a
A14
Troia
SS90
E55
Barletta
SP13
Molfetta
ra di Puglia
Cerignola
Ascoli Satriano
Canosa di Puglia
Andria
BA
A16
iano Irpino
Minervino Murge
Corato
Bitonto
E842
Lavello
Melfi
SS655
Spinnazzola
SS96
etto
4
Toritto
A14
Rionero in Vulture
E843
Calitri
Genzano di Lucania
Altamura
Lioni
SS93
Gravina di Puglia
Gioia de
SS96
Muro Lucano
Pietragalla
Irsina
Potenza
Matera
57
Grassano
Contursi Terme
Buccino
Ginosa
Caste
Anzi
E847
Brienza
Bernalda
Roccadaspide
Marsico Nuovo
Corleto Perticara
Stigliano
Craco
3
estum
Sala Consilina
Viggiano
S. Arcangelo
SS598
E90
Vallo d. Lucania
Agri
A3
Montesano sulla Marcellana
Sinni
Policoro
Alfano
E90
Senise
cea
Sapri
Episcopia
SS653
Oriolo
Marina di Nova S
Pisciotta
Lagonegro
S. Severino Lucano
o Palinuro
Marina di Camerota
Porto
M. Pollino 2248 m
Golfo di Policastro
2
Trebisacce
Frascineto
Morano Calabro
Scalea
Marina di Sibari
Lungro
SS18
Rossano
Belvedere Marttimo
Corigliano Calabro
S. Marco Argentano
Centraro
Acri
Longobucco
Ca
Marina di Fuscaldo
Montalto Uffugo
M. Pettinascura 1708 m
Savelli
Paola
Cosenza
1
Lorica
S. Giovanni in Fiore
Rogliano
234
Petilia Policastro
Amantea
Taverna
Sersa
A
B
C

D
E
F
5
Adriatico
4
3
2
1
E55
amassima
Monopoli
Putignano
Fasano
Alberobello
SS379
Colle
59
Ostuni
Martina Franca
Brindisi
Mottola
Mesagne
Massafra
neta
E90
S. Pietro Vernotico
Francavilla Fontana
Taranto
SS16
Guagnano
San Cataldo
Saturo
Manduria
Lecce
58
Leverano
Librari
Porto Cesareo
Nardo
Galatina
Otranto
Golfo di Taranto
SS101
Máglie
Gallipolli
Taurisano
Alessano
Torre San Giovanni
Marina di Leuca
Capo S. Maria di Léuca
Cariati
ampana
Ciro Marina
SS106
erzino
E90
Fasana
SS107
Crotone
Cutro
le

Consilina
S. Arcangelo
232
SS598
E90
A
B
C
A3
E90
Montesano sulla Marcellana
Agri
Sinni
Policoro
Golfo di Tar
Senise
Episcopia
SS653
Oriolo
Marina di Nova Siri
Sapri
5
Lagonegro
S. Severino Lucano
Porto
M. Pollino 2248 m
astro
Trebisacce
Morano Calabro
Frascineto
Scalea
Marina di Sibari
Lungro
SS18
Corigliano Calabro
Rossano
Belvedere Marttimo
4
S. Marco Argentano
Cariati
Centraro
Acri
Longobucco
Campana
Marina di Fuscaldo
Montalto Uffugo
M. Pettinascura 1708 m
Savelli
Ciro Mari
SS106
E90
Verzino
Paola
Cosenza
Lorica
S. Giovanni in Fiore
SS107
Fasana
Rogliano
Petilia Policastro
Crotone
Amantea
Cutro
Taverna
Sersale
3
Falerna Marina
Nicastro
SS19
Isola di Cap
Catanzaro
Capo Rizzuto
Golfo di S. Eufemia
A3
E90
Catanzaro Marina
Chiaravalle Centrale
Vibo Valentia
Soverato
Golfo di Squillace
SS110
Tropea
S. Angelo
Mileto
Serra S. Bruno
Rosarno
Paradiso
Monasterace Marina
2
Cinquefrondi
Gioia Tauro
SS106
Taurianova
SS281
E90
Palmi
ta
Marina di Gioiosa Jonica
Plati
Locri
Montalto 1955 m
Bianco
Reggio Calabria
Bagaladi
Bocale
Galati
Melito di Porto Salvo
1
237
234
A
B
C

D
E
F
Ìsola Maddalena
Ìsola Caprera
S. Teresa Gallura
Palau
Vignola Mare
Arzachena
5
Isola Rossa
Luogosanto
Golfo dell' Asinara
Golfo Aranci
SS200
Castelsardo
Tempio Pausania
Olbia
Porto Torres
Perfugas
SS127
Monte Petrosu
Palmadula
Sassari
SS199
Monti
SS389
Chiaramonti
Oschiri
Ittiri
Ozieri
ghero
Budduso
Siniscola
Villanova Monteleone
Mores
4
Bultei
Bitti
Pozzomaggiore
M. Iameddari
1118 m
SS125
SS131
E25
Orosei
Bosa
SS129
Macomer
Nuoro
Dorgali
Ottana
Serule
SS389
Golfo di Oros
S. Caterina di Pittinuri
Genna Silana
1017 m
Fonni
P. La Mármora
1834 m
Baunei
Fordongianus
Atzara
3
Oristano
Arbatax
Lanusei
Laconi
fo di Oristano
Seui
Ales
Serri
Escalaplano
Terralba
Tertenia
SS131
SS128
Guspini
Sanluri
Ballao
Senorbi
SS125
Villacidro
E25
SS126
2
Muravera
Villasor
Iglesias
SS130
Siliqua
Portoscuso
Cágliari
Quartu Sant'Elena
Carbonia
Acquacadda
Villasimius
Golfo di Cágliari
Capo Carbonara
nt' Antioco
Giba
SS195
Pula
65
Teulada
Sardegna
Ìsola di Antioco
Capo Teulada
I

A
B
C
5
4
3
2
1
Ìsola di Ùstica
Capo San Vito
S. Vito lo Capo
Terrasini
Partanna Mondello
PALERMO
67
Bagheria
Balestrate
Partinico
Monreale
68
Misilmeri
Termini Imerese
Trápani
Álcamo
Caccamo
A19
E90
A29
SS624
Salemi
Corleone
Marsala
SS115
Partanna
Sambuca di Sicilia
Prizzi
Lercara Friddi
Vallelunga Pratameno
Castelvetrano
Mazara del Vallo
SS189
Riberia
Casteltermini
Sciacca
E931
SS640
Sicília
Agrigento
64
Marina di Palma
Licata
A
B
C

D
E
F
5
Ìsola Strómboli
Strómboli
924 m
Ìsola Filicudi
Ìsola Salina
Ìsola Panarea
Ìsola Alicudi
Ìsola Lípari
Ìsola Vulcano
234
Sparta
4
Milazzo
Barcelona
Pozzo di Gotta
MESSINA
Capo d' Orlando
Sant' Ágata
di Militello
Cefalú
S. Stefano
d. Camastra
A20
E90
S. Fratello
Floresta
Novara di Sicilia
Regg
Cala
66
Mistretta
Mt. Soro
1847m
A18
E45
Bocal
Taormina
Randazzo
Linguaglossa
63
SS116
Troina
Gangi
Bronte
Monte Etna
3323 m
E932
Nicosia
3
Riposto
Adrano
63
Leonforte
Regalbuto
Acireale
Dittaino
Paterno
Enna
CATANIA
Valguarnera
Caropepe
Pietraperzia
Piazza Armerina
69
SS417
Lentini
Mazzarino
Augusta
Caltagirone
SS194
Priolo Gargallo
2
Siracusa
62
Palazzolo Acreide
Gela
SS115
E45
Cómiso
Vittoria
Ragusa
Noto
Àvola
A18
Modica
S. Croce Camerina
Ispica
Pacchino
1
Capo delle Correnti
D
E
F

Register

Abbildungsnachweis

Abkürzungen: (o) oben; (u) unten; (m) Mitte; (l) links; (r) rechts; (AA) AA World Travel Library

4 DuMont Bildarchiv/Lubenow **6/7** DuMont Bildarchiv/Heuer **8** DuMont Bildarchiv/Anzenberger **10/11** AA/A Mockford & N Bonetti **12** AA/C Sawyer **13l** AA/M Jourdan **13r** AA/N Setchfield **14** DuMont Bildarchiv/Anzenberger **17** Getty Images/AFP/Hasan Mroue **18** AA/N Setchfield **19** AA/K Paterson **20** AA/N Setchfield **21** AA/A Mockford & N Bonetti **22** Getty Images/Bongarts/Stuart Franklin **25l** AA/A Mockford & N Bonetti **25r** AA/A Mockford & N Bonetti **26** DuMont Bildarchiv/Kiedrowski **27** DuMont Bildarchiv/Bernhart **28** AA/M Jourdan **29** AA/C Sawyer **30** AA/A Mockford & N Bonetti **32** AA/A Mockford & N Bonetti **46** AA/A Mockford & N Bonetti **48** DuMont Bildarchiv/Heuer **49** DuMont Bildarchiv/Heuer **50** DuMont Bildarchiv/Heuer **51** DuMont Bildarchiv/Heuer **52/53** DuMont Bildarchiv/Heuer **53** AA/A Mockford & N Bonetti **54/55** AA/S McBride **56/57** AA/A Mockford & N Bonetti **58ul** DuMont Bildarchiv/Heuer **58ur** DuMont Bildarchiv/Heuer **60/61** AA/A Mockford & N Bonetti **61** DuMont Bildarchiv/Heuer **62** AA/A Mockford & N Bonetti **63** DuMont Bildarchiv/Heuer **64** AA/A Mockford & N Bonetti **65l** AA/D Miterdiri **65r** AA/A Mockford & N Bonetti **66** AA/A Mockford & N Bonetti **67** AA/A Mockford & N Bonetti **68o** AA/S McBride **69u** AA/A Mockford & N Bonetti **69u** DuMont Bildarchiv/Heuer **70o** AA/A Mockford & N Bonetti **70u** AA/C Sawyer **71** AA/A Mockford & N Bonetti **80** AA/A Mockford & N Bonetti **82** DuMont Bildarchiv/Kiedrowski **83o** AA/C Sawyer **83u** DuMont Bildarchiv/Riehle **84/85** AA/C Sawyer **85** AA/A Mockford & N Bonetti **86** DuMont Bildarchiv/Kiedrowski **87** DuMont Bildarchiv/Kiedrowski **88/89** DuMont Bildarchiv/Wrba **90** DuMont Bildarchiv/Wrba **91o** laif/Raffaele Celentano **91u** laif/Raffaele Celentano **92** AA/A Mockford & N Bonetti **93** AA/C Sawyer **94** DuMont Bildarchiv/Mosler **95l** AA/C Sawyer **95r** AA/C Sawyer **96** DuMont Bildarchiv/Riehle **97** DuMont Bildarchiv/Wrba **98** DuMont Bildarchiv/Wrba **106** DuMont Bildarchiv/Lubenow **108o** DuMont Bildarchiv/Lubenow **108u** DuMont Bildarchiv/Bernhart **109** AA/A Mockford & N Bonetti **110** AA/A Mockford & N Bonetti **111** DuMont Bildarchiv/Lubenow **113o** DuMont Bildarchiv/Lubenow **113u** DuMont Bildarchiv/Lubenow **114/115** AA/A Mockford & N Bonetti **115** AA/C Sawyer **116** AA/C Sawyer **117** DuMont Bildarchiv/Riehle **118** AA/A Mockford & N Bonetti **119** DuMont Bildarchiv/Bernhart **120** DuMont Bildarchiv/Bernhart **121** DuMont Bildarchiv/Lubenow **122** DuMont Bildarchiv/Lubenow **131** AA/S McBride **132** DuMont Bildarchiv/Anzenberger **133** DuMont Bildarchiv/Anzenberger **134** DuMont Bildarchiv/Anzenberger **135** AA/S McBride **136** AA/S McBride **136/137** AA/S McBride **137** DuMont Bildarchiv/Anzenberger **138** DuMont Bildarchiv/Anzenberger **139** DuMont Bildarchiv/Anzenberger **140** AA/C Sawyer **141** DuMont Bildarchiv/Anzenberger **142** AA/T Harris **143** AA/C Sawyer **144** laif/Giovanni Bertolissio/hemis **145o** AA/K Paterson **145u** AA/T Harris **146** AA/P Davies **147** AA/T Harris **148** AA/K Paterson **156** DuMont Bildarchiv/Kiedrowski **158** AA/M Jourdan **159** AA/M Jourdan **160** laif/Peter Rigaud **161** AA/M Jourdan **162** AA/M Jourdan **163** AA/C Sawyer **164** AA/C Sawyer **165** laif/Markus Mauthe **166** AA/M Jourdan **167** AA/M Jourdan **168** AA/M Jourdan **169o** AA/M Jourdan **169u** laif/Nina Lueth **170** laif/Cathrine Stukhard **171** AA/C Sawyer **172** DuMont Bildarchiv/Kiedrowski **180** DuMont Bildarchiv/Lubenow **181** AA/N Setchfield **182** AA/N Setchfield **183** AA/N Setchfield **184/185** DuMont Bildarchiv/Lubenow **186** DuMont Bildarchiv/Lubenow **186** DuMont Bildarchiv/Lubenow **188** AA/N Setchfield **189** AA/N Setchfield **190** AA/N Setchfield **191o** AA/N Setchfield **191u** AA/N Setchfield **192o** DuMont Bildarchiv/Lubenow **192u** DuMont Bildarchiv/Lubenow **193** DuMont Bildarchiv/Lubenow **194** AA/N Setchfield **200** AA/A Mockford & N Bonetti **201** AA/A Mockford & N Bonetti **202** AA/A Mockford & N Bonetti **203** AA/C Sawyer **204** AA/S McBride **206** laif/Georg Knoll **207** laif/Georg Knoll **208o** laif/Andrea Alborno/hemis **208u** laif/Georg Knoll **213o** AA/A Mockford & N Bonetti **213M** AA/A Mockford & N Bonetti **213u** AA/A Mockford & N Bonetti

Titelbild: Rainer Martini/LOOK-foto

Impressum

©MAIRDUMONT GmbH & Co. KG
VERLAG KARL BAEDEKER

1. Aufl. 2015

Text: Teresa Fisher, Rebecca Ford, Tim Jepson, Sally Roy (»Das Magazin« und »Wohin zum ...«), Tristan Rutherford, Kathryn Tomasetti, Dagmar Lutz
Übersetzung: Joachim Nagel
Redaktion: Wigel, München
Programmleitung: Birgit Borowski
Chefredaktion: Rainer Eisenschmid

Kartografie: ©MAIRDUMONT GmbH & Co. KG, Ostfildern
3D-Illustrationen: jangled nerves, Stuttgart

Anzeigenvermarktung:
MAIRDUMONT MEDIA
Tel. 0711/4502 333
media@mairdumont.com
media.mairdumont.com

Printed in China

Trotz aller Sorgfalt von Autoren und Redaktion sind Fehler und Änderungen nach Drucklegung leider nicht auszuschließen. Dafür kann der Verlag keine Haftung übernehmen. Berichtigungen, Kritik und Verbesserungsvorschläge sind uns jederzeit willkommen, bitte informieren Sie uns unter:

Verlag Karl Baedeker/Redaktion
Postfach 3162
D-73751 Ostfildern
Tel. 0711 4502 262
smart@baedeker.com
www.baedeker.com

FSC®
www.fsc.org
MIX
Papier aus verantwortungsvollen Quellen
FSC® C020056

10 GRÜNDE WIEDERZUKOMMEN

1. Italiens **Schönheit** ist von solcher Vielfalt, dass es stets **Neues zu entdecken** gibt.
2. Seine herrlichen **Küsten an tiefblauem Meer** ziehen Sommergäste magisch an.
3. **Palazzi, Piazze und schmale Gässchen** verleihen Italiens Städten einmaligen Charme.
4. Ein unerschöpfliches **Abenteuer** bei jedem Besuch ist das zweitausendjährige **Rom**.
5. Italiens **Lebensart** macht süchtig – ob Espresso in der Bar oder Bummel über den Markt.
6. Hier wird mit Pasta, Fisch und Fleisch die **beste Küche der Welt** serviert!
7. Barolo, Chianti, Nero d'Avola, Orvieto: **Weinwunderwelt** in unerschöpflichen Facetten.
8. Pures **Wohlgefühl** vermitteln viele Unterkünfte, Familien-Pensionen ebenso wie Luxus-Hotels.
9. **Straßentheater gratis** genießt man vor den Café-Terrassen: Alltagsleben all'italiana!
10. Und die **Sprache**! Italienisch – die temperamentvolle südliche Fülle des Wohllauts …